ちくま文庫

にっぽん洋食物語大全

小菅桂子

筑摩書房

にっぽん洋食物語大全【目次】

章トビラ・本文イラスト＝大竹雄介

にっぽん洋食物語大全

第1話　西洋料理事始

異人館にいた日本人料理人

　日本における西洋料理の歴史は鎖国時代の長崎出島《でじま》のオランダ屋敷から始まる。この出島以前にも、平戸《ひらど》にはオランダ屋敷があり、イギリス商館もあった。しかしここでは、当時の日本人に直接、いや、その後の日本人にも大きく影響を及ぼした長崎の出島を「にっぽん洋食」の出発点としたい。

　まずは「西洋料理事始《ことはじめ》」を知る手がかりとして、簡単に長崎の歴史から見ていくことにしよう。

　ポルトガル商人の願いに応じて、幕府が長崎に港を開いたのは元亀《げんき》元年（一五七〇年）のことであった。当初ポルトガル貿易港として開港されたことから長崎はキリシタン町として発展していくことになる。

　日本に上陸したポルトガル人たちはある者は船内に、またある者は市内の民家に自由に散宿しており、日本人との交流も思いのままであった。したがって、キリシタン風俗が長崎人の暮らしに著しい影響を与えるのに時間はかからなかった。それはやがて混血児の誕生をも見ることになる。

　そこで江戸幕府は鎖国の実施を考え、その手始めとして日本人の海外往来通商を制限し、並行してキリシタン、密貿易、さらに風紀対策のため、元亀元年以来、長崎市中に散宿していたポルトガル人を一ヵ所に隔離収容する政策をとった。

寛永《かんえい》十一年（一六三四年）のこと、長崎の岬《みさき》の突端の海面を埋め立て扇形の人工島を築き、そこに家を建て陸地と橋でつないだ。これが出島である。そしてここに市中のポルトガル人を集め、それまで六十六年にわたった自由な市中での生活に終止符を打たせたのである。

完成したのは寛永十三年（一六三六年）のことである。加えて長崎で生まれたポルトガル人との混血児とその母親、養父母を国外に追放している。

ところが翌年になると今度はいわゆる島原の乱が起こる。こうした事件もあって、キリシタンに対して極端に神経質になった幕府は、寛永十六年（一六三九年）ついにポルトガル人に対して国外退去を命じたのである。

鎖国政策の完成である。

この時オランダ人と唐人《とうじん》を例外としたのは、オランダ人は日本の風俗習慣に影響を及ぼすことなく、貿易にのみ専心していたからである。

以来、外国貿易はオランダ人と唐人のみに限られ、結果、南側百十八間余、北側九十六間余、東西側各三十五間余、総面積三千九百六十九坪（約一万三千百二十二平方メートル）の出島は空き家となってしまったのである。

当時オランダ商館はまだ平戸にあった。となれば長崎での商売は上がったりである。

景気は当然沈滞するばかり。そこで長崎の商人たちは知恵を寄せ合い、平戸のオランダ商館を、空いたままになっている出島のポルトガル商館跡に移し、長崎の港にオランダ船を入港させるよう幕府にはげしく迫っている。その結果、寛永十八年（一六四一年）幕府はオランダ商館をここ出島に移すことになる。

この平戸から長崎出島への移転で驚くべき事実がある。『長崎オランダ商館の日記』によると、当時平戸のオランダ商館には日本人の使用人が二十一人おり、しかもこの中に二人もの料理人と三人の給仕がいたのである。彼らは当然オランダ商館の長崎移転と共に出島の商館に移り、ここでも引き続き料理人として働いている。

それから時代はやや下るが、オランダ商館に雇われていた日本人料理人の名前もはっきりと記録されている。『長崎市史・通交貿易編』の中の「附録第七号・オランダ商館長江戸参府の諸費」に、長崎出島のオランダ商館長ヨァン・ボウヘリヨン一行が、万治《まんじ》二年十一月三十日（一六六〇年一月十二日）に長崎を出発して江戸に参府し、翌万治三年三月十七日（一六六〇年四月二十六日）に長崎に帰るまでの諸経費が記されているが、ここに「日本人料理番、七右衛門」の名を見ることができる。

逆にさかのぼれば、実はこれ以前、平戸のイギリス商館時代にも日本人の料理人と皿洗い係の二人が雇われていたことが記されている。

初代館長であったリチャード・コックスが記した日誌にその名があることを村岡実さんは『日本人と西洋食』に書いている。

名を与助《よすけ》と八右衛門《はちえもん》といった。

想像するに、当初日本人はおそらく下働きとして雇われたと思われる。日本人は働き者の上、器用で順応性も融通性もあり、小才もきく。だからいつとはなしに見よう見まねで異国の料理をこなすようになり、アシスタントとして重宝がられたであろうことは十分察しがつく。したがって江戸参府にも同行するようになったとてもなんの不思議もない。このイギリス商館から始まった日本人料理番の採用は、その後もとぎれることなく続いたとみえる。

というのは、幕末期に出島絵師として活躍した川原慶賀《かわはらけいが》の『蘭館絵巻』「オランダ屋敷内台所の図」の中にも、二人の日本人の料理人がいきいきと立ち働く姿が描かれているからである。また作太郎という名も記録に残されている。

ということは、日本人の西洋料理人は、平戸にイギリス商館のできたなんと慶長年間から実に幕末まで、イギリス人やオランダ人に混じって、その台所で異国の料理を作りそれを共に味わっていたのである。

鎖国下のフルコース

その長崎出島のオランダ商館では毎年「阿蘭陀《オランダ》正月」と「阿蘭陀《オランダ》冬至《とうじ》」の催しが行われていた。

この日を迎えるとオランダ商館長は、日頃世話になっている長崎在住の日本人や唐人を招いて盛大な祝宴を催すことを常としていた。

「阿蘭陀正月」というのは、長崎出島のオランダ商館で、紅毛人《オランダ》たちが故国の正月、すなわち太陽暦の一月一日を迎える祝いのことであり、「阿蘭陀冬至」は蘭館におけるクリスマスの祝いのことである。

招待客たちはまずそのしつらえにびっくりさせられたらしい。『長崎土産』が伝えてくれる。

「凡阿蘭陀の食事をなすには、箸を用いずして三叉鑽《ホコ》、快刀子《ハアカ》、銀匕《さじ》の三品を以てす、ホコは三股にして尖りあり象牙の柄を着く。これを以て器の中の肉を刺し住《とど》め、ハアカを操て截割、これを匙にすくい取て喫うなり。匙は銀を以て造り、其ふち花形をなせり、予め各の三器と白金巾を中皿に盛れて卓子《タアフル》の上主客の前に各一枚を具す、白金巾を膝の上に蔽い置きて、一菜を食し了れば、則三器及金巾を易置くなり」

一品ごとに食器を取り替える風習も珍しく映った様子である。

阿蘭陀正月の献立は『長崎名勝図絵』に詳しい。

大蓋物　味噌汁　鶏かまぼこ・鶏卵・椎茸
大鉢　潮煮《しおに》　鯛魚・鯇《あら》魚・比目魚《ひらめ》
鉢　牛股油揚
鉢　牛脇腹《わきばら》油揚
鉢　豚油揚
鉢　焼豚
鉢　野猪股《ししのもも》油揚
蓋物　味噌汁　牛
蓋物　味噌汁　鼈《すっぽん》、一もぢ、木耳《きくらげ》
鉢　野鴨《かも》全焼《まるやき》
鉢　豚の肝《きも》をすりて帯腸に詰める
鉢　牛豚すり合わせ帯腸に詰める
鉢　ボートル煮　阿蘭陀菜
鉢　豚をすり麦粉で包み焼
鉢　胡蘿蔔《にんじん》

鉢　ボートル煮　萵苣《ちさ》
鉢　ボートル煮　蕪《かぶら》根
鉢　　　豚臘干《ぶたのらかん》
鉢　　　鮭臘干《さけのらかん》
菓子　　紙焼カステイラ・タルタ・スース
　　　　カネールクウク・丸焼カステイラ

以上である。その内容は村岡実さんの解説を交えて見ていこう。
最初の大蓋物は唐料理の 羹《あつもの》風スープである。大鉢の潮煮は、軽く塩をして蒸した鯛、比目魚《ひらめ》、鯇《あら》に生姜と浅葱《あさつき》を刻んでふりかけ、清湯《スープ》に醤油と白絞油《しらしめゆ》を加えて煮立てたソースをかけた「清蒸鮮魚《チンジエンシエンユイ》」でこれも唐料理。「鉢《はち》」の牛股油揚と牛脇腹油揚は、それぞれ牛の股肉《ラウンド》と脇腹肉《ブリスケツト》を炙《あぶ》り焼きにしたオランダ料理。「蓋物《ふたもの》」の味噌汁（牛）は、牛肉の煮込み、つまりビーフシチューで、ソースの色が茶褐色をしていたので味噌汁と間違えたものと思われる。次の鼈《すつぽん》の味噌汁は、これも一文字、つまり葱《ねぎ》と木耳《きくらげ》の取り合わせから考えて、中国式すっぽんスープであろう。野鴨《のがも》全焼はロースト・ダックであり、牛豚のすり合わせは帯腸、つまりソーセージで共にオランダ料理である。

次の「豚をすり麦粉で包み焼」は、豚の挽き肉で作った点心、おそらくは餃子《ギョーザ》か焼売《シューマイ》、あるいは包子《パオズ》のようなものであったと想像される。ボートル煮は茹《ゆ》でた野菜をバターで炒めたもので、付け合わせの野菜のことであろう。阿蘭陀菜はセロリである。これはいずれもオランダ料理である。豚臘干はハム、鮭臘干はスモークサーモンである。

さて菓子の紙焼カステイラは、鉄製角形のオーブン皿にバターをひき、その上にハトロン紙を敷き、スポンジケーキの種を入れて焼きあげたもの。タルタは小型のパイ、もしくはビスケット台にクリームやジャム、生あるいは砂糖漬けの果物を入れて、オーブンで焼き上げた菓子。スースはふんわりとふくらんだクリーム・パフ。そしてカネールクウクはシナモンの香りのするスポンジケーキであったという。

さすがに超豪華版である。料理の内容はオランダと唐、つまり中国との折衷《せっちゅう》料理である。

この日は、日常世話になっているオランダ通詞、奉行所の役人、貿易商人、蘭学者をはじめ、コンプラ仲間と呼ばれて、日頃から蘭館に出入りして食料品から日用品まであらゆる品物を売り込む特権を与えられた商人、番所衆、出入りの植木職人、水汲人たちまで招かれたという。その宴席に花を添えたのは綺麗に着飾った丸山の遊女たちである。三味線や鼓の音色と共に西洋楽器も加わって遊女たちが舞い踊り、主客一体となって歓楽のひとときを過ごしている。

だが料理は「スープは誰もが食べたが、牛乳入りの焼豚、ハム、サラダ、サンドウィッチその他の生菓子類の如き料理は一寸味うだけで満足していた。彼等がかく小食なるに拘らず、皿の上には何物も残っていなかった」という。

なぜ？「彼等は奨められる物を一枚の皿に入れ、これが一杯になるや、これを町に送るのである。この皿には紙が添えられてあって、この贈物の宛先の人の名が書いてあった」（『長崎出島の食文化』）

つまり招待された日本人は異国のご馳走を皿に盛り、自分の名前を書いたメモを添えて宅配便係に渡すと、それぞれの自宅まで届く、つまりオランダ屋敷側はそこまで気をつかってもてなしたのである。この味が巷の話題にならないわけはない。お裾分けにあずかったであろう親戚知人、近所の人々は、こうして少しずつながら西洋の味を知り、馴染んでいったのである。

この正月と冬至《クリスマス》の祝賀会に日本人や唐人を招く習慣は、彼らが平戸にいた頃からのことで、十七世紀初頭までさかのぼる長い歴史を持っている。

こうした、そう、私たちにとっては歴史の世界であるはずの当時の平戸で、そして長崎で、異国の料理に携わり、舌鼓《したつづみ》を打っていた日本人料理人がいたということは想像するだけでもたのしい。

そして以来長崎は、鎖国の解ける安政《あんせい》六年（一八五九年）までの二百二十年間を、日本における唯一の海外貿易港として生き抜き、西欧への窓口としての役割を果たして来たのである。

最初に西洋料理を手がけた店

その長崎で、最初に西洋料理を手がけたのは料理屋、つまり在来の日本料理屋であった。『長崎市史・風俗編』は「幕末頃の重なる料理屋の名称を挙げておく」として、なんと六十五軒をも記録している。

実際にはそれ以上の数の料理屋があったわけで、その背景として『長崎市史』は「長崎の市中には仕出屋と称して料理を仕出すを業とする者がいた。そして長崎人は概《おおむ》ね自宅に仕出屋より料理を取寄せて宴を開くを例とした」とある。おそらくは西欧との貿易景気に躍る商人たちによって、こうした生活習慣が生まれたのであろう。

ところでそうした料理屋の経営者たちは当然のことながら世界の情報にも長《た》けていた。したがって彼らが事前に長崎開港のニュースを知らなかったはずはない。いち早く情報をキャッチしたであろう彼らが、盛っているいまの店を土台に、西洋料理屋への転身を考えることはむしろ自然な成り行きであったろう。

しかし正直彼らに転身するだけの勇気はなかった。そこで兼業することを思いついたのではないだろうか。

その結果安政四年（一八五七年）になると兼業店が次々名乗りをあげている。なかでも出来大工町の「先得楼《せんとくろう》」、桜馬場《さくらばば》の「迎陽亭《げいようてい》」、今紺屋《いまこうや》町《まち》の「吉田屋」の三軒は、外国人用の料理屋として指定されたというから、これらの店は長崎における西洋料理屋の魁《さきがけ》ということになる。それから数年後の文久《ぶんきゅう》年間になると小島郷の「福屋」も西洋料理店を始めている。

この「福屋」に次いで開業したのが長崎初の西洋料理専門店の「良林亭《りょうりんてい》」である。あるじは草野丈吉《くさのじようきち》といった。丈吉は天保《てんぽう》十一年（一八四〇年）に生まれている。その丈吉については諸説伝えられている。

そこで京都に、丈吉から数えて五代目に当たる草野敏彦さんを訪ねた。

丈吉に関する史料としては、大阪市史料調査会の堀田《ほった》暁生《あきお》さんが「大阪人」に連載した「大阪開化自由亭物語」がある。それらによると丈吉は安政四年オランダ人のオセスマンはじめ三人のオランダ人に雇われ青年期を異国の人々の中で暮らしている。

当初は洗濯係やボーイであったが、やがて料理見習いのようなこともするようになり、最後に勤めたオランダ総領事のデヴィットは丈吉を連れて軍艦プレッキカセロット号に乗り込み、函館、江戸、横浜などを経て万延《まんえん》元年長崎に帰ったという。丈吉はデヴィットの信頼厚く、このデヴィットのもとで西洋料理の修業をし専任コックになったと思われる。その丈吉が、薩摩藩士五《ご》代才助《だいさいすけ》の応援を得て、伊良林若宮社《いらばやしわかみやしゃ》の下にある生家で西洋料理店「良林亭」を始めたのは文久三年（一八六三年）のことであった。

西洋料理店といっても店は六畳ひと間だけ。丈吉はそこに酒樽を二つ置いて両側に張板を二枚渡し上に白布を掛けてテーブルクロス代わりにし、徳利に花をさして俄《にわ》か造りのテーブルを飾っている。

その良林亭で五代才助が食べたのは、前菜、スープ、鮮魚のフライ、冷肉燻製《くんせい》、生野菜、精肉の焼肉、果物、コーヒー、アイスクリームのフルコースであったという。

本当にこのような献立であったかどうかはともかくとして、五代が食べたといわれるこれらの料理は、日本人が日本人のために調理した初めての西洋料理ということになる。

店の前には「料理代　御一人前金参朱　御用の御方は前日に御沙汰願上候　但し六人以上の御方様は御断り申上候　以上」と書いた貼紙があったという。この記念すべき貼紙は、最近墓を建てかえるまで大阪府阿倍野の南霊園の草野家の墓に彫《ほ》られていたと草野さんは語ってくれた。

ちなみにこの三朱《しゅ》という金額だが、三朱は一両の十六分の三であるから、一両を仮にいまの十万円とすると三朱は約一万八千円になる。昨今のフランス料理と同じくかなりベラボウな値段だったことが分かる。しかし店は日々繁盛し、丈吉は長崎奉行の出張料理をも担当したという。同じ年丈吉は店名を「良林亭」から「自遊亭」としている。

元治元年（一八六四年）には新店もできた。旧店は六畳ひと間であったが、新店は建《たて》坪《つぼ》も三十坪あまりとなり、それとともに料金も二五パーセントアップしたと堀田暁生さんは伝えている。

やがて慶応《けいおう》元年（一八六五年）になると丈吉は「自由亭」とまた名を改め、店はさらに発展している。というのは明治二年（一八六九年）には伯爵後藤象二郎と、その頃大阪府の外務局長となっていた五代のバックアップもあって丈吉は大阪に召し出され、当時大阪の文明開化の中心地であった外国人居留地梅本町（現大阪市川口町二丁目・本田町一丁目）に外国人止宿所を開き、司長を務めた。やがて明治十年、京都―神戸間に鉄道が開通すると、その鉄道開通式に出席された明治天皇の祝膳には、丈吉が腕をふるった西洋料理が並んだという。

丈吉は料理人としての才能はもとより、なかなかの才覚をも併せ持っていたのである。そうした丈吉の才能を見込んだ大立者《おおだてもの》の後押しもあって、丈吉は明治十四年には大阪中之島に自由亭ホテルを、間なしに京都へも支店を設けている。

明治期、長崎にあった自由亭の建物は、いま長崎市によってグラバー園内に移築され、喫茶店として一般に開放されている。

ちなみに慶応二年（一八六六年）の外国人登録表によると、当時長崎にはシナ人二百五十二人、イギリス人六十三人、アメリカ人三十四人、オランダ人二十三人、フランス人十一人、プロシャ（ドイツ）人十一人、ポルトガル人三人、ロシア人二人、スウェーデン人一人がいたとある。

そして最後に「大浦、並びに出島の居留地内各国外国人の部屋付召使として、およそ四百六十七人」と記入されているが、ここにある部屋付召使というのは、日本人の使用人の数である。ということは後にこの中から西洋料理を習い覚え、料理人として活躍した日本人がいたであろうことは十分に考えられる。

長崎から函館、そして横浜へ

一方函館も安政五年（一八五八年）日米修好通商条約が締結されたことによって、翌六年開港している。函館は長崎に負けず劣らずハイカラな港町だった。函館は開港以前の安政四年には、早くも西洋式築造で知られる五稜郭《ごりょうかく》の建設が始まっている。続いて西洋風建築が次々建てられてもいる。

慶応二年（一八六六年）のこと、播州明石から松前へ行く春日丸（千石船）が途中台風に遭い函館に避難するが、その折り目にした函館の町のあまりの西洋館の多さにびっくりして思わず「ここは日本だろうか、異国だろうか」とつぶやいたほどハイカラな町だった、そんな話も伝えられているくらい異国情緒にあふれていたのである。

その函館に西洋料理店ができたのは幕末のことである。

『明治二年函館大町《おおまち》家並絵図』を見ると「重三郎　料理仕出ス　洋食元祖」とある。

この重三郎については屋号を「丸重」といって、安政六年の開港以前に開業していたという説がある。また『北の文明開化』は、「大日本古文書　幕末外国関係文書　巻之二九　一六八　十一月十三日箱館奉行支配応接係へ　外国人向料理店開店の件」という伺《うかが》い書があり、重三郎は安政六年に奉行所の許可を受けて「カネ十」という屋号の西洋料理店を始めたとも伝えている。

もしこの説が正しければ重三郎の西洋料理店は安政六年あるいはそれ以前の開業であり、専門の西洋料理店としては日本で一番古いということになる。しかしいずれにしても、明治二年版の地図に記録されているということは、それより以前の創業であることは確かで、この「丸重」が函館における西洋料理の元祖ということになる。道内最初の新聞である「函館新聞」が創刊されたのは明治十一年のことである。

翌十二年四月六日の新聞に「元祖西洋料理開成軒」の広告が見える。それによると開成軒は明治六年の開業とある。

現在も盛業中の五島軒が開店したのは明治十二年である。さらに十八年刊の『商工函館の魁』には「西洋料理養和軒」「西洋料理店木村留吉」「牛肉商森亀」「牛肉店新井直」の名が見える。また二十八年刊の『函館のしるべ』には「西洋料理巴港《はこう》軒」「衛生滋養西洋御料理五島軒」「西洋御料理臥牛館《がぎゅうかん》」といった広告をも見ることができる。

当時の西洋料理店はというと、

「当初は洋風料理とパンと洋菓子の店だったんですよ。その後スープやカレー、ハヤシライス、ビーフシチューなどの店頭売りもしていました。いまでいうデリカショップのはしりですよ。当時は洋食の出前もしていてスープは瓶《びん》に入れて一日に千本から配達していました。得意先は日本人の家庭です。私は毎朝四時起きして百本のスープを配達してそれから学校に行ったもんです。昔からこの函館は洋館造りが多く、ハイカラで金持ちがたくさんいたんですよ」

五島軒の三代目で現会長の、今年七十七歳になる若山徳次郎さんの思い出である。

そして横浜。

東の玄関口横浜に西洋料理店ができたのは明治二年（一八六九年）のことであった。開港当時戸数百一戸、人口四百八十二人という漁村であった横浜村（『横浜の沿革』）は、またたく間に商業都市に変身し、文久元年（一八六一年）には英字新聞「ジャパンヘラルド」が、続いて「海外新聞」「万国新聞紙」などが次々創刊されている。

やがて明治二年になると大野谷蔵《たにぞう》なる人物が、いまの関外、吉原大門外の旧姿見町通に西洋料理店を開業したのに続いて、四年には関内の駒形町代地に洋食割烹《かっぽう》「開陽亭」が、さらにハリス公使の元通訳であったヒュースケンの雇人であった小林平八《へいはち》が「西洋亭」を始めている。

横浜における西洋料理の開祖である谷蔵がどんな人物であったか分からないが『明治

『事物起源』によると、「横浜西洋料理の祖、長崎県の人大野谷蔵は初め姿見町三丁目に開業し、後今の相生町五丁目に移り開業す」とある。

『横浜市史稿』は谷蔵の西洋料理店は「当時外国人ノ供養ヲ目的トシ、本邦人ハ之ヲ嗜ムモノニアラズ」だったため顧客も少なく長続きしなかった。そこで一旦店を閉め、その後明治四年になって関内の駒形町代地で再び開業したのでは？と解説している。つまり谷蔵と開養亭のあるじは同一人物では？というのである。

明治五年三月二十三日の「横浜毎日新聞」に「崎陽亭利兵衛《きようていりへえ》」の広告がある。それによると「崎陽亭」は、それまで馬車道で営業していたが火事に遭ったため、このたび尾上町二丁目に西洋風の店を構え、開店の運びとなったので、以前にもましてご贔屓《ひいき》を……とPRしている。

「崎陽亭」という屋号について『横浜市史稿』は、これは長崎屋号であり、利兵衛もまた長崎出身者で、ということはいずれも同一人物で、利兵衛は谷蔵の別名、あるいは改名して利兵衛を名乗った、いや二代目ということも想像できると書いている。あくまでも想像の域を出ないが、別人であるにしても共に長崎人であったということは確かなようである。

なにしろ幕府は安政六年にはすでに長崎、函館、神奈川、つまり開港場への出稼ぎ、移住を許可しているのである。ということは、当時生地長崎にあって、異常なまでの開港景気を目の当たりにした谷蔵が、次は自分の出番とばかり、一攫千金《いっかくせんきん》を夢見て横浜へ来たとてなんの不思議もない。あるいは実は出島の調理場で西洋料理の腕を磨いていた谷蔵、新開地横浜へ来てひと花咲かせたとも考えられる。いずれにしても谷蔵が横浜における西洋料理の先覚者であったことは間違いない事実といえよう。

西洋料理は初めのうちこそ外国人だけのものだったが、珍しもの好きはいつの世も変わらずで、日本人も結構通ったらしい。

「横浜西洋料理の開祖大野谷蔵によると当時の客はスープを吸わんとして、胸より膝へしたたか浴び、或はナイフの先に肉片を刺し、之を頬張らんとて唇を切り、流血淋漓《りんり》たる如き奇談は、常のことなりし」だったと『明治事物起源』は伝えてくれる。初めてのナイフ、フォークに悪戦苦闘している様子がしのばれてたのしい。

江戸の洋食屋

東京に西洋料理店ができたのは慶応三年（一八六七年）のことであった。

神田橋の三河屋久兵衛《きゅうべえ》である。

この年、三河屋が政府の外国方に提出した西洋料理のフルコースの献立が残っている。それによると「上」と「上々」があり、「上々」は一人三十八品で銀五百八十四匁《もんめ》、これはいまの米価で計算すると八万円以上にもなる。それにしても三十八品とは！　とても全部食べられたとは思えない。いや、それ以前に、当時これだけの料理をこなすだけの材料が揃ったとはとても信じがたい。しかし記録は記録である。話をすすめよう。

三河屋の引札《ひきふだ》（チラシ広告）がある。

西洋料理並に仕出し仕候
　御一人前
　　上　金二百疋《ぴき》
　　　肉四品
　　　菓子附料理一式
　　　御進物
　御一人前
　　中　金百五十疋
　　　肉四品一式
　　　御折詰
　御一人前
　　並　金百疋
　　　肉料理三品

御重詰
右之他之部御好《おこのみ》次第《しだい》出来《しゅったい》仕《つかまつり》候《そうろう》
西洋酒類　ブドウ酒　ビヤ酒　シャンパン酒　其他御好次第
西洋御菓子類

この引札では値段に「疋《ひき》」という単位が使われている。明治四年五月、新貨条令および造幣規則が公布され、貨幣として円や銭が採用されている。ということはこの引札はそれ以前か、公布されてまだ間もない頃のものであろう。二百疋は五十銭、百五十疋は三十七銭五厘、百疋は二十五銭である。

その三河屋がどんな店であったのか、三河屋の引札の版下を描いていたのは明治元年に創刊された「中外新聞」の主宰者だった柳河春三だが、その息子梅次郎によると、「私は亡父と参り候様覚え申候。穴のあいたうどんと只今のサラダの替りにみつばに酢をかけしものを食せしと覚居候」だったという。

穴のあいたうどんとはマカロニのことであろう。マカロニとみつばのサラダ……これが外国方の西洋料理を預かる三河屋の料理だったの⁉　などという疑問はさておき、明治初期の西洋料理を知る貴重な手がかりである。

もう一つやはり同じ頃のものと思われる「九段坂上富士見丁三番地南海亭」の引札が

ある。

ソーフ　日本の吸物　二匁五分
フライヘイシ　日本の天婦ら　一匁五分
ヒフテキ　牛のてりやき　二匁七分
パン　舶来小麦粉　一匁六分
コヘイ　ひき茶代り　一匁二分
右一席御一人前　金二朱ト銀二匁
ライス　日本上白米御膳　一匁二分
シチウ　牛、鳥うまに　二匁五分五厘
右一席御一人前　金一朱
ビイル　麦酒大一本に付　金三朱ト銀三百文
同　小一本に付　金一朱ト銀四百五十文
同　コップ一杯に付　金一朱ト銀百文

当時の西洋料理店の苦労がしのばれる。
それにしてもビールの高かったこと。今日の超高級ワイン並である。ビールがコップ売りされていたこともわかる。

精養軒が築地明石町の居留地に近い京橋采女町《うねめちょう》に外国人用のホテルとして開業したのは明治六年のことである。当時は必要とする材料は横浜まで行かないと手に入らないので、精養軒では毎朝、早馬にちょんまげ姿の小僧をのせて東京―横浜間を往復させ、食品の仕入れをしていたという。やがて十年には上野不忍池《しのばずのいけ》を望む現在の場所に支店をオープンしている。

「朝野新聞《ちょうや》」はその時の模様を記事にしている。支店は日本人のための本格的な西洋料理店であったという。

「上野公園地内の精養軒出店、昨十四日開業になりました。家屋はすべて西洋造り、入り口には美麗なる西洋風の飾り付け、軒先にはあまたの鬼灯提灯《ほおずきちょうちん》を掲げ、前庭には円形の敷芝あり、其周りに万年菊を植付け、園先き眺望の地に葭簀《よしず》を以って囲いたる休み所を設け幾つも椅子をつらねて、天井には青葉をもって覆い、藤の造り花並に多くの提灯を掲げたるは誠に華麗なり、又一階の坂を下れば普請仕掛けの足代《あしだい》あり、是所《このところ》へも一円に提灯を掲げたり、雇人は総て洋服にて、人足は印半天を着したり、場所は恰《ちょう》ど穴の稲荷の上にて不忍池を目下に見おろし誠に絶景なりと見て来た人の話」

と報じている。まさしく明治の雰囲気である。

それにしても明治初年に藤の造花があったというのも驚きである。

さて精養軒の味はどうだったのだろうか。築地精養軒について書き残した人がいる。クララ・ホイットニーという十四歳のアメリカ人の少女である。彼女は後に、勝海舟と愛人おくまとの間に生まれた梅太郎と結婚することになるが、この時少女は、父親が森有礼《ありのり》の創設した学校に招かれたため、一家で来日したのである。少女一家は、日本へ到着してから住まいが決まるまでの二週間あまりをここ築地精養軒で過ごしている。

「一八七五年（明治八年）八月二十一日

うちで作る食事は精養軒よりおいしいとみんなが断言する。精養軒の食事はイギリス風、フランス風、日本風の混合で、栄養的でもないし値段も張る」（クララ・ホイットニー著『クララの明治日記』）

いまからざっと百二十年前のことである。西洋人から見た日本の西洋料理は、和洋混合のかなりいい加減なものだったようである。

しかし、クララ一家の二度目の自宅が精養軒と同じ采女町にあったことから、雇いの日本人コックが不在の時は、精養軒から出前をとっていたとも述べているところから、まああの料理だったのではないだろうか。

しかし考えてみればそれは当然といえば当然のことなのである。なにしろまだ満足に西洋野菜一つなかったのである。

そんな状況下での西洋料理である。外国人にとって正直美味であろうはずがない。というより、外国人にとってはまことに独創的で理解しがたい西洋料理であった。しかしそれでも西洋料理店は繁盛したのである。

なにしろ築地精養軒の開店を見てからというもの、西洋料理は華族や上流階級の間に急速に広まっているが、十二、三年頃からは、一般を対象にした西洋料理店が続々開店している。この傾向は、鹿鳴館《ろくめいかん》の開業まで特に著しく、新聞紙上には西洋料理店の開店が相次いでいる。

東京では滋養亭（日本橋）、日新亭（築地）、富士見軒（九段）、宝亭（平河町）、三橋亭（上野）、三緑亭（芝公園）、亀田（神田）、宝来亭（神田）、りゅうきん亭（神田）、旭亭（下谷）、そして横浜では日進亭、万花亭、開化亭、日進楼、滋養亭、神戸には外国亭、精養亭、レストランフクシマ、新潟ではイタリア軒などが産声をあげている。

「食」の文明開化

こうした風潮の中で、文明開化でひと儲けをたくらむ便乗組は、さまざまな商売を試みている。

スープ販売会社なるものができたのは明治六年のことであった。

「牛羹汁《ソップ》、一合定価三銭。都下の風習として毎日味噌汁を喫すること各家概《おおむ》ね然《しか》り。然るに彼の味噌は元《も》と腐敗物より造れるものにして、大に人身に害あり」

だから味噌汁はやめてスープにしなさい。朝はスープとパンにすれば健康によいばかりか朝ご飯の支度もらくである。スープは子供なら一日に五勺《しゃく》から一合、大人は一合から三合、病気で食欲のない人は三合から五合お飲みなさい。離乳食としてこのスープでお粥《かゆ》を作ると最高ですよ……といった大胆な意見広告を出している。

スポンサーは東京健全社といった。それにしても食欲のない病人が五合ものスープを飲めるはずもなく、これぞ押しの一手の広告というしかない。

その後浅草の平野亭という牛肉屋も、骨や屑肉を使ったホームメイドの牛肉ソップを配達している。（「朝野新聞」明治十四年四月四日・六月一日）

牛肉ソップ屋はたちまち真似する者が続いたが、西洋料理を家庭で作るには時期尚早とあってか、間もなくこれらのソップ屋は開店休業という憂《う》き目を見ることになる。

次いで牛乳販売所なる商売も生まれている。

「千里軒、九段牛ケ淵にありし牛乳店なり。この主人は中仙道通いの乗合馬車屋にして牛乳を兼業としたるなりければ、家は玄関構いにて、袴を着けたる玄関番をおけり。されば偶々《たまたま》注文に来る者は『遠方お気の毒ですがどうか毎朝一合ずつお届けなすって下さい』という風なりしという」（『明治事物起源』）

現代からは想像も及ばない明治の風俗が漂って来るようだ。

明治の風俗といえば牛鍋屋がある。牛鍋人気をあおったのは、江戸最後の戯作者《げさくしゃ》といわれた仮名垣魯文《かながきろぶん》である。魯文はいまでいう神奈川県庁の役人であり、「横浜毎日新聞」の記者でもあった。その牛鍋人気の模様は、魯文が明治五年に出版した『牛店雑談《うしやぞうだん》安愚楽鍋《あぐらなべ》』が伝えてくれる。

「オイオイねえさん生《なま》で一合。葱《ごぶ》も一処《いっしょ》にたのむたのむ」

「ねえさんアノごめんどうながら生で食べるのだから精肉《いいとこ》をうす切りにして、山葵《わさび》醬油をつけて二人前おくれヨ」

「御懐中物御用心」

「正面の壁に貼楮《はりがみ》して、数色の割烹を書したり。曰《いわ》く、すき焼、なべ焼、玉子焼、しお焼、さしみ、煮つけ等なり」

当時の牛鍋屋の賑《にぎ》わいが伝わって来るようだ。

牛鍋屋といってもメニューはバラエティーに富んでいた。当時すでに牛肉のさしみがあったのも驚きである。

この牛鍋人気、はたして本物だったのだろうか。いや、決してそうではない。

「わちはもはじめはきびがわるいしこんな物をたべちゃァかみほとけに手があわされないこととおもっていたが……」（『牛店雑談安愚楽鍋』）

「『俺は牛の肉を食った』と強がりの道具に使うためなりし」（『明治事物起源』）

つまり当初牛鍋屋ののれんをくぐった客の半分は、「牛鍋食わねば開化不進奴《ひらけぬやつ》」と粋《いき》がり強がるために鼻をつまんで食べにいったのである。しかしそうはいうものの、庶民はこの牛鍋から西洋の味に親しんでいったのである。

実はこの『牛店雑談安愚楽鍋』が出版された明治五年という年こそ、食文化の上からいうと本当の文明開化ということになる。

この年わが国初の西洋料理本が二冊出ている。『西洋料理通』と『西洋料理指南』である。また政府の肝入《きもい》りで『牛乳考』なる本も出版されている。そればかりか、文明の薬といわれた牛肉は明治天皇の食膳をも賑わしている。明治五年正月二十四日のことであった。

「我が朝にしては中古以来肉食を禁ぜられしに、恐れ多くも、天皇謂もなき儀に思召し、自今肉食を遊ばさるる旨、宮にて御定めありたり」

「天皇が牛肉を召し上がった！」これは大ニュースとして報じられた。

なぜ明治天皇が牛肉を召し上がったことをそんなに大PRする必要があったのか。

それというのも、当時日本は天武四年（六七五年）以来の肉食禁止令下にあり、それがやっと解禁になったということをまず国策的にも大ニュースとして報じなければならなかったのである。

「ビフテキと洋語も少し食いかじり」

宮内省に洋食部ができたのはおそく大正三年のことだが、しかし宮内省としては内外の事情から、西洋料理の必要性を認めており、そこで明治八年には内膳司《ないぜんし》出仕の松岡立男《まつおかたつお》に「西洋料理修業トシテ横浜在留仏人ボナン方エ差遣候事」という宮内省命令を出している。つまり西洋料理修業のため横浜へ洋行仰せ付けるというわけである。

東京に、文明開化のシンボルといわれた鹿鳴館《ろくめいかん》ができたのは明治十六年十一月のことであった。鹿鳴館の最大の目的は日本の国威を内外に誇示することであった。

しかし外国人の目に映った鹿鳴館は？　明治十八年にフランス練習艦隊の艦長として来日し、鹿鳴館の夜会に招かれたフランスの作家ピエール・ロティが『秋の日本』（村上菊一郎訳・角川文庫）に次のように書いている。

「ロク・メイカンそのものは美しいものではない。ヨーロッパ風の建築で、出来たてで、真っ白で、真新しくて、いやはや、われわれの国のどこかの温泉町の娯楽場《カジノ》に似ている」

「今年の冬の流行に従って、道化役者《クラウン》風の髷に高々とゆいあげた烏羽玉《うばたま》の髪。小さな愛らしい仔猫のような、美しいびろうど色の目。象牙色の繻子《しゅす》を纏《まと》ったルイ十五世式の装い。日本とフランス十八世紀とのこの合金……」

莫大な費用と知恵の限りを尽くした鹿鳴館ではあったが、外国人の目にはそれは物真似にしか映らなかったのであろう。しかし世の中はこの鹿鳴館の欧化主義に刺激されて、西洋料理店はますますふえていく。

東京には宝亭、泰明軒、清新軒、一品亭、八州亭、多賀羅亭、春陽楼、富士見亭、東陽軒などの開店が相次いでいる。明治十五年、日本橋にできた滋養亭は二ヵ月後には浅草に支店をオープンさせている。

評判のほどは……。『横浜市史稿』が伝えてくれる。

「開化亭はビフテキ料理は特殊な味を見せて顧客の評判が高く、今猶《いまなお》、昔ながらの腰高障子に横浜名物の一つとして亭名の栄えを続けて居る。此店はイッコクヤ又はインゴウヤの別名があり、初代森井《もりい》平吉《へいきち》は客が催促でもすると叱りつけるので、客は神妙にして待たねばならぬところから、綽名《あだな》されたと云う」

「明治二十五年頃に、中区蓬萊橋北詰へ開業した万国チャップは、西洋料理に似て非なる焼豚肉《ポークチャップ》を呼物として居た外に、他の品々も皆、所謂《いわゆる》万国的な珍味を加味した変態洋食を提供して居た。其後に真砂町一丁目に開業した真砂亭も、是亦《これまた》、在来の西洋料理の料理法と異った美味を伝統して有名である。

以上の開化亭、万国チャップ、真砂亭は、何《いず》れも横浜に於《お》ける開港当時の異国調理法を想わせる様な、而《し》かも異端者らしい西洋料理に、各々其特異な味を見せて、純日本式な西洋料理の調味として、本市洋食界に一異彩を放ち、まことに貿易港横浜らしい味覚情緒を発揮して居るものである」

まことに味な、そして苦労がしのばれる『横浜市史稿』である。

明治二十七年生まれの作家の小島政二郎さんもこの開化亭について、「明治で最初の洋食といったら、ヨコハマの丁髷《ちょんまげ》を結っていた『いんごうや』の親父あたりだろう。あすこはビフテキがうまかった」と書いている。

獅子《しし》文六《ぶんろく》さんもまた『食味歳時記』の中で次のように書いている。

「明治時代の横浜に、インゴー屋という洋食屋があった。オヤジは白髪頭にチョン髷で、ガンコで、それで因業屋の名がついた。無論、店は全然和風でナイフとフォークを使うに過ぎなかった。この店の看板はビフテキだったが、それに醬油を使うことを、私は自分の眼で確かめた。というのも、座敷と料理場とが、障子一枚で隔てられ、子供だった私は、料理が出てくるのが遅いのを、待ちかねて、料理場へ覗きに行っては、チョン髷のオヤジに、叱られた。しかし醬油を使う現場は見た。ビフテキがすっかり焼き上って、皿へ移すちょっと前に、火の上のフライ・パンへ醬油を滴らせるのである。シューッと、大変な音がして、肉と醬油の混じった匂いが、たちのぼる。いかにもウマそうな匂いで、忘れがたい」

この「いんごう屋」「インゴー屋」「因業屋」の別名で親しまれたこの店は、『横浜市史稿』によると「開化亭」とあるが、獅子文六さんは正しくは「浪速亭」といったと書いている。いずれにしても古くから繁盛した店であることは確かだ。

獅子文六さんのこの思い出は子供の頃という。明治二十六年生まれの文六少年の小学生時代といえば三十年代である。これはその頃のにっぽん洋食だったのだろう。

それにしても日本の西洋料理人たちは、この頃すでにビフテキのかくし味に醬油《しょうゆ》を使うすばらしさを知っていたわけである。腰高障子に座敷、ナイフ、フォーク……明治の洋食屋の雰囲気が伝わって来るようだ。

ビフテキと洋語も少し食いかじり

川柳が時代を語ってくれる。

「はらにも馴れない洋食を、やたらにくうのもまけおしみ、ないしょで廊下にヘド吐いて、まじめな顔してコーヒー飲む」

これは明治二十二、三年頃に流行った川上音二郎のオッペケペ節の一節である。

明治の料理本『手軽西洋料理』

まだ西洋料理が珍しかった明治十八年に、『手軽西洋料理』という西洋料理本が出版されている。著者は十四歳の時日本へ来た、そうあのクララ・ホイットニーである。本にはアメリカ人ミス・クララ・ホイットニーとあるからまだ結婚する前だったと思われる。訳者は神奈川県士族皿城《さらしろ》キンとある。

これはわずか五十一頁の本だがスープ、肉、野菜、菓子之部で構成されている。

焙《あぶ》り肉　ローストビーフ

脂《あぶら》の少なき能《よ》き焙り肉を長き浅き鍋に入れ、水二合程注ぎ、oven《オーブン》（すとーふの類）へ置き、凡《およそ》二時間も焼き、一二度返し、バタを附《つ》け、出来上がりて大なる皿に取り、肉を薄く切り、冷して食するも良し

鶏飯《にわとりめし》の料理　チキンライス

調理したる鶏を四つ或は六つ程に切り能《よ》く洗い、水少し入れて火に掛け、柔かくなるまで茹《ゆ》で、皿に飯を盛り、其上へ鶏肉を取り出し、別に一匙《ひとさじ》の麦粉を水少しにて解かし、鶏肉をゆでたる汁へ交ぜ、又卵一つを能く交ぜ合わせ、之をも中へ入れ、塩及び胡椒を加え、少しく暖め、鶏と飯へ掛けるなり、又鶏の煮える間に、傍《かたわら》に在《あ》りて湯の煎《せん》じつまらぬ様すべし、若し煎じつまるときは湯を注ぐ可《べ》し

雑煮《ぞうに》　ビーフハッシ

焙り肉を細かに切り、茹たる馬鈴薯を冷して小さく切り肉と交《ま》ぜ、前以《もっ》てバタを敷き火に掛け置きたる鍋に入れ、断《た》えず攪廻《かきまわ》し、塩及び胡椒少し斗《ばか》りを加え、充

分焼けたる頃に鉢に取り、冷ぬ中に食す可《べ》し

潰《つぶ》したる馬鈴薯　マッシュドポテト

馬鈴薯の皮を剝《む》き、水を芋より多くして茹でて柔らかくなりたるとき鉢に盛りてよく潰し、バタ少しと匙二杯の乳を入れて塩及び胡椒を掛け、皿に盛り出す可《べ》し

チキンライスに注目いただきたい。ビーフハッシが雑煮とは。苦労のあとがしのばれる。そしてまことにシンプルなマッシュドポテトである。こうして明治も二十年代になると女学校の家政科の教科にも西洋料理が入ってくる。

女学校の教科に西洋料理を最初に採用したのは東京女子師範付属高等女学校から独立した東京女学校で明治十九年のことであった。続いて二十二年には京都女学校が教科に加えている。手元に二十一年に発行された『家政読本』がある。これは「東書文庫」に保存されている家政科の教科書の中で一番古い教科書である。

抜粋してみよう。

「油煎《あぶらいり》　油煎即チ揚物ハ西洋料理ニ『フライイング』、俗ニ『フライ』ト称スル料理方ナリ」とフライの説明からはじまって揚げ方があり、お終《しま》いに「日本流ノ揚物ニ植物ノ油ヲ用イルハ常ナレドモ、西洋ニテハ多ク牛酪ヲ用ウ、然レドモ牛酪ハ其価不廉ナルヲ以テ、多クハ牛羊豚ノ脂肪ヲ代用ス、油煎ニスル原料ハ比目魚《ひらめ》、鱈《たら》ノ如キ白色魚、又ハ

鰻《うなぎ》等ヲ最トシ……」と結んでいる。牛酪とはバターのことである。

西洋料理は庶民にとって、それはあくまでも遠きにありて想うもの……、いや想う必要さえなかったというのが現実である。

ではそうした異国の味は、いつどのようにして日本人の食卓に浸透し、親しまれていったのだろうか。まず西洋食と出会った日本人の食事作法から見ていくことにしよう。

第2話　西洋食作法

パンはナイフにて切るべからず……

「西洋人は箸《はし》を用いず、肉類其他の品々、大切に切り平皿《プレート》に盛り、銘々の前に並べたるを右の手に庖丁《ナイフ》を以てこれを小さく切り、左の手を肉刺《にくさし》に突掛けて食するなり。庖丁の先に物を載せて直に口へ入るるは甚不行儀のこととせり。汁ものもやはり平皿に入れ匕《テーブルスプーン》にて吸うなり。汁もの其他茶を飲むにも口に音をさすることも不行儀とす」

これは慶応三年に出版された福沢諭吉の『西洋衣食住』というわが国に初めて西洋の知識を伝えた本である。

安政五年日米修好通商条約が締結されたことによって長崎、神奈川、函館が開港し西洋が入ってくると、日本は生活様式から食生活まで一変することになる。

その頃西洋を見習って来客をもてなそうと、晴れのテーブルをしつらえた人がいた。伊藤博文である。その様子は文久三年（一八六三年）当時英国公使館の通訳をしていたアーネスト・サトウの著書『一外交官の見た明治維新』（坂田精一訳）によって知ることができる。

「伊藤はわざわざヨーロッパ風の食事を用意しようと、大いに骨を折っていた。まず七フィート（二・一三メートル）、幅三フィート半（一・〇七メートル）の食卓をつくり、外国物の生地で少々粗いが少しは見られるような布をその上にかぶせ、良く切れる長いナイフと、凹《くぼ》みの少ない、平べったい真鍮《しんちゅう》のスプーンを置き、一対の箸をそのわきに添えた。四品の皿がでた。最初の皿は煮たロックフィッシュ（くろはぜ）の料理で、切るのに大変苦労した。その魚の頭にとがった箸をさしこみ、スプーンで肉を剝《は》がして、まぁ何とかやってのけた。食卓には、醬油、米飯を盛った大丼《おおどんぶり》、粗《あ》ら塩を盛った小皿などがあった。二番目に出たのは鰻《うなぎ》の焼いた奴、それにつづいてすっぽんのシチュー。その両方とも、大変にうまかった。鮑《あわび》の煮たのと、そのあとに出た鶏肉の煮物は全くお話にならなかった。

切っ先のないナイフで、鶏肉をどうして切るかが問題だった。それにナイフの刀身は今にも柄から抜けそうだ。私はそれを断念して、鶏の胸からとった薄い肉片を連れの者にすすめた。つぎに、米でつくった甘いビール（味醂《みりん》）につけた未熟な柿を、皮をひいて四つ切りしたのが出たが、これは素敵にうまかった。

この饗応は日本のこの地方で洋風の食事を出した最初のものだったに違いない。あるいは、日本の国内で最初のものだったかもしれない」

ここにあるこの地方というのは下関のことで、アーネスト・サトウの推察通り、下関地方では最初の西洋式食事であったろうと思われる。

ナイフにスプーン、それに箸……苦心のほどがうかがわれる。それにしても鶏肉と格闘した切っ先のないナイフとは……そしてナイフの刀身が抜けそうだったというのも、当時日本にはまだ洋食器をつくるところも、職人もいなかったし、ましてや設備のない下関で、なんとか苦労して格好をつけたのだろう。

ナイフ、フォークはどこから調達して来たのだろうか。

伊藤博文は英国留学の経験もあり、この宴の開かれる少し前に帰国している。ということはここで使われた食器類は伊藤が英国から持ち帰ったものということも考えられる。

それにしても柄が抜けそうというのが気になるが。いや、当時のナイフ、フォーク類は柄が象牙でできていたから、伊藤が船で持ち帰る間に長い船旅でゆるんでしまったのかもしれない。なにしろいまから約百三十年前の話なのであくまでも想像にすぎないが。

そうした時代に出た『西洋衣食住』、そして明治二年になると『西俗一覧』が、明治五年には『西洋料理指南』と『西洋料理通』という日本に西洋の風俗と料理を伝えた貴重な本が次々出版されている。

ところどころに西洋作法の項があって、これがなかなかおもしろい。

「牛肉鳥肉の如き硬質《こうしつ》の物には右手に庖丁を持って、左手に三叉《みつまた》を持って剪《き》り、且《か》つ刺して食すべし。魚肉及び凝固物《よりかたきもの》は右手に三叉を持てくだき、且つ刺て食すべし。やわらかくなる凝固物《こりかたまりもの》及び流動《ながれうごく》体の物は、右手に匙を持ち飲み且食うべし。たとえ流動体の物といえども、皿へ口を及ぼして、直に吸うべからず。すこぶるやひに属す」

三叉とあるのはフォークのことである。それにしても三叉とはよくぞ考えたもの。先人の知恵はすばらしい。

もう一つ、フィンガーボールの説明もある。

「半分程湯を入れたる『ヒンゲル・ガラッス』（指を洗う器の名）を食後の菓子と共に出すべし。諸人ナプキンの隅を此器の中にて湿し口を拭い、且つ指を洗い『ナプキン』にて拭うべし。然し卓子に向っては口を洗うは無礼也」（『西俗一覧』）

ところが『西洋料理指南』は、食後玻璃《はり》（ガラス）の器に楊枝を浮かべたものを出す。それで各人唇を洗い指を洗ってナプキンで拭き、楊枝を使うと説明している。

片や「口を洗うは無礼也」とあるのに、一方では「唇を洗う」とあっては、当時の紳士淑女も大いに困惑したことであろう。

しかしいずれにしてもこのような書物が出たということは、一部の人のためとはいえ必要あったればこそであり、とにもかくにも西洋の衣食住についてなんらかの知識を知る必要のあったことが分かる。

だからいろいろな雑誌に「洋食の食様《たべよう》」は大持てであった。たとえば明治十九年二月の「女学叢書《じょがくそうしょ》」は、「大きく口を開くべからず、パンは庖丁（ナイフ）にて切るべからず、肉刺（フォーク）が汚れた時は口拭（ナプキン）にて拭うべし、和らかなものは三つ股の肉刺にて食すべし、凡て食物の換りを望む時は庖丁三つ股を麵包の上に置くべし」と教えている。

「会食の礼儀」と掟破りの食べっぷり

マナーの本としては明治二十一年に『西洋礼式作法』が出版されている。また新聞も、東京の西洋料理店で「せめて人に後指をさされぬ程度」のマナーをと、マナー記事を積極的に取り上げ、読者に伝えている。

これらの中には、正式な作法を金科玉条とし、決してそむくべからずというものもあれば、大事なのはその作法の精神を知ることであって、あまり細かいことにこだわる必要はないと説くものもあった。(『時事新報』明治二十三年五月二日ほか)

二十八年の「女学雑誌」(三月)に出た「食時会話」では、日本料理はすべての品を一度に並べ、しかも冷めては困るものばかり、その上菜と飯とを交互に、あるいは同時に口に入れなければ真の味わいが得られないことから、会話の余裕など有り得ないのに対して、西洋料理はまずソップで〝舌を滑《なめ》らかに〟潤《うるお》した後、一皿ずつの料理がほどよい温度で運ばれ、これを自分で細かく切って口へ運び、パンも手でちぎってバターをつけて食べるというように、あくまでも会話することを考えた段取りになっている。したがって食事中の会話習慣を望むのであれば、食事の内容を工夫改良することが必要であると論じている。

続く三十一年には、その決定版ともいえる『日用百科全書・西洋料理法』が出版されている。さっそく「会食の礼儀」を見てみよう。

「食堂に入らば雑語なすべからず。食卓に着かば左視右顧《さしうこ》すべからず。人の顔を長く見るべからず。皿外《さらのそと》に食品を出すべからず。テーブル・クロースまたはナップキンを汚すべからず。食する時は音をなすべからず。皿鉢に刀類《ナイフ》を突きあてて大なる音をなすべからず。口一杯に食すべからず。かみながら口を開くべからず。用事なきにウエターを呼びまたは見るべからず。用事あらばウエターに目を以て報ずべし。ウエターもし来らざれば食卓の呼鈴を鳴らすべし。ウエターには小声にて命ずべし。食品は皿上にて骨または食すべからざる部を選び口より出すなどのことをすべからず。刀類はなめるべからず。パンは割りて食す。バターはパンの割口につけて食す。パンまたはクラッカーは皿の上にて割るべし。品好みすべからず。料理屋ホテルにありて献立書にあるもののうち自己の好む所を選び給仕人に命ずべし。食品の好嫌を談すべからず。人の批評をなすべからず。一皿終らば肉刀《ナイフ》及びこれに用いし器具を皿の上に正しく揃え置くべし。給仕人より手にて受取るべからず。食事中起居すべからず。一物のみを多く食すべからず。食品の解《わ》からざる者は小声にて給仕人にたずぬべし。己れの座に持ち来たるものを辞退して他の人に運ぶべからず。猥褻の談をなすべからず。議論をなすべからず。急用起らばその室の一人に小声にて話し去るべし。隣人にあまり接近して談すべからず。食品中に汚物あるも大声にて他人に語るべからず。テーブルにより掛りまた椅子により掛るべからず。其他種々人好まざること見にくきこと礼にあらざることなどなすべからず」というたいへんな〝べからず集〟なのである。

いまだってフランス料理はマナーが窮屈で……と敬遠されがちなのである。ましてや西洋料理なんて満足に見たことも食べたこともない明治という時代に、これだけの〝べからず集〟を並べられたらたまったものではない。いったいどうやって食べればいいのよ！　とヒステリーを起す前に〝やあーめた！〟となるのが落ちである。

それでも食べる人がいたのだろう。いや、その前にこれを読む人はいなかったと考える方が順当というものではないだろうか。

それにしても本当に気の毒な時代に生まれて……なんて同情していたら、いやいや、とんでもない勇ましい話を発見した。

明治三十三年五月の「時事新報」に「一西洋人の見た日本の風俗」という記事があり、その中に西洋料理店における日本人の食べっぷりが描かれている。

日本人は西洋料理店に入るともろ肌、あるいは片肌を脱いで腕まくりし、ナイフ、フォークは叩き立てる。その上おかまいなしに大声でしゃべり、大声で笑い話をする。注文した品がなかなか来なかったりするとすぐにどなり、また酒が冷えていたりするとこれまた怒りだす。こうした態度は西洋人には驚きであり、理解しがたいというのである。

これが事実であったら日本人同士からだってひんしゅくを買って当然である。しかしそれが事実行われていたであろうことも察しはつく。現在の立場で弁護すれば、和服の日本人は慣れないナイフ、フォークに緊張するあまり、ついつい袖が邪魔になる。そこで男であれば浴衣感覚でもろ肌、あるいは片肌を脱いでしまう。そして少しでも自分自身の緊張を和らげて、いかにも慣れているふうに、しゃべりながら笑いながら食べる。ナイフ、フォークを叩き立てるというのも、慣れてないから必要以上にカチャカチャ音を立てる。それが外人には叩き立てるように見えたのではないだろうか。これは弁解のしすぎであろうか。

これに限らず、当時の新聞は日本人の西洋文明に立ち向かう姿をいろいろ浮き彫りにしてくれる。

明治二十五年十月の「時事新報」は、内地沿岸航路の上中客に洋食を出していたところ、大半の客が食べられずに和食を注文するので、それからは和食にして、その代わり船賃を二割五分安くしたと報じている。

だが時代の先端を行く新聞がいつまでもそれに右へならえしているわけにもいかない。世は文明開化真っ盛りである。やっぱり時代をリードしなくては……そこまでの姿勢があったかどうかはさておき、明治三十二年八月の同紙は二週間にわたって「外国人と付き合うための作法」を連載している。新聞も読者を宥《なだ》めたりすかしたり忙しい。

「いかに仕掛けはぎょうさんなるも、ご飯をたべるということにすぎざれば、なにもおそるにたりるものなしと覚悟をきめ、表面はどこまでも控え目にして腹の中だけ横着に構え」

つまりナイフ、フォークだって箸だと思って使えば特別気後れすることもあるまいぞよ！　と勇気づけているのである。

「箸の会議」

「箸の会議」と題したおもしろい記事がある。

これは箸とフォークの比較研究をコント風にまとめたものだが、なにしろ箸にとって昨今のフォークのもてはやされ方はなんとしてもおもしろくない。

そこで神代杉《じんだいすぎ》が議長になって箸たちは会議を開く。出席者は杉箸、割箸、竹箸、塗箸、硝子《ガラス》箸、アルミ箸、銀箸、菓子箸、菜箸の面々である。

その席で箸たちは西洋好きの日本人は、最近一も二もなくナイフやフォーク、スプーンに飛びついている。しかし自分たち箸は人間に便利に役立とうと生まれてきたのである。それなのに自分たちを無視して、ナイフやフォークだけをもてはやすというのはなにごとであるか。もし平等に双方を比べた結果、本当に自分たち箸に劣ったところがあるのであれば潔く引退も考えよう。だが反対にフォークやスプーンの方にマイナス点があるのであれば、ここでもう一度箸の存在を認め直してもらわなくては箸の立場がない。

そこで箸のみなさん、積極的に素直に意見を述べてください……と箸会議は進められる。さてその結果は？

ナイフ、フォークは何本も必要な上に使い方も複雑であり、錆《さび》おとしがこれまた厄介である。そこへ行くと箸は洗い方さえ注意すればいつも清潔に、その上二本だけですべてこと足りる。そればかりか一番大事なことは、箸は小さい時から使い慣れているので安心して使えるし、値段も安い。これで箸の方がいかに便利であるかがはっきりしたので、これからも箸のみなさん一生懸命頑張って働いてください。それではみなさんわれわれ箸のために万歳を三唱しましょう。大日本箸万歳！　と結んでいる。

日本文化と西洋文化がぶつかり合う狭間《はざま》で揺れ動く当時の日本人の心を箸に託して語っている点がまことに興味深い。

こうした過程を経て西洋の風俗習慣は、明治時代の崇拝熱から吸収同化の時代へと向かうのである。

日本人の西洋式マナー

明治四十二年六月の「婦人之友」と、大正十五年七月の「主婦之友」にも西洋料理の作法がある。

こうした家庭雑誌にもそれを必要とする時代が来たのであろう。

「●椅子によりかかるなかれ、真すぐに腰をかけよ　●ナフキンは胸高にはさむなかれ、軽くひざの上におくこと　●スプンの先きより食するはよろしからず、横よりすべし……　●パンは手にてちぎり、少しずつバターをつけて食すること　●ナイフにて食するなかれ　●口に入れすぎぬように　●音をせぬように　●肉をきる時ひじをはるなかれ、ひじはいつも脇につけておくこと　●ナフキンにて顔を拭うべからず、ほんの唇だけ拭うものとす　●テーブルの上にてあやまり起りたる時は、しらぬふりにて居るべし　●テーブルにて楊子をつかうなかれ　●カフヒーや茶の中へ匙を入れたまま飲むべからず、匙は皿にだしおくこと」（「婦人之友」）など三十四項目が列挙されている。

続いて「主婦之友」は、

「ナプキンの掛け方（い図）は良くない例を示したのです。ナプキンは二つ折りにして軽く膝の上に置くのがよろしゅうございます。ナイフは右手に、フォークは左手

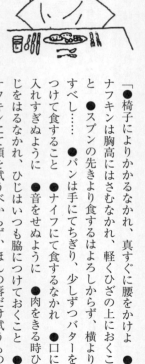

に持ち（ろ図）のような姿勢で食べるのです。（は図）はよくありません。なお（に図）のようにナイフ、フォークをたてて話をしたりすることは最も不作法なことです。タンブラーの中程を軽く持つのです。手が底にかかったり、口元を握ったりすることはよくありません。

それから（ほ図）のように上を向いて飲むことは、つつしみのない態度です。

コーヒー、紅茶などこれらの飲み物は、いずれも熱いのを冷やすために息で吹いたり、受皿《ソーサー》へこぼして飲んではいけません。それからスプーンをカップの中に入れたまま飲むこともいけませんから、そういうことのないようにご注意なさいませ」

という具合である。

こうした時代から半世紀余が過ぎたわけだが、この手の本はいまも相変わらず実用書という形で出版され本屋の書棚をかなり大きなスペースで占めている。

ところでこのマナーはその後変わったのか？

宮内庁大膳課《だいぜんか》の渡辺誠さんが書いた『西洋食作法』という本がある。その中からたとえばナプキンの使い方を見てみよう。

「ナプキンは衿元から下げる

ナプキンは、半分に折って、ひざの上に置くのが正式である、というように教えられてこなかったでしょうか。しかし、実際に歴史をひもとくと、いろいろな使われ方があったことがわかります」

とあり、一五八〇年頃は、当時流行したフレーズ（男性の首元を飾るひだの多いカラー）を汚さないように、ナプキンを首に巻きつけることが当たり前であった。それが十七世紀になると、胸元に宝石や勲章が飾られるようになる。この時ナプキンを首に巻きつけたのではせっかくの宝石や勲章が見えなくなってしまう。そこで考えだされたのが、ナプキンを衿元から斜めに下げる方法、しかしこれでも宝石の一部が隠れてしまう、そこで宝石でナプキンを留めるブローチが作られたという。

そしていま、ナプキンは、半分に折って膝の上に置くのが作法となっているが、渡辺さんの友人である「フランス最高料理人協会会長」のポール・ルイ・ソメニエ氏によると、「ネクタイやフリルの多いブラウスを着た場合は、胸元からナプキンをかけても不思議ではない」と語っており、渡辺さんもまた、「ドレスなどを汚したくないときは、衿元から下方へ胸をおおうように斜めにたらす、これはまったくおかしなことではなくごく当たり前のテーブルマナーだと思ってください」と述べている。
当時の人が読んだら引っくり返っただろう。
渡辺さんのこの本の中には、日本人が信じて疑わないマナー、しかし西洋人から見たらそれこそ西洋人の方が引っくり返りたくなるようなマナー例が多々描かれている。ついでに日本人が迷いがちな点を二、三あげてみよう。
「パンはおしゃれに
パン皿が置かれてないときにはバターはどこにとったらよいか、そんなときは、魚料理なり、肉料理なり、そのときいただいている皿のあいているところ、それも端ではなく、お皿の内周りの線のどこかに置きます。お皿に残ったソースをパンにしみ込ませて食べたいというときも、パンは小さくちぎり、皿の中に置いて、フォークで軽く刺してソースをしみ込ませていただきます。またエスカルゴの殻の中に残ったおいしい汁などは、皿の上にちぎったパンを置き、汁をたらし、フォークでパンを刺すかすくって食べるとよいでしょう。でも、殻を直接口元へ運び、中のソースをするのも、なかなかおつなものです」
「フォークの背にのせて
ごはんをフォークの背中にのせて食べる、というマナーは、一体だれが提唱したことなのか知りたいところです。少なくとも、ヨーロッパでは見かけたことのない風習ですが、イギリスではそのようなことがはたしてあったのでしょうか。ライスは左手でフォークの腹側(へこんだ側)を上に向けて、ペンのように持ち、手前からすくって食べればいいのです。正式なかしこまった席でなければ右手にフォークを持ちかえてもかまいません。こう考えれば、落ちることもすべることも少なく、やわらかくふっくらと炊き上がったごはんをつぶすこともなくおいしく食べることができるはずです」

そして似た話の一つとして、イギリスの伝統を重んじるタイプの紳士淑女の中に、いまもイギリス伝統の野菜料理、あるいは肉や魚に添えられる料理として青豆の蒸し煮などを食べる時、青豆をフォークの背にのせて食べる人がいるが、ひょっとしてライスをフォークの背にのせて食べるという日本的マナー、実はこの青豆の〝食べ方イギリス伝統風〟を見習ったものではないかと結んでいる。

テーブルなしのテーブルマナー

国立民族学博物館教授である石毛直道さんの『食生活を探検する』という著書の中にも「テーブルなしのテーブルマナー」がある。これがまことに興味深い。

「テーブルマナーは、西洋料理や日本料理のときだけ気にかけるものではない。テーブルの存在しない場所でも、まもらねばならぬ食事作法はある。たとえば、アフリカの回教徒の多くは、手づかみで食事をする。

手づかみの食事をするとき、けっして左手を使用してはならない。左手は回教徒にとって、不浄の手である。ものの受け渡しのときも、左手で人に品物をつきだしてはならない。食事のとき左手を使ってとがめられないのは、パンを引きちぎるときぐらいである。これすらも、右手だけでやってのけるものもいる。大きな肉の塊りの料理から、骨をはずすにはどうしても二本の手がいる。右手だけでどうするのか。敬虔《けいけん》な回教徒は、隣の人に引っぱってもらうのである。一人が肉を持ち、一人が骨を持って右手だけを使って引っぱりあうのだ。

食事の前後には、必ず手を洗う。北アフリカだったら、家庭で食事をするとき洗面器とヤカンがつきものだ。上流の家庭では真鍮《しんちゆう》製の手洗専用の水差しと水盤がある。洗面器の上に手をさしだすと、隣りに坐ったものがヤカンからちょろちょろ水をかけてくれる。シャボンを使って良く手を洗ったあと洗面器を隣りの客にまわし、今度はこちらがヤカンで水をかけてやるのが作法だ。

食事中に手洗用のヤカンから水をのむことは、不作法ではない。また食後手を洗うとき、ヤカンからそそがれる水を右手のくぼみにうけて口をそそいだのち、洗面器にうがいした水をはきだすのも、マナーの一つである」

というのである。手食文化圏には非常に奥深い文化が秘められているような気がする。

それにしても両手がありながら使えるのは右手だけ、われわれは指一本怪我しただけでも不便極まりなく、それだけでイライラ大騒ぎをするのに、普断からすべて右手だけでなんの不自由もなくこなす……私にとっては神技としか思えない。

それというのも、ほんの短時間だが、私も手食の生活に挑戦したことがあるからである。いやいやそんな大袈裟なことではない。

スリランカに友達を訪ねた時のことである。インディというスリランカ人の彼女は日本にいる時はナイフとフォークを使う。だからインディが手食文化圏の人であることなどすっかり忘れていた。

インディの家はスリランカの首都コロンボにある。サリーを着せてもらい記念の写真を写しているうちに時分どきになり、一緒に食事をすることになった。インディの一家六人と私と友達二人が席に着く。

テーブルの中央に大皿に盛った数種類のカレーと薬味、主食はご飯でこれも大皿に盛られ並んでいる。そして銘々の前には皿が一枚とプラスチックのボウルが一つ。もちろんスプーンもフォークもない。スプーンは大皿についているだけである。

私はそれを目《ま》の当たりにしてだんだん心細くなってきた。インディは？　と見るといたずらっ子のような目をして笑っている。

そうか、ということはもう見よう見まねでやるっきゃない！〝旅の恥はかき捨て〟ということわざはこうした時のためにあるんだろう、などといろいろぶつぶついいながら覚悟を決める。あとは真似をするだけである。

なるほど、なるほど！　まず皿にご飯をとって、好きなカレーソースをかけるわけか！　なになにカレーは一種類だけではなく、こっちには鯖《さば》カレー、隣には茄子《なす》カレー、その隣はピーマンカレー、そしてチキンカレーという具合にいろんなカレーを少しずつかけるのがマナーなんだ！

そして薬味は？　まず福神漬け風をとって、次はマンゴーチャツネか。それから次はポテトチップス風ね……私の皿の上もなかなか賑やかになってきた。

「いただきまーす」

問題はこれからである。

それぞれの手が皿の上で活動を始める。

親指と人差し指、中指でご飯をつまみ、鯖のカレーをまぶし、薬味をからませ、口へ運ぶ。見ていると親指で口へ送り込んでいる風！　フムフム……次は茄子とピーマンのカレーをミックスさせて……それから薬味はポテトチップス風……いとも簡単に指先から口へ、胃袋へと送り込まれていく。その間にも五本の指は鶏の骨をはずし、魚の小骨をも器用に皿の端に置いている。

それにしても結果的に一緒に胃袋へ収まるのなら、わざわざピーマンカレーの隣に鶏カレーを置いてなんてことしなくたっていいのに、と思うのは味わい方を知らない素人の考えであって、スリランカの人々は、ちゃんと今度の一口はチキン、薬味はマンゴーチャツネという具合に味を考えながら取り合わせ、一口ごとに味の変化を楽しむのだと教えられた。

食べ終わるとプラスチックのボウルで指先を洗う。見ると皿はまるでひと拭きしたかのようにきれいで、とても食べ終わった食器とは思えない。ご飯粒だって一粒もついていない。私はといえば、せっかく三本の指でまとめても、ご飯は口へ入る前にこぼれ、遅々として進まず、したがって食べ終わったのは一番遅かった。しかし一応はなんとかなったぞ！　私は心の中でひそかに万歳を叫んでいた。なせば成る！

そして翌日。この日の昼はレストランでホッパーとカレーを食べ、夜は別の友人の家でまたまたカレーのご馳走である。

ホッパーというのは米の粉をココナツミルクで薄く溶き、ホッパー鍋で焼いたクレープのようなもの。スリランカ人の主食の一つである。直径二十センチほどの球形の鍋の形に沿って、鍋底に塗りつけるように、溶いた粉を流し込んで焼く。したがって出来上がったホッパーは薄く、ゴムボールを半分に割ったような形をしている。

食べる時は、皿の上でちぎりながら、これに好みのカレーをからませて食べる。これまたすべて右手の作業である。

昼もまあなんとかなった。ところがあわてふためくことになったのはその夜のことであった。

晩はインディとインディの友人の家のソファーに座っていた。すると一人一人の前に皿にもったカレーが運ばれてきた。食卓はない。食卓は自分たちの膝である。

スリランカの人々は美しいサリーの膝の上で右手をあやつり賑やかに食べ始めた。見ると左手で皿を押さえ支えている。もちろん使うのは右手だけ。ところがわれわれ旅人の方はそうはいかない。真似てやってみよー！　である。

ポテトチップス風を割る。鶏肉の骨をはずす。ところが骨がはずれない。再度挑戦である。しかしやっぱり一ヵ所どうしてもはずれない。旅人だから左手の動員も時には許されるのでは？　しかしそうすると両手がカレーまみれになってしまう。ということは左手まで動員してしまうと、膝の上の皿を支えることはとても不可能だ。もうこうなってはお手上げである。私はここへ来てついに「スプーン貸して！」と叫んだのである。

そのあとのカレーのなんともいえず美味だったこと。

そういえば石毛さんも手食地帯で何百回となく手で食事をしたが、子供の時からやりつけない身にそなわらない感覚のせいか、手でものを味わうたのしみはついぞ一度もおぼえなかったと書いている。経験豊かな石毛さんにして然り。初体験の私などもちろん味なんて分かろうはずがない。

しかしこれはこれでまことに貴重な経験であった。その国その国の作法というものはまことにむずかしいものである。

大事な忘れ物

こんな〝大それたこと〟を考える前に、日本人には日本人として身につけておかなければならない作法がたくさんある。いまや世界の中の日本である。それには日本の食文化の中で生まれ根づいた作法を、きちんと身につけ自然に美しく振る舞えることが先決であるはず。日々の暮らしの中で「うーん……なるほど」と思ったのは、もうずいぶん古い話だが浅草並木の藪そばの先代あるじ堀田平七郎さんと、それから裏千家十四世家元と雑談をしていた時のことである。堀田さんは、

「そばの食い方に作法があるとはいいません。しかしそば猪口《ちよこ》をお膳の上に置いたまま、背中を丸めて召し上がっている方がありますが、あれは見苦しいですねぇ。はた目に品よく、人の食欲をそそるように、ほんとにうまそうに召し上がる、そういう方は傍で見ていても気持ちがいいもんですね」

と語る。帳場から客を見続けてきた老舗のあるじならではの声である。

そば作法はもっとある。すしはつまむというようにそばには食べるという言葉の代わりに「たぐる」という専用の言葉がある。だからもりにしてもざるにしてもたぐりやすいように、せいろに盛る段階で独特の工夫が凝らされている。したがって端からひと箸

ずつたぐれば決して絡んだり縺《もつ》れることはない。ところがそばを食べる人を見ていると、半分以上の人がそばを束にして箸でつかみ、束のままそば猪口に入れ、蕎麦つゆをつけて持ち上げ、束のまま口に入れる。ところが口の面積には限りがある。束になったそばは当然全部は口に入りきらない。そこで途中で嚙み切ることになる。束にしたそばは最後まで縺れたままである。なんともきたならしいのである。どうしてひと口ずつたぐらないのだろうか。そば職人はせっかくひと箸ずつたぐりやすいように盛りつけているのに。

次いで家元との会話。私はお点前《てまえ》が大の苦手である。そんな私に家元は、

「作法にこだわることはありません。要はいかにおいしく飲むか、ただそれだけです。それが自己流であっても、見た目に美しく、おいしく味わってるのであればそれで結構。私はそう思いますよ。要は心です」

そうか、なるほど無理する必要もなく、無理強いするものでもない、というのが家元との結論であった。要はおいしく美しく！　これが作法のポイントなのである。

それにしても昨今の日本人の箸づかいは見苦しい。誰が見たっておいしく美しくにはほど遠い。親が駄目だから子供は当然のごとく駄目。それを学校給食のせいにしている親のなんと多いこと。箸づかい、正しい箸の持ち方使い方は、学校へ入学する前に、親が教えるべき家庭の躾《しつけ》だと思うのだが。

いい幼稚園、有名小学校に入れさえすれば親も子も大満足。あとはケセラセラ！と思っているのだとしたら大間違い。私立の有名小学校ではすでに入学テストの中に正しい箸の使い方が採用されているからだ。これは家庭のしつけ方を見るためという。

ちなみに『はしのもちかた』という絵本があるのをご存じだろうか。著者の小永井道子さんは作者のことばとして、「これから一生使う『はし』の持ち方を、きちんと教えたいと願い、子育ての中で、教える体験を通して工夫して作った本です。この絵本に示しました持ち方は、伝統的で機能的、見た目に美しい持ち方です。この本では、持ち方のポイントをわかりやすくかきました。この方法は持ち方の癖を直すにもよく、根気よく導けば二歳位から正しい持ち方を教えられます。正しい持ち方ができれば、食べ物をはさんだり、切りわけたり、魚の骨を取ったりするはしづかいの上達も早いようです」と書いている。箸の苦手なおかあさん、お子さんと一緒に学んではいかがですか。

ついでにいえば日本には昔から、「にぎり箸」「迷い箸」「思案箸」「渡り箸」「浮気箸」「未練箸」など不行儀とされてきた箸のマナーがいろいろある。よく「迷い箸」と「思案箸」を一緒にする人が多いが、迷い箸はお膳の上に並んでいる料理を見て何を食べようかと、箸を宙に浮かせて迷うこと、思案箸は箸をくわえて考えていることをいう。いくつ知っていますか。

私たち日本人は間違いなく箸の国の人である。だからこそ箸は是非とも正しく持ち、美しく使いたいもの。あなたの箸づかい、自信ありますか。

第3話　牛肉ノススメ

黄門様は大の牛肉党

日本人の食生活は肉食から始まった。

つまりいまだ農耕も知らず、その日その日を生きることに精一杯だった原始人にとって、狩りに出て得る獣は手っ取り早いご馳走だった。当時食べていた獣は鹿、猪《いのしし》、熊、狐、猿、兎《うさぎ》、狸《たぬき》、むささび、かもしかなどざっと六十種類を数えることができる。いってみれば捕らえられるものはほとんど食用にしていたのである。そのうち鹿と猪が非常に多く、その九割までを占めていたという。

その肉食の習慣を変えたのは一片の詔令であった。天武四年（六七五年）仏教の伝来とともに、天武天皇は殺生禁断令なる詔を発し、牛馬猿鶏の宍《しし》（肉）を食べることを禁じてしまったのである。しかし「この他は禁制に在《あ》らず」とあり、「この他」について具体的にあげているわけではないが、それは当然鹿や猪を意味してのことであったと思われる。

常食ゆえ例外とせざるを得なかったとも考えられる。この殺生禁断令はその後明治五年まで続くことになる。

それでは日本人は禁令後ご禁制の宍（肉）は食べなかったかというと、それは大嘘で、その後もたびたび禁令が出されていることを考えると、肉食は盛大に行われていた。その証拠に、仏教が庶民の間に広まってからでも、貴族たちは薬猟と称して狩猟を行っている。それは鹿の若角を取り、陰干しにして鹿茸《ろくじょう》を作るというものであったが、それはあくまでも名目であって、鹿に限らず、射止めた獣は野外でバーベキューにしてたのしんでいる。

とにかく食べたいものはおいしい。おいしいものは食べたい。したがって薬猟はあくまでも口実であり、目的はそれにパクつき、酒を酌《く》み交わすことであった。

それは鎌倉時代も変わることなく、むしろ積極的に行われていた。

そして江戸時代。江戸の町にはすでに肉屋があった。場所は平河町三丁目、「ももんじ屋」と呼ばれた。

その「ももんじ屋」が店を始めたのは天和二年（一六八二年）から元禄四年（一六九一年）の間のことであった。というのは『御府内沿革図書《ごふないえんかくずしょ》』を見ていくと、このももんじ屋のあった場所が武家地から町屋になったのがこの期間、つまり天和二年にはまだ武家地であったが、元禄四年には町屋になっているからである。

このももんじ屋は正式には山奥屋といった。ももんじ屋がなぜこの平河町に店を構えたのか。この地域は、ほとんどが大名屋敷と旗本の屋敷、つまり周辺すべてももんじ屋の上得意だったからである。

当時いかに獣肉を食べていたか。寛永二十年（一六四三年）刊の『料理物語』には鹿、狸、猪、兎、川うそ、熊、いぬの料理法があり、また下って宝暦十年（一七六〇年）に出た『名産諸式往来』には江戸の麹町では猪、鹿、狐、狼、熊、狸、猫、山犬、かわうそ、いたちが売られていたとある。ご禁制の犬もあったことが分かる。

では牛は食べなかったのだろうか。とんでもない。牛もそして鶏も食べていた。しかも牛肉は献上品にまでなっていたのである。近江の国彦根藩主は寒中見舞いと称して、将軍家へ牛肉の味噌漬け、干し牛肉、酒煎牛肉、糟漬けを贈っている。

水戸光圀《みつくに》もまた大の牛肉党であった。

水戸家には大村加卜《かぼく》という刀鍛冶《かたなかじ》がいた。加卜は農家に牛を託し飼っていた。なんのために？　一つには刀鍛冶としての本領を発揮するため、もう一つは薬食いのためである。刀鍛冶はいかなる名人といえども試し斬りが必要である。当時、その試し斬りの標的にされたのが罪人であった。ところが加卜は違った。加卜は刀鍛冶である前に外科医であった。したがって、たとえ罪人であろうと人間は斬らないというのが加卜の主義であった。

加卜はその試し斬りを牛で試みたのである。牛の骨は人間の十倍の硬度を持つという。なれば刀鍛冶としてこれに勝る相手はいなかったからである。加えてそう、牛肉は「脾《ひ》ヲ養肥ル由ナリ」おいしかったからである。

それにしても一頭分の牛をどうやって保存したのだろうか。当時は現在の気温に比べると、五度から八度も低かったという。もちろん光圀の屋敷には氷室《ひむろ》もあった。水戸の城下渋田《しぶた》にも「ししぐら」があった。また光圀が引退後隠居所にした常陸《ひたち》大田の西山荘にも氷室のあったことが分かっている。

いずれにしても肉の保存に困るようなことはなかったのである。

居酒屋より牛鍋屋

牛肉は長崎でも早くから食べていた。

江戸後期の洋風画家である司馬江漢も、その長崎でいち早く牛肉を味わっている。

「宿に帰りて牛の生肉を喰ふ。味《あじわ》い鴨の如し。オランダ此の節出前船にて牛を数々殺して塩にす。其の牛皆赤牛なり。蘭人鉄槌をもってひたいを打ち殺す。又四足をしばりて横にしてのどを切り殺す。足のところより段々皮を開きことごとく塩にす。彼の国にては牛肉を上食とする」

江漢は出島のオランダ屋敷で目にした様を長崎紀行の『西遊日記《さいゆうにっき》』にこう書いている。これはおそらく屠牛についての最初の記録であろうと思われる。

福沢諭吉もまた早い時期、近代医学の創始者である緒方洪庵《おがたこうあん》の適塾《てきじゅく》の塾生であった安政四、五年の頃に牛鍋を食べている。その牛鍋屋は、諭吉の言葉を借りると、最下等の店だから、およそ人間らしい人で出入りする者は決していなかったという。じゃあどんな連中が行ったのかというと、「文身《ほりもの》だらけの町の破落戸《ごろつき》と緒方の書生ばかりが得意の定客だ」ったとあり、肝心の肉の味はというと「ずいぶんと硬くて臭かった」という。江漢の鴨の如しとは大違いである。

現実はこのように「殺生禁断令」はあってなきがごとき存在だったのである。しかしだからといっておおっぴらに屠畜することはできない。切実に困ったのは居留地の外国人たちであった。そこで彼らは「生牛を遠く米国または支那より購入し、横浜と横須賀にてこれらを屠《ほふ》りその需要を充せしが……」という不便な明け暮れであった。だがそんなことで足りるわけがない。

そこで「その後一々外国牛を輸入しては間に合わざるにより、慶応の初年に外国商船が、神戸にて三丹《さんたん》州の牛を三、四十頭買い横浜に輸入したるに、其肉味非常に好かりし」だったという。三丹州というのは但馬《たじま》、丹波《たんば》、丹後《たんご》地方のことである。

一方、その頃横浜の居留地は、ウォッシュ書店七十八番、山下公園は二百三十番というように番号で区画を整理していた。外国人用の牛肉店は八十五番にあった。

しかし文久二年（一八六二年）版の『横浜ばなし』によると「異人食料牛屋二軒あり。毛物《けもの》を喜ぶは異人なり」とある。ということは当時横浜には八十五番のほかにもう二軒の牛肉屋があったということになる。

同じ文久二年のこと、同じ横浜住吉町入江の土手に「伊勢熊」という居酒屋があった。巷では牛肉の話がしきりに取り沙汰されている。そこで伊勢熊のあるじは、横浜で初めての牛鍋屋をやろうと女房に相談する。すると当然賛成するだろうと思っていた女房は即座に「とんでもない。そんな気味悪い商売をするんだったら夫婦別れをしてからにしてください」とすごい剣幕。しかしまあまあと仲に入る人があって、とりあえず一軒の店を二つに仕切って女房は従来通り居酒屋を、亭主は牛鍋屋をすることになる。

さていざ蓋を開けてみると開店早々から牛鍋屋は大繁盛なのである。ところが一方の居酒屋は、昨日までの繁盛がうそのように閑古鳥《かんこどり》が鳴きっぱなしの毎日であった。これにはさしもの女房も我を折って中仕切りをとっぱらい、全部を牛鍋屋にした、こんな話も伝えられている。

しかし実は当時日本人が牛肉を買える肉屋は横浜といえどもなかった。ではいったいどんな肉を食べていたのだろうか。

諭吉にいわせると、「どこから取り寄せた肉だか、殺した牛やら病死した牛やら……」ということになる。伊勢熊の女房が「そんな気味悪い商売……」というのも無理のない当時の牛肉事情だったのである。

福沢諭吉の牛肉有望説

そうした中で日本人で最初に牛肉屋を始めた人がいる。中川屋嘉兵衛《かへえ》である。嘉兵衛は横浜の元町一丁目に住み、居留地の外国人に日用品を商う、いわば売り込み商人であった。嘉兵衛は外国方の屠牛場である小港《こみなと》屠牛場から牛肉を買い受け、これを商いにしていた。やがて江戸に外国公館ができると、「各国公使館用弁」のため、横浜―江戸間を毎日往復するようになる。

もちろん鉄道もない時代の話である。なれば往復六十キロの道程をひたすら歩くしかなく、だから時には途中で肉を腐らせてしまうこともあって商売としては、そう、採算の合う仕事ではなかった。そこで嘉兵衛はなんとか江戸近在で屠畜できないものだろうかと考える。

幸いなことに、名主をしている祖父(叔父という説も)の堀越藤吉が、現在の白金台、当時の荏原《えばら》郡白金村に屋敷を構えている。ものは試しと相談すると屋敷内の畑の一画を貸してもいいという返事。

そこで早速借り受けることにしたものの、その頃牛を殺すということはたいへんな騒ぎであった。まず汚れなきよう青竹四本立ててそれに御幣《ごへい》を結び、四方へしめ縄を張ってその中に牛をつなぎ、掛矢《かけや》、つまり木の大槌で牛をなぐり殺したのである。そして肉を取り、あとの頭や骨、臓物は土の中に埋めているが、それでは後々化けて出るというので坊さんを呼んで、お経をあげる始末であった。

その噂を聞いてびっくり仰天したのは村人たちである。いくら名主さまとはいえ、四つ足を殺すなどとんでもないと騒ぎだす。さすがの名主もこれには知らん顔というわけにもいかず、結局嘉兵衛と相談して、当時まだ葭《よし》が茫々《ぼうぼう》と生い茂っていた本芝のあたりに屠牛場を移している。苦労して屠牛場を作ったからには大量に牛肉を売り捌《さば》かなくてはならない。

そこで嘉兵衛は慶応三年（一八六七年）になると高輪東禅寺《とうぜんじ》に置かれていた英吉利公使館の波止場側に牛肉の出店を設けている。

「万国新聞紙」の五集（慶応三年六月中旬）と八集（十一月中旬）に中川屋出店の広告がある。

「中川屋某　此人今般江戸高輪英吉利館波止場側に仮店を開き肉類を虚弱及び病身の人又ハ病後に之を食すれハ気力を増し身体を壮健にす　且又肉の素性を撰ミ成る丈下直に売払うべし　四方の君子多分に解求めんことを望む　又牛肉の全体を図に顕わし其解を添えて其名所を知らしめ何れの部をロースト、ボアイル、ステイウに用ゆべきやを詳かに説き明かせり」とし、牛肉の部分別の用途を図解入りで載せている。

しかし英吉利公使館が東禅寺にあったのは安政六年（一八五九年）六月から文久二年

（一八六二年）の五月までである。そして嘉兵衛が英吉利公使館波止場側に店を開いたのは慶応三年（一八六七年）である。ということは嘉兵衛はそれ以前にさかのぼってずっと横浜と江戸間を肉を抱えて徒歩で往復していたということになる。しかしいずれにしても繁栄したとみえ、十二月には支店を設けている。同じ新聞の九集（十二月下旬）に、

「各国公使館用弁《ようべん》の為　牛肉店高輪へ開候処御薬用　旁《かたがた》諸家《しよけ》様より御用被仰付《おうせつけられ》　日々増《まし》繁仕《しげつかまつり》　遠路運び出来兼候に付　今般柳原《やなぎわら》へ出張売弘《うりひろめ》申候間　沢山御買取の程奉願候……　江戸柳原請負地　中川屋某」

と広告している。牛肉は薬用であったことが分かる。柳原というのは現在の千代田区で、万世橋から浅草橋にかけた神田川沿いのところかと思われる。当時は柳原河岸といっている。しかしこの柳原の店は数年を待たずして潰れたという説もある。だが英吉利公使館波止場側の出店は、高輪にはアメリカはじめ各国公使館が多くあったことから考えて繁盛したのではないだろうか。英吉利公使館も再び高輪に戻っている。

嘉兵衛はさらに少しでも売り先を広げようと慶応義塾へも売り込みに行く。

嘉兵衛が江戸で牛肉店を開いた背景には牛肉推進者である福沢諭吉の「牛肉は世の開けるに従い、誰でも食するようになる」といった勧めがあったからだという。

そこで嘉兵衛は牛肉を佃煮風に仕立て、それを竹の皮に包んで塾へ持って行ったところ、牛肉礼讃者であるはずの福沢先生の塾にして、嘉兵衛が門をくぐる時には、門番か

らカチカチと切り火の洗礼を受けなければならず、そればかりか、賄《まかな》い所に足を踏み入れることをも許されず、賄い所の窓から銭五百文と引き換えに、品物を渡す有様であったという。

しかしそんなことでくじけるような嘉兵衛ではない。こうなったらもう自分で牛鍋屋をやって牛肉の消費量を伸ばすしかないと思ったか、嘉兵衛は堀越と相談、牛鍋屋をするための場所を物色する。

しかし当時は孫が「牛肉食わねば開化不進奴《ひらけぬやつ》」とばかりイキがって牛鍋を食べて来ようものなら、それを聞いたばあさまはびっくり仰天、あわてて神棚に半紙を張って、孫の不浄を詫びた、そんな時代である。

「なに、牛鍋屋！」

「牛鍋屋をやるから店を貸せって！　とんでもねぇ」

足を棒にして歩いても、家を貸してやろうなどという人はひとりもいない。困り果てているところへ、欲張り婆さんがあらわれ、「相場の四倍の家賃なら貸しましょう」という。牛鍋屋は四倍の家賃を払っても儲かる商売だったのだろう。

嘉兵衛はそこで早速借り受け「御養生牛肉」と朱色で染め抜いたフラフ（旗）を立て、軒には柿色で「中川屋」と染め抜いたのれんを掲げ、店を開いている。これが牛鍋屋の第一号である。その店は、

「店の真中は、ズット奥まで土間にし、左右の壁に沿ふて三尺の床、それに市松の薄縁《うすべり》、今の場末のそば屋といふ体裁なり。偖《さて》、店を開くには開きしも、一向客なし。無き筈なり。店前を通る人さへ、此の店の前は鼻を押へ目を眠り、二、三軒先より駈け行く位なり。

『店開きにお客が一人も無いのは心細い』などと口小言云い云い夜の十時頃に店を閉じようとする時、図部六《ずぶろく》に酔いし仲間《ちゆうげん》二人飛び込み来り『サア牛肉を喰はせろ、俺等はイカモノ食いだ』と大威張りに食いけり。その後も時たま来る客は悪御家人や雲助、人柄の悪い奴ばかりで『俺は牛肉を食った』と強がりの道具に使うためなりし」

だったと『明治事物起源』は記録している。

「御懇意様方の御勧めに任せ、開店の初日より牛の力の御贔屓を、受けて賑う大都会、今流行の牛鍋は……牛鍋御一人前四銭……

芝浜松町一丁目大神宮鳥居際　　たむら」

これは明治八年に開店した牛鍋屋の広告である。

「葱を五分切りして、先ず未噌を投じ、鉄鍋ジャジャ肉片甚だ薄く、少しく山椒を投ずれば……」

仮名垣魯文が主宰する雑誌「魯文珍報」の一節にこうある。牛鍋は初めぼたん風に味噌で煮ていたが、だんだんに「肉に並鍋あり、ロース肉あり、葱に和して烹るを並鍋という。脂を以て鍋を摩して烹るを焼鍋という」（『食生活近代史』）という具合に変化している。

焼鍋は関西風のすきやき仕立てである。明治十年頃東京の牛鍋屋は五百五十軒あまりを数えたというから人気のほどがうかがえる。

死んだ牛にお礼二歩と酒一樽

ではどんな牛肉を食べさせたのだろうか。

「牛肉屋の元祖は京橋の河合だそうです。（中略）最初は飛脚をやった。主人は東北中仙道飛脚、おかみさんは京浜女飛脚で、小金を溜めたが、世話する人があって、神田和泉町の和泉橋病院へ出入る内、西洋人から牛肉のことをきかれ、牛肉を買って来い、金儲けだといわれてどうしたら牛肉が手に入るか、見当はつかないが、高輪は牛の問屋だ、あそこへ行って頼んだらよかろうと、高輪の牛宿《うしやど》へ往って頼むと、死んだ牛ならやろうといわれて、礼を二歩《ぶ》と酒一樽で、一匹貰って帰り、これを骨は骨、皮は皮、肉は肉といってても大きなブツ切りで、西洋人へ持っていったら、サンキュサンキュといって、いい値に買ってくれた。これが牛肉切り売りの嚆矢《こうし》で、京橋の現住を八十円で購い牛鍋を開業した。ソレまでは牛肉を商いながら、喰べさせてくれという養生喰いの人々には、往来で煮て、神棚仏壇は白紙張りにしたものであったが、牛鍋が喰べ盛って、河合河合で繁昌した」(『銀座百話』)

これは明治初期の話である。

諭吉が自分で食べた牛鍋に「どこから取り寄せた肉だか、殺した牛やら病死した牛やら……」といっているのもうなずけようというものだ。ところで当時すでに江戸には中川屋があったはず。にもかかわらず、河合が牛肉の元祖というのも解せないが、いまから百二十年も前の話である。いずれにしても死んだ牛にお礼二歩と酒一樽、しかもそれで大儲けして牛鍋屋を開業したというのも、文明開化ならではの商売というべきか。

それにしても大袈裟でなく牛鍋で命を落とした人もいたのではないだろうか。しかし肉食が解禁になったのは明治五年である。ということは、もし仮にそのご禁制の品を食べて死んだとしても、食べた方が悪いということだったのだろう。

もちろん当時は食品衛生法などあろうはずがない。したがって病死した牛やら残り肉が当たり前のように売り買いされていたのである。不良肉を売ることで悪名高かった辻売りが禁止されたのは、警視庁直轄の食肉処理場が浅草千束町にできる前年、明治九年のことであった。そういう時代だったのである。

ここでちょっと当時の屠牛事情についてふれておくと、屠牛取締法規の必要が論じられるようになったのは、不良肉の販売が増えたのに加えて、明治四年になると牛疫の流行をみたのがきっかけで、浅草の肉業者福井数右衛門が食肉検査の必要を訴え出たからである。

その結果、福井は屠牛検査方に任命されている。そこで福井は業者を集めて結社を作り、明治八年、それまで府下五ヵ所にあった屠牛場を閉鎖して、浅草、麻布、大久保、本所《ほんじょ》の四ヵ所に組合所有の屠場を開設し、府下の屠牛権を一手に握ったと明治八年二月四日の「郵便報知新聞」は報じている。

一方、明治六年十二月には牛肉商規則が官令により制定され、また牛種繁殖のため牝牛屠牛には制限を設けるなど、ここで食肉管理は一応完成したように見えたが、福井数右衛門の組合の独占的な運営が批判を受けたこともあって、明治十年二月十九日、警視庁は浅草千束町に直轄の屠牛場を開設し、新たな屠牛および売肉の規制を設けて、従来の屠場や結社をすべて廃止したのである。不良肉を売ることの多かった辻売りも禁止された。

ちなみに横浜に屠牛場ができたのは慶応元年のこと。幕府は外国方の要求を入れて北《きた》方《かた》村小港（現中区北方町小港）に屠牛場を設け五月から十月にかけイギリス、アメリカ、オランダ、フランス、プロシャの五ヵ国に貸与しているが、間もなく付近に民家が密集するようになったので、明治七年七月には本牧《ほんもく》村に移転している。

長崎はもちろん、これより早く、まず浦上村山里で屠牛が行われ、文久三年（一八六三年）になると外人経営の屠牛場が設けられている。

しかしいずれにしても明治四年頃の東京府下の一日の屠牛頭数はわずか二頭ぐらいにすぎなかったという。それでも翌年には二十頭内外にふえている。一方、外国人が多く住む横浜、横須賀では一日八十四、五頭から九十頭を屠牛していたとある。

牛肉は当時まだ完全に異国の食べものだったのである。

「刀自《とじ》が八歳の頃であった。ある日学校から帰ってみると、何かただならぬものがあった。そして女中が仏間の中にどっしり据えられている金色に光る仏壇の扉に日本紙で目張りをしているところだった。よく事情を聞いて見ると、祖母君は『お父様が家の中で牛肉を食べようとおっしゃるんだよ、何でも異国風の医学の勉強をなさったお医者様がお肉を頂けばお父様のお身体は強くおなりになるし、お前も異人さんのように丈夫な賢い子供になれるとおっしゃったそうでね、もうすぐ牛肉が届くということなので、こうして目張りをしているところなんですよ』と、世の中が変われば、こんなにまで変わった出来ごとにあわねばならぬかと、祖母君のなげきは大きく遂にその日は夕食の席には姿を見せなかったという。然し、刀自はその著『武士の娘』の中にこの時の事を叙して『姉と私は二人でそっとお肉の美味しかったことを話合いましたが他の誰にもそんなことは申しませんでした』」

これは昭和二十五年秋の「婦人倶楽部」の増刊号に載った「杉本鉞子《えつこ》刀自」の一節である。

鉞子は明治七年長岡藩家老稲垣平助の二女に生まれ、昭和二十五年六月に七十六歳で死亡している。

「私の牛肉の嗜好は幼い時から一貫している。その時分は牛肉屋はなかった。それは四足の獣の肉を食うと身が穢れると言って忌み嫌うたもんだ。（中略）私の生れ故郷は、猿の住むという四国の土佐、高岡郡佐川村（今は町）この佐川の町をさる半里ばかりの永野村に一つ独立した部落がある。……今から凡そ八十年ほど前の明治三、四年ごろ、その一人が大きな笊かごを両天秤に担って町へ密かに牛肉を売りに来ることがあった。多分病死した牛であったろう、それを裏門からこっそり入ってきて、小声で『お薬喰い』はいりませんかと音なうたもんだ、家人は勇敢にそれを買うて味った。この時分、牛肉は穢れるから、家の中で食ってはいかん、火も別にせねばいかんというわけで、倉の前の庭先に藁筵をしき、コンロなども全く別にして家人が寄り集まり野天で煮てたべた。家人がその煮えた肉を壺に入れお薬になるといって一切れか二切れ位を食べたもんだ。それは私の九歳か十歳ごろ、寺小屋に通っていた時代であったが、私は初めて味ったその牛肉がとても美味しくて喜んで嗜好した、そしてその味が忘れられず連綿今日に及び、その礼讃を続けているわけである。市中に公然と牛肉屋ができたのは、それからズット後のことであった」

植物学者として有名な牧野《まきの》富太郎《とみたろう》博士の思い出である。（『日本食肉史』）

当時の牛肉の立場を語ってくれる貴重な資料なので長々とお付き合いいただいた。

このように子供心に正直おいしいと思って食べた人もいたが、しかし牛肉を食べた人というのは例外中の例外で、ほとんどの人が仮に食べたとしても、それは開化めかして食べていたにすぎなかったことは前述した通りである。とはいえ、こういった新しがりやのおかげもあって牛肉の消費量は徐々にではあるがふえている。

明治八年、神戸で一ヵ月に八百頭を屠牛したのを筆頭に、横浜で六百頭、東京は五百頭、大阪、名古屋は三百頭ぐらいだったが、「これからは追々寒くなるのでまだまだ必要」と「郵便報知新聞」(九月二十二日)は書いている。

戦争が需要を飛躍させた

こうして肉食が進むと馬肉の需要もふえてくる。そうなると牛肉に、安い馬肉を混ぜて牛肉値段で売り、ひと儲けしようとたくらむ輩《やから》も出てくる。それを取り締まるため警視庁では明治二十二年から馬肉の検査を始め、馬肉を牛肉と偽って売った神田の牧野徳松に一円五十銭の科料を、そして浅草馬道の野田兼吉には五日間の拘留を申し渡すなどきびしい処分を行っている。

「東洋学芸雑誌」は読者からの質問に答えて牛肉鑑別法の新聞記事を取り上げている。この中には九ヵ所の牛肉店で牛肉を調べたところ、三ヵ所の肉は間違いなく牛肉だったが、四ヵ所のは馬肉の疑いがあり、二ヵ所の肉は完全に馬肉であったと報じている。

（「朝野新聞」明治二十年十月）

それでは増量材にされた馬肉はというと、

牛「おれたちは、うしうしと世間でもてはやされるようになったけれど、ほんの名聞ばかりで、うまれてものごころつくかつかねえうちには、はなつらをひかれて、つきじや横浜へ身をうられたあげくが、四足をくいにゆわいつけられて、ポンコツをきめられてヨ、にんげんのはらにほうりこまれて、じつにふさいでしまうわけさ」

馬「イヤ、そうではねえ、てめえなかまにはにんげんにくわれて、ばんもつ（万者）のかしらのからだをやしなうのが天への奉公だ、ポンコツをきめられて、人のはらにはいりゃ、てめえたちのやくがすんで、畜生道が滅して、人間に生まれかわるだろうじゃねえか、こちとらは人間の口へはいろうと思っても、だれもくってくれず、まだしも赤馬はかさをかいた者が薬にくうけれど、それはたまのことだから、業《ごう》の滅しる時はねえ」（『牛店雑談安愚楽鍋』第三編「当世牛馬問答」）

という存在だったのである。

馬は食肉としてはまだ市民権どころかほとんど無視されていたのである。

明治十年になって上野黒門町《くろもんちょう》の野口義孝が馬肉販売の官許を願い出ている。

これが馬肉店の始めであろう。

おもしろい数字がある。明治三十年から三十一年にかけて、東京市民がどのくらい肉を食べ、牛乳を飲んだかを警視庁の山根部長が調べたところ、百人につき肉は一日平均一・三一〜一・四八斤（これを一人にすると一日当たり約八・五グラム）、牛乳は同じく百人につき一日平均四・二五〜四・三五合（一日一人当たり約八ミリリットル）であったという。（明治三十二年二月九日「時事新報」）

なにしろ統計数字を百人当たりであらわさなくてはならなかったほど消費量が少なかったわけである。しかもこの中には豚も馬も含まれていたというから、日本人の生活に肉はまだ遠い存在であったことが分かる。

では豚肉はどんな具合であったのか。

豚は琉球や鹿児島、長崎などでは以前から食用にされていた。豚が中国の福建《ふっけん》省から福建人によって琉球から薩摩に伝えられたのは江戸時代初期といわれる。また長崎は福建人をはじめとする華僑が慶長時代以前から暮らしていたこともあって、早くから豚が飼育され食用にされていた。したがってオランダ商館も、できた当初は食肉に困り、唐人に分けてもらっていた。オランダ商館内で飼育するようになったのはそれからのことである。

しかし明治における本土では、三十年を過ぎる頃まで統計資料もなく、豚は統計以前の存在だったのである。豚肉の需要が伸びるのは明治も三十年代後半のことで、その背景には戦争という事情がある。

日清日露の戦争が起こって牛肉の缶詰が軍需食糧として盛んに戦地へ送られるようになると肉牛の相場は暴騰して、三十七年には十貫目（約三十八キロ）十四、五円だった牛肉が翌春には二十五、六円という極端な高値を示してくる。加えて缶詰用として屠畜していた肉牛の数は、それまでは一日四十頭ぐらいだったのが、この戦争によって一日に五百頭を上回るようになる。

さらにロシア軍の捕虜も六万人を超してこのための需要も大きく、缶詰用に加えてさらに一日五百頭分の生肉が必要となり、一年にすると三十五、六万頭の牛を屠畜しなくてはならない。

その当時の牛の飼育頭数は百二、三十万頭あったことから考えると、この屠畜数は牛肉の値段を大きく左右するほどのものではなかったはずだが、裏で先行きの需要を見越した商人によって価格操作が行われていたであろうことは十二分に想像がつく。

牛肉が値上がりしてくれば安い豚肉に目をつけるのが人間の知恵、豚の飼育頭数は急増してくる。明治三十八年まで二十万頭あまりだった豚が、翌三十九年には二十八万五千頭になり、四十年には三十二万頭とものすごい勢いでふえてくる。それでも明治三十九年の東京市民の豚肉消費量は一人一日当たりわずか三・七五グラムにすぎなかったと「時事新報」は報じている。

料理小説という分野を開拓して一躍人気作家、ベストセラー作家になった村井弦斎《げんさい》は、『食道楽』の中で熱心に豚肉を推奨している。

「ぼくは日本人の肉食を盛んにするため、豚の利用法を天下に広めたいと思う。豚の肉は牛肉より価が安くて、料理法次第で、牛肉よりもうまくなる」

「豚の元祖は猪だが、それもシナのが美味。ヨーロッパは土地が平坦でないから、猪が常に筋肉を労して、肉が硬くなる。シナは地勢上、猪もノソリノソリと育つから、肉がうまいね。豚は猪を家畜にしたものだ」

続けて、弦斎宅に招かれ豚の刺身をご馳走になりそれをほめた客に、弦斎は、

「それは琉球の塩豚だもの。琉球の塩豚は有名なもので、牛肉なんぞより数倍のご馳走だぜ、豚だくらいに軽蔑されては困る」とまでいっている。

豚肉料理の記事がめっきり多くなってきたのもこの時期の特徴であった。「万歳新聞」の「今日の惣菜」(明治四十二年九月〜四十四年八月)には「豚けんちん」がひんぱんに出てくるほか、「豚汁」「豚とじゃがいも」「豚に人参味噌煮」など豚肉を使った料理がふえている。

たとえば明治四十年に発行された『年中総菜料理』には、三百六十五日の朝昼晩の総菜献立があるが、その合計千回余りの献立中、肉料理の出てくる回数は、鶏肉六十回、牛肉七回、豚肉一回、ただ肉とあるもの二十六回、ハム七回の合計百一回であった。た

だ肉とあるのは牛肉と思われるので、これを牛肉の七回に加えて三十三回、これに対して豚肉料理はただ一回「豚の味噌汁」があるのみで、これにハムの七回を加えても全部で八回にすぎなかった。これに比べたら「万歳新聞」の豚肉は大変な出世である。『田中式豚肉料理法』が出版されたのは大正二年のことであった。

カーチスのハム、ヘルマンのソーセージ

それでは同じ豚肉でもハムの立場はどうだったのだろうか。村井弦斎はハムについても『食道楽』で、「東京辺で豚の上等の生肉が、二十二、三銭、腿の肉はずっと安い。買い場所によると十銭以下、その腿肉がハムになると和製で一斤三十銭から三十五銭、アメリカハムは一斤五十銭ぐらいだが、欧州製の上等ハムになると一斤一円二十銭する」と語っている。

明治二十六年九月の「時事新報」に広告がある。

「ＨＡＭ　益々高評ヲ博シタル　神奈川県鎌倉郡川上村斎藤氏ノ製品
豚（羅加牟）ベーコン　神田淡路町二丁目　西洋酒食料品煙草類及上等石鹼香水類
亀屋五三郎」

これは今日いうところの鎌倉ハムの広告である。

西洋式ハムは明治五年に長崎で片岡伊右衛門《いえもん》なる人物が外国人からその製法を習った

のが日本におけるハム製造の始まり、いや戸塚在の鎌倉郡川上に住むウイリアム・カーチスが自家製造したのが最初という説もある。

カーチスについては、イギリス船のコックだった、いや鉄道技師だった、カーチスはイギリス人ではなくフランス人だ、とさまざま情報があって調べていた時に、それを知ったカーチスの義理のお孫さんにあたる辻孝子さんから連絡をいただいた。

辻さんによると、カーチスはイギリス人で、明治天皇が即位するにあたって西洋式の礼法を教え、またその時に使う馬車を造るため、招かれて来日している。その後、明治五年に開通した新橋―横浜間の日本初の鉄道を敷設したのもカーチスであるということが分かった。カーチスは鎌倉郡戸塚に住み、明治十年には戸塚のはずれにあった立場《たてば》茶屋で働く日本人女性の加藤かねと結婚し、ホテルを経営している。

カーチスのホテルは異人屋敷風のたいへん立派な建物で、そこを通る百姓たちは土下座して行き来するほどであったと伝えられている。

カーチスはハムの製造も手がけ、それは土地にちなんで鎌倉ハムと名づけている。『郷土よこはま』によると、カーチスは豚一頭を十円で買いハムの試作をしたところ、外国人の評判を呼んで売れまくり、百五十ドルもの利益を手にしたとある。この時の一ドルは一円(『日本帝国統計年鑑』)だったというから、十円の元手で百五十円儲かったわけである。

「カーチスがハムで大儲けをした！」というニュースはたちまち近郊まで広まる。「そんなに儲かるものなら是非ともあやかりたい」誰だってそう思う。そこで〝俺もハムでひと儲けしよう〟と胸に一物《いちもつ》連中はなんとかハムの製法を知ろうとする。

しかしこの知識と技術はカーチスにとっては大事な無形の財産である。教えるわけがない。そこである者はカーチスの車夫になったり、ある者はホテルの使用人になったり、そしてまたある者はハム工場の下働きを志願するなど、なんとか探る方法を考える。

そんなある日、明治十一年九月のこと、この日は大雨だったが、関東地方を襲った地震で火事が起こり、ハム工場は火の海に包まれてしまう。カーチスの工場が火事だ！

胸に一物組はチャンス到来とばかり消火を装って工場に入り込み、その製法を盗みだすことに成功している。辻さんは「鎌倉ハムの製法は大雨の日に起こった火事の時、日本人に盗まれた」と話す。

思い通り産業スパイに成功したグループはチャンス到来とばかりにハム工場を造り、そのあげく堂々と「鎌倉ハム」と命名している。

しかし当時日本人に鎌倉ハムの評判はあまり芳しいものではなかった。

明治三十九年二月の「風俗画報」に「東京日日新聞」から転載した「東海道各駅の名物」という記事がある。その中に「大船のサンドイッチは鎌倉ハムを使っているが、塩辛すぎて洋食通はあまり喜ばぬ」とある。

このハムがカーチスのハムだったのか、スパイグループによるハムだったのかは分からない。しかしいずれにしてもハムは、日本人の口にはなれない塩辛さだったのだろう。

それはさておき、その後産業スパイグループとカーチスとの間にどういう経緯があったのかは分からないが、円満解決している。辻さんによると、戦前まで鎌倉ハムの工場内にカーチスの胸像が建てられていたという。

ハムはこうした草創期を経て大正六年になると海軍の兵食として採用されるまでに成長する。そして大正八年、東京の上野で行われた第一回畜産工芸博覧会にハムが出品されてからというもの、ハムは徐々に関心を集めるようになる。加えて大正十年になると鎌倉ハムは冷蔵庫を設置して、それまで冬季に限られていたハムの製造を、年間を通して行うようになる。ハムの未来は明るい方向に向かいつつあった。

ハムに未来があるなら、ソーセージにも輝かしい明日があるはずだ……という人がいた。その輝かしい明日に向かって活躍したのはドイツ人捕虜たちであった。

第一次大戦中、連合国側についた日本は、中国におけるドイツの拠点である青島《チンタオ》を攻略。その際捕虜にしたかなりの数のドイツ軍人を各地の捕虜収容所に収容しているが、五たまたま習志野原（現・千葉県習志野市）の俘虜収容所に送られて来た捕虜の中に、五人のソーセージの技術者がいた。当時畜産技術改良のオピニオンリーダー的存在だった農林省の役人の飯田吉英《きちえい》氏が、五人の中の一人、カール・ヤーンの腕を知っていた。そこでカール・ヤーンをチーフに食肉加工を始めるが、大正七年には、東洋製缶もドイツ人のカール・レイモンを雇ってハム、ソーセージの加工に着手している。しかし時期尚早だったのだろう。間もなく手を引いている。

大正九年になると、横浜に本店を持つ明治屋が、東京支店のほかに銀座に洋風喫茶を開店することになり、そこへ政府の勧めもあって、捕虜釈放後も日本にいたドイツ人のユーハイムとヘルマン・ウォルシケとを雇うことになる。ユーハイムとは、バームクーヘンを日本に紹介した、いまも盛業中のユーハイムの創業者である。名づけて「カフェー・ユーロップ」。店は一階が菓子製造部、二階が喫茶、地下にはヘルマン・ウォルシケのソーセージ、その他肉類の加工工場があった。

その「カフェー・ユーロップ」の「縦に切った麵麭《パン》の上に燻腿《ハム》や腸詰《ソーセージ》を置き並べた独逸風のサンドウイッチ」は里見弴《とん》の小説『多情仏心』にも登場している。

ちなみに同じ捕虜仲間であり、後年ドイツ料理のローマイヤを開くソーセージ技師のアウグスト・ローマイヤはソーセージのデリカテッセンを、また後に神戸にドイツパンの店を開くことになるフロインドリーブは、愛知県半田町の敷島パンの主任技師として迎えられている。やがてヘルマン・ウォルシケは独立してヘルマンのソーセージとして知られるようになる。

大正十三年になると、北海道函館畜産組合もロシアから機械を買って、日本人向きのソーセージを売り出している。

しかしハムが千二百トン、ベーコンも百八十トン生産していたのに対してソーセージは馴染みが薄く、銀座で試食会をしても口に入れようとする人はほとんどいなかったという。

婦人雑誌の肉食指南

とはいえ、時代の趨勢《すうせい》は肉食を要求していた。時代の先端をいく雑誌は積極的に肉料理を取り上げていく。それも苦心惨憺、日本的にアレンジしているところにご注目いただきたい。変遷を見て行こう。

明治二十八年七月の「女鑑」は牛肉、じゃがいも、にんじん、たまねぎをオリーブオイルで炒め、そこへかつお節でとっただしを加え、醤油で味をととのえてくずを流す、名づけて「大和シチュー」を紹介している。

西洋の材料を日本の調味料で煮て飯の菜にするというこの大胆な発想は、牛鍋以来の日本人の知恵なのである。

八月号には「ビーフ蒲鉾《かまぼこ》」、そして九月号には「肉の摘煎《つみれ》」がある。

続いて三十年代、四十年代の「婦人之友」と『家庭西洋料理法』から肉料理をあげてみよう。「牛肉めし」「醤油豚」「豚うどん」「牛肉吸物」「ポークチャップ」「ハンブルグ

「ステーキ」「ボイルドビーフ」「スチウ」「ビーフハッシ」「コーン牛肉《ビーフ》」「豚肉ぬた」「豚まんじゅう」「豚肉のうの花和《あえ》」「豚肉御飯」「豚肉ウスタ・ソース煮」「豚肉サラダ」「ポークライス」「粉つけ豚」……。

正統派あり、和洋折衷あり、摩訶不思議な料理をふくめ、なかなかバラエティーに富んでいる。しかしこれらの献立がどのくらい明治人の食卓に登場したかはまことに疑わしい。事実、日本人が本当に肉を好んで食べるようになるのは、大正はおろか、昭和もずっとずっと後なのである。

ここに昭和十年七月の「主婦之友」に「肉屋さんと酒屋さんの内緒話——奥さまは読むべからず！」という記事がある。酒店主人と肉店主人の仮名対談である。

肉屋「肉の需要はだんだん多くなる一方ですから有難いわけなんですが、今日ではどこのご家庭でも平均三日に一度は肉を食べてくれますのでね」

「もうこの頃は夏がかえっていそがしいくらいですよ。五、六年前までは、夏は氷屋をやって冬だけ肉屋をやったもんですが、今は一年中、肉の需要は絶えません。すきやきはこりゃあ冬に限りますが、カツレツ、コロッケ、ヤキブタ、ハムの類は、夏のおそうざいとして実においしいですからね」

酒屋「腐りかけた肉をコロッケにしたり、カツレツにしたりしてよくお売りなさるそうじゃありませんか」

肉屋「これはどうも手きびしいですね。まさか腐敗したのは使いませんが、明日までおけば腐るおそれのある場合はなんとか処分するわけですね。高い声じゃいえませんが、そんなことをする商人も中にはありますよ」

酒屋「腐った肉も、コロッケにしてしまえばわからないでしょう」

肉屋「とにかくコロッケなどにはいい肉は使いませんよ。筋ばかりのところだの、石のようにかたいところだけのを、挽いて作るのです。なにしろ十銭で六ケですからね」

酒屋「ソースまでつけてあげるんでしょう」

肉屋「ソースばかりじゃありませんよ。キャベツもそえてあげるんですよ。同業者の競争がはげしいので、自然そんなサービスまでさせられるんです。それでまずいの、かたいのと文句いわれたんじゃあやりきれませんよ。まずいのがあたり前だといってやりたいくらいですよ」

「店で売っているコロッケやカツレツには玉子なんか使わないのが多いし、それに同じ油でたくさん揚げるんですからおいしかったら間違ってますよ」

「手前共の店は中流以下のご家庭が多いので牛肉なら百目五、六十銭以下のものがたくさん売れます。豚肉はおよそ半額です。細切れもだいぶでますよ。ライスカレーに使ったり野菜やうどんと煮るときのだしに使うんだったら細切れでたくさんですからね」

当時の庶民の食卓がよく分かる。この頃になると肉は庶民の家庭に少しずつ親しまれていた様子が伝わってくる。日本における肉料理の歴史、それは明治でもなく、大正でもなく、本当の意味での食肉史が始まったのは、このあたり、つまり昭和もふた桁になってからといいたいところなのだが、ご存じの戦争で庶民の食卓は牛肉どころではなくなる。

したがって牛肉や豚肉が再び家庭の食卓に並ぶようになるのは、世の中が本当に落ち着いて食料が潤沢《じゅんたく》になった昭和も三十年代になってからのことである。

それに大きく貢献したのがにっぽんの洋食を代表するトンカツ、しかも味噌汁にお新香がセットになって箸で食べられるトンカツ定食であり、カツ丼、ハンバーグステーキ、そしてハンバーガーではないだろうか。すき焼き、ステーキはその後なのである。

ところで肉の消費について「毎日新聞」が興味深い記事を載せている。

一九九二年の総務庁の家計調査による全国の県庁所在地で、どこの県が一番牛肉の購入量が多いかを調べたその結果をまとめている。それによると牛肉は関西、中国、四国に偏っており、逆に、豚肉は金沢市、長野市、名古屋市を結ぶラインより東側に偏在している。そして九州では鶏肉の購入量が際立って多く、これは「東の豚、西の牛、九州の鶏肉」に色分けすることができるというのである。そしてなぜこのような好みの差が生まれたかについて京都大学の宮崎昭教授は「毎日新聞」紙上で、「かつて東日本では農耕用に馬が多用され、西日本では牛が多く使われていたこと。つまり西日本では農耕作業に使えなくなった老牛が手近にあり、牛肉文化に染まった。九州には水炊き、筑前煮などの古くからの料理があるが、これは中国からの影響で鶏肉文化になったと分析している。では農耕馬が使われていた東日本で馬肉が多食されなかったのは、馬は飼育頭数が少なかった上、飼い主との愛情の深さ、また軍馬用として使われたことも見逃せない」と指摘している。

時代は変わっても、日本人がかつて涙を流した噺家三遊亭円朝《さんゆうていえんちよう》作の人情噺「塩原多《しおばらた》助《すけ》」の精神を無視するわけにはいかないのである。

第4話　カツレツ記、トンカツ記

ホールクコットレッツの変身

「カツレツの日本式技法は明治が生んだ傑作の一つである」

植原路郎《うえはらろろう》さんの『食通入門』にこのように記されている。カツレツの日本式技法といえばトンカツである。私には傑作どころか大傑作である。

なにしろこの最も日本的な米飯のおかずであるトンカツは、実はれっきとしたフランス生まれのフランス料理なのである。

それがなぜ?……。まずはとくと先祖から見てみよう。

カツレツの最も古い料理形態としては、明治五年に出版された『西洋料理通』にホールクコットレッツという名で紹介されている。

「豕《ぶた》の腋部《あばら》の肉冷残《にあまり》の物、ボートル(バター)一斤の十六分目、小麦粉ジトルトスプウン匙に一杯、三十八等の汁五合五勺、塩、胡椒、加減酢食匙に一杯、芥子《からし》を少々とき酢と交らす。

右の製法

豕の腋部の肉五分斬脂肉去り、葱を刻みボートルを鍋中に投下《いれ》て、豕の五分切及び刻み葱を投混《いれまぜ》て、薄鳶色に変たるを目度とし揚げ、さる後、外の色々を投下して十ミニートの間緩々《ゆるゆる》煮るべし」

このホールクコットレッツは揚げ物ではなくポークソテーに近い料理である。この伝統ある西洋料理がなぜ日本ではカツレツという肉フライの形態になり、その後トンカツに変身して米飯のおかずになったのだろうか。

呼び方についてはつまるところフランス語のコートレッツと英語のカットレットが明治の洋食屋に伝わっていつの間にかいいやすいカツレツになったという説が有力である。そしてこのカツレツは、カットレットがカツレツになった時点で日本の洋食に生まれ変わったのである。つまりたっぷりの油で肉フライ形式に揚げる、日本独特の料理法、そう、ご飯のおかずになったわけだが、その仕掛け人はいまも銀座で盛業中の煉瓦亭《れんがてい》の創業者である。

煉瓦亭は明治二十八年に今の松屋デパートの南側出口のあたりに開業している。「開店当初は閑古鳥の鳴く毎日だったと親父がよく話していました」と語ってくれたのはまだ元気だった頃の煉瓦亭二代目木田孝一さんである。

しかし煉瓦亭は外国人居留地のあった築地明石町とは目と鼻の先の距離である。散歩やビジネスの行き帰りに通る煉瓦亭の調理場からは、時折鼻をくすぐるバターの香りが漂い、外国人の胃袋をなにやら刺激する。

それに釣られるかのように一人、二人と外国人が店の戸を開ける。椅子に座れば出てくる料理は本格派であり、それでいてホテルの料理よりずっとおいしく、しかも安い。

ボリュームもある。外国人はすっかり気に入って次々仲間を誘ってくるようになる。

それもそのはず、木田さんは外国航路の客船で腕を磨いた料理人である。しばらくすると今度は外国人が出入りするのを目の当たりにしたハイカラ好きの日本人が、西洋人が通うんだからあの店はきっとうまいに違いない、おれたちも西洋の味とやらを一度味わってみようじゃないかと連れ立って煉瓦亭のテーブルを囲み始め、店はにわかに賑わってくる。

あわてたのは主人の木田元次郎《もとじろう》さんである。それまでは小僧一人だけで事足りていたこぢんまりした店だったのが、急に混み始めたのである。

そこで木田さんは一計を案じる。豚肉をソテーして、さらにオーブンに入れて一枚一枚仕上げるコートレッツを日本の天ぷら風に揚げてみたらどうだろうか。

そうすればいちいち油の始末をしなくてもよいし、その分手間もかからず、しかも一度に二枚でも三枚でも揚げられるので早い。そうだ、いっそのこと、付け合わせの温野菜もやめて、刻みキャベツにしたらその分手間も省けるし、かえってさっぱりしているから日本人の口に合うのではないだろうか。

木田さんは試しに挑戦してみる。するとこれがなんと大当たり。以来、フライ式ポークカツレツと生キャベツの組み合わせは定番となって、全国に広まり制覇するに至ったのである。

ついでにいえば煉瓦亭名物の特大カツもこの頃誕生している。西洋文明にあこがれた当時の一高、帝大、慶応の学生たちも煉瓦亭の評判に心をときめかせていた。彼らは親元から仕送りが届くとまず煉瓦亭へと馳《は》せ参じ、たらふく胃袋を満足させる。

元ＮＨＫ会長の阿部真之助《しんのすけ》さんも仕送り常連組の一人であったが、彼らは食欲の塊そのものである。加えて煉瓦亭へ来る時には軍資金もふところにたっぷり、今日こそは心おきなく二人前でも三人前でも平らげよう、というので一人で二人前注文する人が後をたたない。そこで生まれたのが特大ポークカツというわけである。

煉瓦亭では苦肉の策から今日的カツレツの原型を編みだしたが、それがトンカツになるまでにはかなりの時間がかかっている。

ビーフとポークの勢力争い

カツレツの道程を追ってみよう。

明治三十四年の『日用文庫第二編　和洋簡易料理』にビーフカツレツがある。

「牛肉五分ぐらいの薄さに切り、油焼きの鍋にラードを沸し、別に玉子をとき、パンを粉にしたるものを用意しておき、肉をくだんの玉子に浸し、パン粉をまぶし、右油にて揚げ」そして「塩、胡椒をかけてだすなり」とあって、小麦粉は使っていない。

四十年の『家庭応用　洋食五百種』はどうだろうか。

「良き牛肉を選び、薄く切りて食塩と胡椒をほどよく振りかけ、メリケン粉をまぶして、鶏卵を破ってかきまわしておき、その中へ浸し、更に取りだしてパン粉をまぶしフライ鍋にヘットを入れ、烈火にかけ、沸騰するを待ち、その中へ投じ、二、三回程返してきつね色になるまで揚げ、新聞紙の上へあげる」

と今日的カツレツになっている。

当時の西洋料理事情をとくと理解するために、もう一冊、四十二年に出版された『四季毎日 三食料理法』の「豚のカツレツ」にお付き合いいただきたい。

「豚のロース肉（百目）を厚さ二分程の平らたい四切れに切って、裏表へ胡椒と塩とをふりかけ、次にメリケン粉（アメリカ産のうどん粉）をつけて、次にといた卵をつけ、次にパン粉（これは食パンを干してからザクザクと細かい粒にしたものです。西洋食料品店またはパン屋にも売っております）をつけて板上にならべ手の平で軽くおさえてそうしてヘット（牛脂）またはラード（豚脂）をフライ鍋（西洋の油鍋のこと）に入れて火にかけて煮えましたら（煮えたのを試すためには塩を少しつまんで油の中へ投込んでシュッと強き音がしたら油が煮えたしるしです）先に衣をつけておいた豚肉を鍋のふちから静かにすべらし入れ、片面が狐色になったら裏返して他の片面を狐色にあげて西洋紙かまたは古新聞紙の上にのせて油を切って、それを四、五分の幅に切って元の形のように揃え皿に盛るのです（かように切っておきますと、日本の箸でたべられます。西洋の庖丁やホークの必要がありません)。それからこの揚肉には、ウスターソースという西洋の醤油をかけるのですが、もしウスターソースがないときには、日本の醤油に粉唐辛子を少し加えまして、一度沸かして日本酢をさしたものを(あまり酸くならない加減に)代用してもよろしいのです」

注釈が見事に時代を語ってくれてたのしい。日本の箸も登場している。

さらにつけあわせには「芹、三ツ葉、馬鈴薯などをさっと青味を損ぜぬ度合に揚げ、または大根おろしを添ゆるともっともよろし」「このカツレツは三味酢《さんばいず》またはソースをかけて食するのです」。こんな説明を加えた本もある。

いまだったら「へぇー、おいしそう!」そんな声が聞こえて来そうだ。

ホールクコットレッツが日本では早くはポークならぬビーフだったのか、その辺の事情については「牛肉ノススメ」のところで取り上げたのでここでは簡単にふれておく。

明治の人々は文明開化の味の代表選手である牛肉に、牛鍋という形で馴染んでいった。したがって日本人にとってはカツレツも、豚ではなくビーフだからこそ案外抵抗なく受け入れたのである。

明治十八年に出版された『東京流行細見記』にカツレツの店が六軒紹介されている。ただカツレツとあるだけだが、もちろん肉はビーフであったと思われる。

映画監督の山本嘉次郎《かじろう》さんは著書『日本三大洋食考』の中で、「大正末期のころまでは、わざわざポークカツと注文しないと、ビーフカツを持って来たものである」と述べ、また明治の洋食屋として親しまれている老舗神田の松栄亭《しようえいてい》の二代目であり、先頃九十一歳で亡くなった堀口信夫さんも、「大正時代になっても『カツおくれ』っていうとビーフでしたね。ポークカツレツはポークとことわったもんですよ」と話す。

しかし日清日露の戦争が起こって軍需食糧として牛肉が缶詰として盛んに戦地へ送られるようになり、加えてロシア軍の捕虜も六万人を数えるようになると、牛肉は日に日に姿を消して豚肉が浮上して来たのである。

そしてカツレツの主役も牛から豚へ、同時に薄い肉から厚い肉へと変わって行く。

胃袋におさめた思い出

カツレツが日本人の舌にいち早く馴染んだ背景にはもう一つ、カツレツが米飯のおかずとしてぴったりの日本人好みの味であったことが大きな要因となっている。

「カツライスといってご飯がついていましたよ」（松栄亭・堀口信夫さん）

「うちの店にはパンもご飯もありました。『ご飯おくれ!』っていうお客さんにはご飯を出していました」（煉瓦亭・木田孝一さん）

「大正初めでもメニューにはパンもライスもあったね」（資生堂パーラー・高石鍈之助《えいのすけ》さん）

カツレツはこうしてごく自然に米飯料理として庶民にとけ込み、ポピュラー化して行き、それを一度味わった人は一様にカツレツファンになっていった。

「私が中央亭へ入ったのは昭和二年だけど、その時分知っていたのはカツレツとオムレツぐらいだったよ。その頃大衆食堂というか安洋食屋では須田町食堂と本郷バーなんていうのがあったね。カツレツが八銭でコロッケが四銭だったかな。

須田町食堂へ行ったのはこの商売に入ってからで、なんで訪ねたか用事は忘れたけど、調理場で、薄い肉に粉のドロドロといたのをつけ、また粉をつけ、ドロドロをつけ、やっとパン粉をつけているのを見てますよ。

肉は紙みたいに薄かったけど、カツレツになると親指くらい厚くなってあらわれてくるのよ。普通カツレツというと、四十グラムとか五十グラムの肉を使った。すばらしいのになると百グラムあったと思いますけど、大衆食堂のは半分の二十五グラムもないんだね。でもそれがカツレツになるとラードで揚げてあるから、パン粉にラードの匂いがついておいしくてね。カツレツにウスターソースをガバーッ、生キャベツにドカーッとかけてね。ソースで洗って食べるんだけど、肉がろくになくても肉の匂いはするわけだからうまかったですよ」

話を聞いただけでよだれが出そう。これは明治三十八年生まれで三田綱町三井倶楽部料理長だった山越徳玄《とくげん》さんの、半世紀あまり前のカツレツの思い出である。

慶応大学教授だった池田弥三郎さんも大のカツレツファンだったようだ。

「三田の学生だった時分、三田の界隈では、大和屋、明菓、白十字、三丁目、加藤、紅葉軒、三田バーといった店々があって、大ていの昼食はそれらの店のカツレツやカツドンですましていた。少し時間とこづかい銭の余裕がある時は、銀座にでて煉瓦亭のカツレツ、あるいは御徒町《おかちまち》まで行って、ポンチ軒のを食べた」

「三田の『かとう』という店ではカツライスの『のっかり』というのが名物だった。のっかりとは、いかにも学生ことばらしい無遠慮な言い方だが、まさにそのものズバリで、ライスの上に、カツレツが、そえものの野菜といっしょに、のっかっているカツライスだった。カツレツには、すでにホークがいれてあって、それに上からソースをぶっかけてたべる、すこぶる乱暴な学生式のものだが、ころもがあつくて肉とはなればなれになってしまうような、近ごろの学生街のカツレツとは、さすがに違っていた」

「銀座のカツレツでは、松坂屋わきの屋台の青葉亭のカツレツを、夜食によく食べに行った。昼食は友人と三田から出て来ると、煉瓦亭のカツレツに親しんだ。

煉瓦亭のポークカツレツは、日本式になりすぎたトンカツと、レストランのいわゆるカットレットのカツレツとのちょうど中間をゆく、いかにも『洋食』という名にふさわしいカツレツであった。当時『大カツ』と称する大型のカツレツがあって、食い盛りの私たち学生を大いに満足させた」（池田弥三郎著『私の食物誌』）

亡くなった歌手のディック・ミネさんも語ってくれた。

「カツライスねェ。立教の学食でよく食ったね。相撲部にいてラグビー部にいてハラ減ったものね。カツライスは十五銭だったよ。おれが立教を卒業したのは昭和七年だから昭和四、五年じゃないかな。カツの切り口を見ると衣より豚の方が薄いんだよね。その頃の学食はおはちがあって茶碗があって、いくら食ってもいいわけよ。ご飯は三銭。それで六杯から九杯食ったもんね。おかずはカツ一枚だけどキャベツはいくらでもくれるんだよ。

一枚のカツで飯を六杯も九杯も食うの、むずかしいよ。どうしたかというと、カツにソースかけてそのカツをキャベツの上からチョンチョンチョンとつけるの。そうするとキャベツにカツの匂いがつくから初めはキャベツで飯食うんだけど、どっかにカツが入っているような気がするのよ。それで四杯目ぐらいからカツを食い始めるんだけど、こうやって食べると始めから終わりまでトンカツ食ったような気がするの。うまかったね」

また「暮しの手帖」初代編集長の花森安治さんは、「なにがうまいって、学生時代に食ったトンカツだねェ。紙のようにうすくて油臭いヤツの上に、ダボダボと惜しげもなく安ソースをブッかけて……」(『日本三大洋食考』)と語っている。

生みの親は？　名づけ親は？

ところでカツレツとトンカツの違いをご存じだろうか。早速証言者に登場してもらおう。

「むやみと肉を厚切りにしてあるのが豚カツで肉の薄いのがポークカツレツさ」

評論家の古波蔵保好《こばくら》さんは『なつかしのポークカツレツ』でこう説明している。

「肉がうすくて、ウスターソースをジャブジャブかけて、ナイフとフォークで食うのがポークカツであり、肉が厚くて、トンカツソースがかかっていて、適宜にきってあって、箸で食うのがトンカツなのである」

山本嘉次郎さんは『日本三大洋食考』の中でこう定義づけている。

では日本式の分厚いトンカツを考え出したのは一体どこの誰なのだろうか。

「厚い肉に衣を付けて揚げたのは御徒町にあったポンチ軒が元祖ですよ。そう、大正の中頃、いや、震災前後だったかな。それを真似たのが御徒町の蓬莱屋《ほうらいや》です。その頃の蓬莱屋はじいさん、ばあさん二人で屋台をやってましたけど、全くの素人《しろうと》でね。肉の扱いもよく知らないし、苦労してましたよ」

松栄亭の堀口信夫さんはこう話してくれる。

カツレツの原典であるホールクコットレッツ並に薄いのがポークカツレツであり、それが厚切りになった段階で、カツレツはトンカツという名前に生まれ変わったとみるのが正解のようである。

　それはいつ頃のこと、そして名づけ親は?

「トンカツというのは昭和だろうね。大正には知らなかったよ。大正にはハイカラにポークカツレツといってたもの。調理場へ注文を通すのも、ポークカツレツをはしょってポカ一丁っていってたもの」

　資生堂パーラーの高石さんの証言である。

「トンカツという名前は、関西が元祖だという説もあるし、明治時代からあったという説もあるが、一般に普及したのは、関東大震災のあとあたりから、上野広小路一帯の洋食屋から広まった、と私は記憶している。

　日本人はパピプペポの音《おん》に弱い。たとえばアパートをアバート、デパートをデバートという人は、今でもそう珍しくはない。

　ジャンパーのことを、流行歌の中で、ジャンバー……と、おめず臆せず歌っている歌手までいるではないか。

　だからポークカツというのは、いいにくく聞きにくく、騒音の中では、チキとか、ビフなどのようにハッキリしないので、いいやすいトンカツになったものだろう。

　そのうちに、上野あたりはいわゆるお上《のぼ》りさんといわれる客も多いので、一番安いポークカツがよく出る。
その注文の回数も多いので、いいやすいトンカツがポークカツから変わっていったものだろう。やがて分厚な形で、包丁で切ってあり、箸で食べられる『トンカツ』が、チキン、ビーフとは別にもてはやされるようになったのだ」
玉川一郎さんは『たべもの世相史・東京』の中で、ポークカツとトンカツの由来についてこう説明している。
「はじめてトンカツという名前をつけたのはウチでございますという店を、東京で三軒ほど知っているが、どちらが本当か分からない」(『日本三大洋食考』)
「これを創作したのは上野の楽天という店である。その主人は健在だ。時は昭和七年であったと思う。トンカツという看板を出すと、道行く人が何だろう『トンカツ』とは、というので、厚い肉の意味で鉈《なた》切と書き添えた。するとナタで切らなければ食えないようなトンカツというものは、余程固い肉に相違ないと間違った解釈をする者もあった。時をほとんど同じくして浅草区役所前の喜太八がトンカツの看板をあげた」(多田鉄之助著『味の日本史』)
という。一方、風俗研究家で漫画家の宮尾しげをさんは、
「御徒町の踏切のそばに、ポンチ軒という店があった。この店はトンカツを始めた最初の店で、畳一枚のせまい土間の上がりがまちと、つぎの二畳が座敷となっていて、真ん

中に丸いテーブルが置かれ、そこに四人、土間に二人の定員六人に、あげたての『とんかつ』を食べさせてくれた。（中略）七輪の上にフライパンをのせていた。

ポンチ軒は、明治末から大正にかけて出来た店といわれ、関東大震災後には、御徒町にあった。むかしの『かつ』はどんな技術を使っても厚く揚げることができなかった（ビールびんでたたいて薄くしたのが普通で、トントンと叩いたからトンかつという俗説もある）のを、何枚も重ねて揚げてお客に出したのがポンチ軒であった（中略）ポンチ軒の評判は、咄家《はなしか》の円右《えんう》を贔屓客がつれて食べたところ、大へんうまかったので、それを高座ではなしたのが糸をひいて繁盛したといわれる」（『洋食ききかじり』）

と書いている。

ところが『しにせ　味の心』の著者である武田忠治さんによると、

「上野にある『本家ぽん多《た》』の初代である島田信二郎は宮内省大膳寮のコックをつとめていたが、英国人コックからヒントを得て、いわゆる日本のトンカツを考え出した。それは明治三十八年、日露戦争のころである。まず肉の厚さにびっくりする。三、四センチもありそうな肉が、薄いコロモをかぶってサラの上。（中略）たかがトンカツという人もあろうが、老舗にはそれなりの流儀がある」

という。しかし『事物起源辞典』を見ると、

「カツレツがとんかつという日本名前の料理に変わったのは昭和四年ころのこと、もと宮内省の大膳職を勤めていた島田信二郎が、東京上野御徒町のガード近くにあったぽんち軒という西洋料理店のコックとなり、ここでポークカツを作ったのが初めてという。島田は苦心して二・五センチから三センチぐらいの厚い肉を揚げるこつを会得し、名前は考えた末ひらがなで『とんかつ』と書くことにした。一番にこのとんかつびいきになった講釈師の円右が、高座でこのとんかつを持ちだして人気を呼び、たちまち大はやりとなった。一説には上野駅前の楽天という料理屋で、昭和六年、トンカツの看板を出したのがはじめで、当時の俗曲『鉈で切るよなトンカツ料理』の歌により、しかく名づけたともいう」

と説明している。

生みの親はポンチ軒もしくはぽんち軒？　いや、本家ぽんたいやいや、それは楽天という説、それにしてもポンチ軒とぽんち軒は同じ店なのだろうか。

しかし宮尾氏のいうポンチ軒は「何枚も重ねて揚げてお客に出した」といい、『事物起源辞典』によるぽんち軒は、コックである島田信二郎が苦心して二・五センチから三センチという厚い肉を揚げるこつを会得したとある。

だが武田忠治さんは、島田信二郎は本家ぽんたの創業者であり、ここが日本のトンカツの元祖であるという。

まことに話がややこしくなってきた。

宮尾さん描くところのポンチ軒はまったくのしもたや風。玄関左手が店で右手が調理場になっているが、そこは調理場というより台所である。その台所で、コックならぬ、丸髷《まるまげ》に前かけ姿のおかみさんが七輪にフライパンをのせトンカツを揚げている。店の土間のテーブルでは和服と洋服の男客二人が箸と茶碗でトンカツを食べている。とても宮内省大膳寮のコックのいる店とは思えないし、宮尾さんもポンチ軒は夫婦二人でやっていたという。

そして「亭主が留守するとおかみさんが揚げていた」とある。つまり亭主は道楽者できっと年中家を空けていたのだろう。想像をたくましくしても、その道楽者の亭主が、恐れ多くも宮内省大膳寮にいた島田信二郎とは考えにくい。どうやらポンチ軒とぽんち軒は別の店のようである。

それにしてもなぜ同じ名の店が同じ町内のガード近くと踏切のそばにあったのか。想像をたくましくすれば、その頃は老いも若きも西洋の香りのするカツレツに魅了されていた。なればカツレツでひと儲けしようという人間がいたとして不思議ではない。

わが家の茶の間に卓袱台《ちゃぶだい》を置き、玄関の三和土《たたき》にテーブルを置く。調理場は台所、コックはおかみさん、ボーイは亭主、準備万端ととのったところで店の名前は？　そうだ同じ町内に西洋料理のぽんち軒というのがあって滅法繁盛しているらしい。向こうは平仮名のぽんち軒だから、こっちはそれにあやかってポンチ軒にしよう。ポンチ軒なら子供だって読める！　と思ったかどうかは知らないが、とにかくポンチ軒と名づける。

とにかく店はできた。しかし素人商売なので厚い肉を揚げるこつが分からない。そこで薄い肉を重ねて厚く見せ、ポンチ軒の名物にした。

しかしぽんち軒の方は、料理のプロの島田が研究努力の結果、あの今日的分厚いトンカツを完成させている。名づけてトンカツ。

そこへはなし家の円右がやって来た。円右というのは講釈師ではなくはなし家である。円右（二代目）はまずはトンカツで一杯。食べてみて驚いた。うまい！　そして〝そうか、これがトンカツというものか。なるほど、評判以上にうまい〟。

この西洋の味がすっかり気に入った円右はさっそく高座で披露する。当時のはなし家は、いまとは比べものにならない宣伝力を持っていた。だからまたたく間に巷の知るところとなり、さらに噂が噂を呼んで、たちまち行列のできる店として大繁盛することになる。

そのトンカツはやがて〝鉈《なた》で切るよなトンカツ料理〟と俗曲にもなってトンカツ人気を煽《あお》る。それを耳に留めたのが楽天の主《あるじ》であった。楽天もまたこれにあやかろうとトンカツの看板を上げる。それがいつしか元祖とか名づけ親という形になって広く巷間《こうかん》に伝わった、と私は推理してみたが、どんなものであろうか。

現在もポンチ軒とぽんち軒、それに楽天が健在であれば名づけ親を探すこともできるが共になく、現在あるのは島田信二郎の本家ぽんゑだけである。そこだけを取材するのは不公平というものだろう。そこで親探しはあきらめることにした。

「生みの親、名づけ親ですか？」

「豚《とん》のカツだからトンカツ！　これはお客様の洒落ですよ」

と名奉行よろしくさばく木田孝一さん。歴史とはそういうものなのである。付け加えれば『事物起源辞典』のぽんち軒は島田信二郎という名前から判断して「本家ぽんゑ」の間違いではないだろうか。

新作落語「とんかつ」

いずれにしてもこのカツレツ、トンカツは、当時のはなし家にとって格好の話題だったのだろう。柳家三語楼《さんごろう》（大正五年真打ち、昭和十三年没）も新作落語「カツレツ」を高座にかける。それはやがて弟子の権太郎《ごんたろう》に受け継がれて「とんかつ」と名を改め、早速レコードにもなる。そしてこれは権太郎の出世作として晩年まで高座にかけられていたという。ちなみに権太郎は昭和三十二年二月に五十九歳で亡くなっている。

高座ならぬ活字でお読みいただこう。

○「サア皆な此方へ入っておくれ、大勢集まって貰って、話というのはこの間ね、この先の湯屋の隣に出来た洋食屋、知ってるかい。赤くなって、青くなって、紫色になって、こんがらがっちゃって飴のように伸びている電気のついている洋食屋さ。カフェー・メリケンコという家《うち》だよ」
△「変な名前だな」
○「湯へ入った帰りにね、ライスカレーを食べようと思って、入ったところが、お嬢さんのような女の人が大勢並んでいてね。俺だっていい若い者だ、ライスカレー一枚を、十五銭払ったきりで出て来られるかい。それからここん所は男として、度胸をきめなければならないと思ったから、姐さん済まないけれど、ビールを一杯にとんかつを一ツ頼むよと景気をつけた」
△「ホウえらいな」
○「ナアに二、三日湯へ入らなければいいと、こっちは湯銭や何かをとんかつの中に入れて、度胸をきめたんだよ。そうするとね。そのお嬢さんみたいな若い女がやって来てね、とんかつを切ってくれたり、ソースをぶっかけてくれたり、いろいろ親切なんだよ。こんなきれいな人にとんかつを切られたり、ソースをかけられて、黙ってはいられないから、これは幾らかとんかつの切り賃や、ソースをかけてくれた手数料を払わなければならないと思ったから、ともかく懐ろへ手を突っ込んで、がまぐちをパチ

ンとはじいて見た。そうしてがまぐちの中の、銀貨のギザギザや何かを順々に引っ掻いて見たけれどね、なかなかギザギザの引っかかるやつがないんだよ。皆すべっちゃうんでさ」

△「オヤオヤ」

○「何か引っ掛かりはないかと思っている内に、いいあんばいにギザギザがあったから、しめた、こいつを引っ張り出してね。姐さん、どうもいろいろ世話を焼かして済まねえ。少ないけれどもとんかつの切り賃だから取って置いておくれと出したのはよかったけれどもね。銀貨だと思ったら、爪削りを出しちゃったんだよ。しょうがないから引っ掻き直してね、五十銭玉を姐さんにやったけど、とんかつとライスカレーと生ビールが一杯で七十五銭なんだ。とんかつを切られた方が五十銭で、食べた方が七十五銭てえのはどういう訳だい。

面白くないだろう。そればかりじゃない。だいたい俺の気に食わないというものは、とんかつよりもとんかつのそばにくッついているキャベツの細かく刻んだのが大変好きなんだ。けれどさ、きれいな女の人が大勢いる前で、いい若い者がキャベツばかり食っていられるかい。もしも俺がキャベツばかり食っていれば、あの人は兎のような人だと思われるだろう。だから我慢して、キャベツを残して、とんかつだってだいたい正直なところをいうと、肉よりか皮の方が好きなんだよ。だけどもこの場合皮を食べたり、皿をなめたり出来ないや、日本人として体面を保たなければならない。腹はすいてたけれども、とんかつを半分残しちゃった。ずいぶん口惜しかったよ。みすみすきれいな女の子がいたために、とんかつを半分残さなければならない。残念だと思ってそれから毎晩床へついてもウトウトすると、とんかつの夢ばかり見るんだよ。ちょっと寝ついたなと思うと、大きなとんかつが追い駈けて来るんだ。ある晩なんかとんかつに追い駈けられて縛られて連れて行かれる夢を見ちゃった。一週間続けてこの夢を見て、熱が出ちゃった。だから決してね、女の人のたくさんいる洋食屋なんかで、とんかつを食べるもんじゃないと思って決心しちゃった。

ところが、ここなんだね。ホラ横丁の角の、どこかの会社へ勤める家の奥さんね、きれいな奥さんがいるだろう。あの奥さんがね、ときどき自分の家の台所で洋食屋のようなにおいをさせるんだよ。でね、この間、奥さん何か御馳走が出来ますね、そういったらね。今に旦那様がお帰りになるので、洋食をこしらえて夜の支度をしているんですわ、といってね。一生懸命とんかつをこしらえているんだ」

△「フーンフーン」

○「あの何だね。とんかつをこしらえる時てえものは、着物の上へお医者様の被《き》るような白いやつ、あの羽織の紐が背中にくッついて背で結んでるやつを着るんだよ。それでとんかつをこしらえる鍋は日本の鍋と違うよ。尻尾のついた、大きい杓子《しやもじ》のような鍋があるだろう、あれに洗濯シャボンみたいな油を入れて、溶かしちゃってね。そこへ牛肉のはり倒したやつにメリケン粉をくっつけて、鍋の油に入れるとね。牛肉がとんかつになるんだってさ」

△「ヘエー、牛《ぎゅう》のとんかつてえのがあるのかねえ」

○「だからさ、今日久しぶりでお互いに仕事は休みだし、少しずつ割り前を出しッこして、友達同士気兼ねなしに、とんかつをこしらえて、ちょっとお酒でも飲んで、一日話し合おうじゃないかてんだがね。皆などうだい。仲間になる者は手を挙げてくれ」

という相談がまとまり、一人三十銭ずつ出し合ってとんかつを食べることになる。なにしろ長屋に住んでいようがいまいがそこは江戸っ子、天下の見栄っぱり。宵越しの銭は持たないことをモットーとする江戸っ子同士である。賛成したまではよかったが、実はいずれも手元不如意でなかなかその三十銭が集まらない。弱っているところへ吉田さんの息子というのが飛び込んで来る。

○「何だい」

吉「イエね。皆さんがここで、今日は牛肉でとんかつをこしらえるてえことを聞きましたからね。私も仲間にいれてもらおうと思ってね。

それで実は少しばかりですが持って来ましたよ」

○「オヤこれは済みませんね。エエどうだい。ハッキリしているね。何もいわないけれど、この息子さんは偉いな。年は若いけれどーオヤ牛肉ですね。これは竹の皮に包んである牛肉、重いね、大きな牛肉だね。ハハア肉の蒲団みたいな……アレ札が付いていますね。何です。山本様と書いてありますね」

吉「静かにして下さい。今ね、この肉のことについて、追っ手に追い駈けられてるんですよ」

○「いやだな。冗談じゃない。変なことになっちゃったね」

吉「イエ静かにして下さい。実はね。この肉を手に入れる迄には、それはそれは聞くも語るも涙の種」

○「いやだよ。冗談じゃない」

吉「この先に、原っぱがありますね。あそこでもってね、時計屋さんの所の八公とね、それから乾物屋のエスがね、取ッ組み合いの喧嘩をしてるんですよ。そこへ私が通り掛かりましてね。見ていると、犬のことについて、乾物屋の小僧さんと、それから牛肉屋ね。知ってますか、上総屋のあそこの小僧さんとが喧嘩になっちゃった。犬のことで」

○「フムフム、なるほど」

吉「するとね、牛肉屋の小僧さんが肉の籠を担いでいると喧嘩に負けになりましょう。で牛肉の籠をそこへ置いて喧嘩になった訳です」

○「ホウホウ」
吉「そうするとね、今まで喧嘩していた犬がね、喧嘩よしちゃって、肉の籠がそこへ来たから、肉の籠へ首を突っ込んでね。その肉を引っ張ったりなんかしているんです」
○「なるほど、小僧さんが可哀相《かわいそう》だ」
吉「で私がそこへ通り掛かっていたものですからね。そういうことをするんじゃないと犬にね、意見したところで分からない」
○「それは当り前だよ」
吉「それから私がね。石をもって犬を追っ払っちゃった」
○「いいことをしましたね。そうしないと小僧さんなんて可哀相ですから」
吉「エエそれですからね。籠から飛出しちゃった砂のついている肉《やつ》の砂を払って、元の通りに入れてやりましてね。で砂のついていないね、重たい肉を私がスーッと持って来たわけです」
○「アレッ、いけないよそりゃあ」
吉「もっとも代は、あとで払う気ではいます」
△「そうして下さいよ。さもないと、泥棒ですよ」
吉「マア、早くいえばね」
△「遅くいったって同じことだ」

吉「ハハア」

○「何がハハアだ。しかしと、さてこうやって吉田さんの息子さんに肉は貰ったと。あそこの会社に行っている家の奥さんに鍋と油は借りると」

長々とお付き合いいただいたが、この落語の「とんかつ」はいま聞いてもおかしいし、時代風俗を如実に語ってくれるばかりでなく、当時の「とんかつ」の立場がよくわかる。ちなみに「着物の上へお医者様の被るような白いやつ、あの羽織の紐が背中にくッついて背で結んでるやつ」とは割烹着《かっぽうぎ》のことであり、「尻尾のついた、大きい杓子のような鍋」とはフライパンのことだろうと思われる。また「洗濯シャボン」とは牛の脂のヘットのことであろう。

時代風俗といえば、この落語によってもう一つ大発見がある。

「で、このとんかつてえものは食べる時にあの、あいつをかけるといいんだな、あいつ、西洋唐辛子よ。あれを買って来ようじゃないか、何といったっけね。蚤取粉じゃねえ、ホラ」

なんだと思います?

「アア胡椒だよ、胡椒……」（「キング」昭和十三年七月＝『昭和戦前傑作落語全集』所収）

そう、とんかつに胡椒……この組み合わせは、明治三十四年の『日用文庫第二編　和洋簡易料理』以来、連綿と受け継がれて来たのであろう。それにしても新作落語が生まれた頃、トンカツは豚肉ではなく牛肉だったのだろうか。権太郎は明治三十年の生まれ、トンカツは牛でなくてはならなかったのかもしれない。

トンカツを腕力で切る皿へ音　祐助
トンカツは皿からはずれて客へ出る　三太郎
トンカツの厚さへ取組むその手つき　昭一
トンカツや前を小豚が鳴いてゆき　昌坊

トンカツは日本人のアイドルなのである。

第5話　コロッケ秘録

「コロッケー」を推理する

一世を風靡《ふうび》した大正の流行の唄の一つに「コロッケー」という唄がある。

ワイフ貰って嬉しかったが
いつも出てくるおかずがコロッケー
（合唱）
今日もコロッケー明日もコロッケー
是じゃ年がら年中コロッケー
アハハッハ　アハハッハ
是りゃ可笑しい

これは大正六年に東京の帝国劇場で上演された喜劇「ドッチャダンネ」の中でうたわれた「コロッケー」の一節である。

この年浅草に、日本の音楽史上記念すべき浅草オペラが生まれている。常盤座《ときわざ》に続いて同じ浅草公園に日本館ができ、それがオペラの常打ちを始めるについて東京歌劇座が結成されている。そのオープニングに佐々《さっさ》紅華《こうか》作の「カフェーの夜」を上演したところ大当りしたが、それにもまして大ヒットしたのが劇中でうたわれた「コロッケー」であった。

作詞は益田太郎冠者《かじゃ》、曲は外国のメロディーを日本館で上演するに当たって、当時帝劇の楽長であった永井建之がアレンジしている。ちなみに益田太郎冠者は、当時、台湾製糖の社長であり、帝劇の重役であった益田太郎のペンネームである。

私は前々からこの「コロッケー」の唄に興味を持ってきた。

いや、唄そのものよりも〝コロッケ〟に執着していたのである。つまりこの唄に登場するコロッケはフランス料理のクロケットなのか、それとも私たち日本人がこよなく愛するあの日本式いもコロッケなのか、ということにである。

もちろんそれには理由がある。

山本嘉次郎さんの『日本三大洋食考』を読んでその疑問にぶつかったのである。

まずはその一文にお付き合いいただきたい。

「これを上演した帝劇は明治四十四年に開場した。その四十四年には銀座の角にカフェー・ライオンも開業した。日本におけるカフェーの濫觴《らんしょう》である。同じ年にカフェー・プランタンも店を開き、年を越して大正に入るや、あちらにもこちらにもカフェーが簇生《そうせい》して、世の中の話題を賑やかかした。

そんな時期だったればこそ『カフェーの夜』は人気を博したのである。いまでいうところの企画の成功であった。

ところが大流行のコロッケの唄を聞いて、首をひねる人が多かった。

——さすがは大金持ちのセガレだけあらァ、毎日毎日のおかずがコロッケなんて、豪儀なもんじゃねえか。

——こちとら、コロッケなんて話にゃきいたことあるけれど、まだお姿さえ拝んだこたァねえぜ。

と、言うのである。

第一、肉食そのものが普及していなかった。

一般大衆にとって洋食を食うなんて容易ならざることであった。家庭で牛肉を食うと言えば、せいぜい月給日とか来客があるとかの、特別の日に限られていたものである。よしんば、裕福な家にしても、家庭でコロッケを作るのは、面倒な技術を要し、素人の手に負えるものではない。

当時はそのような本格的なコロッケしか存在しなかった。

ところが太郎冠者は、コロッケは洋食の中で一番カンタンなものであり、一番安物でアルと思い込んでいたのである。益田邸にはコックの二人や三人は雇っていた。だからコロッケが、いかに手のかかるものであるかを知らなかった。チェッ、またコロッケか、バカにするナ、と太郎冠者は嘆いたにちがいない。

太郎冠者は庶民とは次元の異なる立場で、コロッケの唄を書いた。コロッケを笑いの対象としてブジョクしたのである。そこに世人が首をひねる要因があった。ソンケイすべきコロッケをブジョクするとは……。

私は太郎冠者の長男とは小学校以来の級友だったので、高輪の御殿山《ごてんやま》の大きな森に囲まれた益田邸に、ときどき遊びに行った。

その台所は、レストランやホテルも及ばぬような豪壮なものであった。白い服を着たコックが、いつも忙しそうに働いていた。

こんな生活をしているから、コロッケの有り難さなんて分ろう筈はなかった」

このように書いているのである。

しかしこれはおかしい。

たしかにコロッケは、当時はまだ高級フランス料理であり、大衆の中にはそのお姿さえ拝んだことのなかった人もいたであろう。

しかし、仮に「コロッケー」のコロッケがフランス料理のクロケットであったとしたら、新婚家庭がそんな高級かつ高価なものを今日も明日も食べられるはずがない。もしそれを毎日食べられるような家庭のことだとしたらコミックソングになるはずがない。

この歌はあくまでも庶民の暮らしを歌に託した社会風刺だからこそ浅草を起点に一世を風靡したのである。したがってコロッケはクロケットではなく、惣菜コロッケのいもコロッケでなくては成立しないはずである。

ところが山本氏の解釈は違う。違うどころかまるで正反対である。

浅草オペラで人気急増

そうこうしているうち、ある日、玉川一郎さんの『たべもの世相史・東京』を読んでいたところ懸案のコロッケについて「なるほどなるほど、やっぱり」という場面にぶつかったのである。

なにが「なるほど、やっぱり」なのか、ここでもう一度『たべもの世相史・東京』の中の「安洋食屋」にお付き合い願いたい。

「従兄が、オレがおごってやるから、ついてきなと、先に立って歩いて行ったのが、叔父の家から歩いて五分もかからない春木町（現在の本郷三丁目）の本郷バーである。

それまでもライスカレーとか、シチューなどは、ウチでたまに食わされたことはあったが、コロッケ、カツレツなんてものは、食べたことはなかった。

父母と転々と居をかえて住んだのは、朝鮮だし、祖母のもとに帰って来た東京の叔父の家業が、賄業《まかないぎょう》だから、片仮名で書いた洋食が、私のメニューに出て来る余地がないんだからしかたがない。コロッケはマッシュ・ポテトにクリームがはいっていて、玉葱の刻んだのや挽肉が少々。（中略）五銭であった」

続けて「コロッケー」の唄は、

「それまで庶民の口には縁の遠い、西洋料理の名前の一つ、コロッケが日本じゅうに広まった、記念すべき歌だと思う」とも書いているのである。

私は「うん、これだ」と思ったのである。

これは玉川さんが中学の三年生であった大正九年のことであったという。

当時の五銭というと、ふろ銭が同じ五銭、木村屋のあんパンが二銭、豆腐四銭、もり、かけが八銭から十銭、ライスカレーが七銭から十銭の時代であった（『値段の明治・大正・昭和風俗史』）。そして安洋食屋の本郷バーのコロッケが五銭。本郷バーは玉川氏のいうように本当に安洋食屋だったのか。

「たしか大正五六年の頃、本郷座の片ほとりにあった本郷バーは、五銭のライスカレーを売物にしていました。勤人や学生なども車夫、小僧さんなどに交って、よく昼食に出かけたものですが、カツもたしか七八銭。ライスカレーは例の五銭ですから、当時としても実に安く、食事が出来て大繁昌でした。その頃は少女が二三人いて、ライスカレーを運ぶとき、カレーのところに指を突込んで、あとでそれを舐めているので、いやな気にさせられたものですが、何しろ安いから段々各所に支店が出来て……」（『大東京うまいもの食べある記』昭和八年版）

たしかに本郷バーは安洋食屋だったのだろう。ということは、クリームが入っていたといっても、たまねぎの刻んだのや挽肉が少々ということから想像して、クリームも当然気持ち程度の少々に決まっている。ということはフランスのクロケットには程遠く、これは申し訳程度にクリームを入れた正真正銘の芋コロッケに違いない。それが五銭ということは、町の惣菜屋で買えば、じゃがいもの量はもっと多いにしろ、この値段の半分以下、コロッケは一つ一銭か二銭だったのではないだろうか。それだったら安月給の新婚家庭でも十分「今日もコロッケー明日もコロッケー是じゃ年がら年中コロッケー」と相成り、「アハハッハアハハッハ是りゃ可笑しい」と笑っていられるはずである。そう、やっぱり「コロッケー」の唄のコロッケは、私の思っていた通り、フランス生まれのクロケットではなく、小市民的ないもコロッケだったのであると納得したのである。

しかし待てよ。値段だけ、それも本郷バーだけの値段で結論を出してしまうのはあまりにも短絡的すぎるのではないだろうか。もっと別の角度からもう一度追跡調査をすべきではないか……段々そんな気がして来た。そこでもう一度調べ直してみようと思い立ったのである。

その前にちょっと訂正しておきたい。

山本さんの一文に「カフェーの夜」は帝劇で上演されたとあるが、帝劇での上演は冒頭でふれたように、「ドッチャダンネ」であり、「カフェーの夜」は佐々紅華の作であって、これは浅草の日本館で上演されたのが正しい。たしかに「コロッケー」の唄は「ドッチャヤダンネ」の中でうたわれている。が、しかし佐々紅華によって「カフェーの夜」の挿入歌として改めて取り上げられたところ、それが下町庶民の心にヒットして、全国津々浦々に広まったのである。

なにしろ当時の浅草はいまからは想像もつかない東京一の繁華街、娯楽街であり、庶民の遊び場であった。だから「コロッケー」の唄ばかりでなく当時のはやり歌のほとんどはここ浅草オペラからスタートしている。「ベアトリねえちゃん」「ゴンドラの唄」然りである。浅草オペラで歌われた唄は爆発的人気を博したのである。だからもし仮に「コロッケー」の唄が帝劇だけの上演で終わっていたら、市民権を得ることもなかったし、今日までうたい継がれることもなかったはずである。

というのは、現代からは想像もつかないと思うが、当時帝劇は「今日は帝劇・明日は三越」という流行語からも想像がつくように、帝劇も三越も庶民には無縁の、有閑マダムのためのサロンだったからである。

だから私は、「コロッケー」の唄が浅草のオペラ館で上演されたということは、「コロッケー」の唄にとっても、またコロッケ自身にとっても、まことに喜ばしいことだったと思うのである。

ここでもう一つ。この「コロッケー」は何を見ても「コロッケの唄」「コロッケの歌」「コロッケのうた」のいずれかになっている。歌詞もまた「ワイフ」が「女房」になっていたり、「アハハッハ」が「ワハハハ」であったり「アッハハハ」であったりする。

太郎冠者の生原稿は早稲田大学の演劇博物館に寄贈され保存されている。そこで確認した結果、「コロッケー」と「アハハッハ」が正しいことをはっきりさせておきたい。

太郎冠者の素姓

さて話を戻して、そこで問題のコロッケの正体を解明するためにまず太郎冠者の生い立ちから再調査することにした。

太郎冠者、益田太郎は明治八年九月二十五日に、後に三井物産を興し、鈍翁と呼ばれた益田孝の長男として品川で誕生している。

父親の孝は佐渡奉行支配目付《めつけ》の長男として生まれているが、十六歳の文久三年（一八六三年）には外国方通訳御用として池田筑後守一行とともにフランスへ渡っている。その後明治九年に二十九歳の若さで三井物産を創設しているが、この時の月給は二百円だったという。

ちなみにその頃巡査の初任給は明治七年で四円、十四年で六円であったから、ずば抜けた高給取りであったわけである。

大金持ちの家にふさわしく自宅は現在の品川御殿山、当時の荏原郡北品川にあり、一万二千坪を擁する敷地。そこには外国人を招いてパーティのできる大サロンがあり、料理人は和洋料理共に揃っていた。

太郎冠者はこうした裕福な中で生まれている。中学はロンドン、そしてベルギーの大学を卒業し、明治三十二年に帰国すると横浜正金銀行に勤めている。

そして翌年には板倉勝全子爵の長女で、お茶の水高等女学校を出たたいへん美しい貞子と結婚。その新所帯は日本橋浜町にあって、そこには二人の執事と四人の女中、その他書生が二、三人いたという。

その後台湾製糖の重役になるが、わが国で初めての椅子席の洋風劇場となる帝国劇場が、大倉喜八郎、渋沢栄一、益田孝らの財界人によって完成すると、太郎は帝劇の取締役にもなり太郎冠者のペンネームで脚本をも手がけるようになる。

「ドッチャヤダンネ」もその一つなのである。

さて懸案のコロッケだが、太郎冠者、美人のワイフをもらって嬉しかったのは確かであろう。しかし女中が四人もいたという事実から考えて、マッシュポテトに挽き肉少々のコロッケはどうしても似合わない。やっぱり女中が腕によりをかけて作ったクロケットというのが正解であろう。

となるとどうにも辻褄《つじつま》が合わない。

当時、私は「コロッケー」の唄に別にモデルがいたなどということはまったく知らず、正体解明の手がかりとして、ひたすらコロッケの変遷を調べたのである。山本さんの間違いも、モデルは太郎冠者自身というこの思い込みにあったのである。

日本に輸入された西洋料理のコロッケはフランス料理のクロケットであった。だからこそ鹿鳴館のメニューを飾り、大正十年には皇太子裕仁親王（昭和天皇）もまた召し上がっているのである。

「銀の食器類や備えつけのナプキンなどでおおわれている食卓の上には、ショウロを添えた肉類、コロッケ、サンドイッチ……」

フランスの作家ピエール・ロティは『秋の日本』の中に書いている。

高石鉄之助さんといえば日本における西洋料理界の最長老であり、私が取材で知り合った頃はすでに八十七歳という高齢だったが、資生堂パーラー顧問として後進の指導にあたっていた。その高石さんが、

「大正十年の早春でした。四谷見附の赤坂離宮（現・迎賓館）で皇太子殿下のご訪欧晩餐会が開かれましてね。私は当時まだ一介のギャルソン（ボーイ）でしたが、それはそれはすばらしかったですねぇ。なにしろこの夜のために、フランスから特別に輸入したフォアグラのコロッケが、菊のご紋章の付いた銀色に輝く王冠の器に盛られたさまはいくら見ても飽きることのない贅沢な料理だなァーと思いましたよ。この時のフォアグラ

のコロッケはそれから六十年以上たったいまも私の脳裏に強烈に焼きついていますよ」

高石さんにとってこの超豪華版コロッケとの出会いが、後に資生堂パーラーのメニューにコロッケを載せ、資生堂の重役連中を真っ青にさせることになったわけだが、それはまた後で触れることにする。

ともあれコロッケはこのように本名のクロケットで晴れの舞台の主役だったのである。コロッケはフランス語のクロケットがなまってコロッケになったといわれている。ということはコロッケもクロケットも本来は同じもののはずなのである。

コロッケブームと大正コロッケ

まず明治二十八年八月と十二月の「女鑑」のコロッケの作り方を見ていただこう。
「コロッケ
馬鈴薯《じゃがいも》を湯《ゆ》で、裏漉《うらごし》にて漉《こ》し、之《これ》に塩と卵の黄身を好《よ》き程に加え、鍋にバターを投じて火の上に置き、此の薯《いも》と卵の混和物《まぜたるもの》を、其中《そのなか》にて更らに練《ね》り混ぜ置き、扠《さ》て肉（牛鳥肉類）を細末《さいまつ》に切り、バターにて煎付《いりつ》け、之に練薯《ねりいも》を混ぜたるものを手にて丸め、楕円《だえん》を細《ほ》そめたる様《よう》の形に、長さ二寸位ずつに倣《な》し、之にパン粉を塗付け、又た其外皮《そのそとがわ》に卵の黄身を塗りて、パン粉を付け、之を牛の油にて揚《あ》ぐるなり」
「仏蘭西コロッケ

芝海老（くるま海老にてもよし）を塩湯《しおゆで》となし、其皮《そのかわ》を剝《む》き、賽《さい》の目に切り、別にバターを鍋にて解《と》かし、之に小麦粉と牛乳を少し宛《ずつ》入れつつ攪回《かきまわ》し、其丸《そのま》るめらるる位の軟かさになりたるとき、前の海老をバターにて炒《い》りて、之に混和《こんわ》し、器に取りて冷まし、其冷めたるを待ち、楕円を細めたる形に、凡《およ》そ二寸位に固ため、之にパン粉を付け、其上に卵を塗り、又たパン粉を付けて、牛の脂《あぶら》にて揚ぐるなり」

明治二十八年の段階で、クロケットとコロッケは二つの道を歩み始めている。そしてコロッケの方はますます日本的になっていく。

「牛肉一斤をよくたたき、これへ馬鈴薯（湯煮して裏漉になす）、玉葱（細かに切りバターにていためる）を肉と共に鍋にとり、醬油一合、生酒《きざけ》五勺、味醂五勺、塩少量、胡椒少量にて味をつける……」

これは明治三十年代の料理書にあるコロッケの作り方である。

続いてさまざまなコロッケが生まれてくる。先人の知恵はたのしい。

「コロッケはやき肉を細《こまか》に刻み、玉葱と茹でたる馬鈴薯を馬毛羅《すいのう》で裏漉しにしこれに肉と塩と胡椒を入れてまぜ合わせ、そこへ小麦粉を加えて形を作り、卵の黄身を塗り、小麦粉をかけてフライの油にて揚げるなり」（『新撰和洋料理精通』明治三十四年）

醬油と酒に味醂で味をつけたコロッケがあるかと思うと、このようにパン粉なしのコロッケもある。さらにはブラウンソース味というコロッケもある。曰く、

「コロッケ製法は牛肉又は鳥肉を刻み、ブラウンソースの濃きを以て煮込み冷して後棒の如くなしパン粉を付て油にて揚げて出すものなり」（『家庭重宝　和洋素人料理』）

ブラウンソースで煮込んだ肉を馬鈴薯も使わないでいったいどうやって棒の形にまとめたのだろうか。まとまるはずがない。想像すればおそらくはパン粉で包み込んで形にしたのであろう。

さらに三十六年に出た『家庭西洋料理法』には「ジャガ芋のコロッケー」が登場する。これは皮ごと茹でてつぶしたじゃがいもに塩、胡椒してほどよく丸め、麦の粉をつけ、とき卵をつけパン粉をつけて揚げるという。挽き肉もたまねぎもない文字通りのいもコロッケである。

「いもコロッケはいもを皮ごと使うでしょ。するといもの皮の茶色が挽き肉に見えてね。そうすれば肉が倹約できるでしょ。だからいもを使うようになったんだと思うよ」という話を聞いたことがある。となるとこの話、にわかに信憑性《しんぴょうせい》を帯びて来る。

それにしても倹約どころか肉がゼロとは。まさに正真正銘のいもコロッケである。

いもコロッケがポテトーコロッケと名を変えたのは明治四十三年に出版された『四季の台所』が初めてである。しかし前述した『新撰和洋料理精通』にしても、三十八年刊の『家庭和洋料理法』、大正二年の『和洋家庭簡易料理』、四年の『家庭実用献立と料理法』、そして五年の『一品五銭　今日の料理』とも名前はいろいろだが中身はいずれもいもコロッケのオンパレードで、仏蘭西コロッケのクロケットは一つもない。

このじゃがいもだが、おもしろいことに西洋料理の普及とほぼ歩調を合わせて伸びて来る。明治三十年代前半には二十五、六万トンで、甘藷の十分の一にすぎなかった生産量が、大正でぐんとふえて、大正初年には七十万トンになり、四年には九十六万トン、それが五年になると百万トンを越え、八年にはなんと百八十万トンにも達しているのである。(『近代日本食物史』)

となれば、いもをたくさん使ったいわゆるいもコロッケが、それこそもっともっと登場したとてなんの不思議もない。

たとえばロブスターコロッケ。ロブスターコロッケと聞けば誰だってクリームコロッケを思い浮かべる。間違いなくホワイトソースを使ってこそ美味なるロブスターコロッケのはずである。

ところが当時の雑誌はロブスターコロッケまで「つぶしたじゃがいもに海老を入れ」と説明しているのである。お世辞にもおいしいとはいいがたいし、当然パサパサコロッケではなかったかと心配してしまう。

とにかくどっちを見てもコロッケはいもコロッケ一色なのである。いもコロッケは軍隊の食卓をも飾っている。大正七年に出版された『海軍五等主厨厨業教科書』に「ポテトーコロッケ」がある。

「挽肉又ハ『ロースト』為《な》シタル肉ヲ極細末ニ切リタルモノヲ混シ、前鍋ニ少量ノ『ヘット』ヲ溶カシタル中ニ入レ煎リタル後、生牛乳ヲ加エ尚麦粉少量ヲ加エテ煎リ塩、胡椒ニテ味ヲ付ケ、火ヨリ下シテ冷シ、一個二十匁位ニ丸メ、之ヲ『マーシ・ポテトー』ニテ包ミ、楕円形ニ作リ、『カツレツ』ト同ジ方法ニ依リ麦粉ヲ付ケ卵ヲ付ケ尚パン粉ヲ付ケ『フライパン』ニ『ヘット』ヲ半分位入レ沸騰セシメタル中ニ入レ狐色ヲ度合トシテ天麩羅ノ如ク揚ゲ、供卓スルニハ一人前二個ヲ盛リ出ス」とある。

大正七年といえば、この前年に「ドッチャダンネ」と「カフェーの夜」が上演され、「コロッケー」の唄が大ヒットしている。

コロッケブームは屋台にも及ぶ。

「大正コロッケ

今から五十年ばかりむかし、大正コロッケというすこぶる珍妙な食べ物があった。手押しの屋台車で、町から町を流し売って歩いていたものだが、左様、一個一銭か一銭五厘ぐらいのものだったろう。三銭か五銭払うと、小さく切った古新聞の上に、その大正コロッケを二つ三つならべ、角切りのキャベツを添え、カラシとソースを、思い切りよくぶっかけてくれたものだ。

パサパサした口ざわりで、私達は洋食を食べているような満足感を味わったものである。

私は子供心にも、その大正コロッケが、どのようにしてつくられるか、その秘法をジッと観察していたのだから、幼にして、料理の天才であったわけだ」

これは昭和四十四年の二月から四十六年の六月にかけて「産経新聞」に連載したものをまとめた檀一雄著『檀流クッキング』の中の大正コロッケの一節である。

ここで「今から五十年ばかりむかし」とあるのは、大正十年から十二年頃ということになる。この頃大正コロッケはすでに子供心に残る西洋の味のしたおやつだったのだろう。「パサパサした口ざわりで」とあるところから想像して、いもコロッケだったことが分かるが、実はこの大正コロッケというのはおからコロッケだったという説もある。

昨今ブームのヘルシーなおからコロッケが当時すでにあったとしたらたのしい。しかし「いや、ヘルシーなんてそんな洒落たもんじゃないよ。それは原価を安くあげるためだよ」そんな声が聞こえてきそうである。

今日も明日も「五銭一品料理」

「コロッケー」の唄が大流行した頃、いまも神奈川県の鶴見にある改良軒が、本郷春日町に洋風揚げ物屋を開業している。そして昭和二年には銀座にいまも銀座名物として人気のチョウシ屋という洋風惣菜屋が開店している。今日いうところのデリカテッセンのはしりということになる。

「私は大正七、八年頃長楽軒っていう洋食屋にいたんだけど、洋食屋のコロッケは俵形だったの。中にはハムの切れっ端だとか、ビシャメル、ビシャメル？　ウドン粉だよ。それにバターだのネギだの入れて掻いて合せて一晩おいて、固まったのを俵形にしてこさえるんです。子供に好かれてね。二十銭でした。高級だったね。そこでなんとか安く出来ないかと考えてね。いろいろやってみた結果、ビシャメルの代わりにじゃがいもを使おうと思いたってやってみたらこれがうまいわけよ。そのコロッケを合の子皿につけたら喜ばれてね。だからこのチョウシ屋をやるときには安く売るためにじゃがいもと肉と玉葱。それで一つ五銭。一つでも二つでも子供に余計食べさせたいんで安くする工夫したの。五銭だからっていいもばかりじゃないんだよ。肉も入れる。玉葱も入れる。味の素も入れる。貝柱も入れる。中に入れるもん工夫しましたよ。それを小判形にまとめてね。開店の日は『コロッケ大勉強』って書いたのを風呂屋へ貼ってね。宣伝はそれだけ。だって余分な金ないもの。開店の日は五銭のコロッケが二銭五厘。四列に行列でした。おつり銭出すひまもない。モナ・リザの微笑みどころじゃないよ。すごかったよ。戦争前まで五銭で頑張ったんです」

創業者の阿部清六さんはまだ元気だった頃こんな話をしてくれた。それから半世紀余が過ぎたわけである。

資生堂パーラーはこの翌年、昭和三年に同じ銀座に開店している。前述の高石さんはこの時資生堂に入社しているが、コロッケにまつわるエピソードがおもしろい。

「資生堂パーラーの開店の時のメニューはカリーライス五十銭、オムレツ五十銭、チキンカツレツ七十銭、ローストビーフが八十銭、ビーフステーキ一円二十銭、サンドイッチはエッグが五十銭、野菜六十銭、チーズが七十銭、キャビアとフォアグラはともに一円五十銭でローストビーフより高かったね。

コロッケ？　まだないんだよ。私の心に残っているあのコロッケをなんとかメニューに入れたくてね。アラカルトにやっとコロッケを入れたのは昭和六年の秋のこと。そうしたらすぐに資生堂の重役がとんで来たよ。渋い顔をして『高石君、こんなもの出せるのかね』ってね。こんなもの、っていうのはコロッケのことだよ。世間じゃあ、コロッケは庶民の惣菜で、町の惣菜屋じゃあ三つ十銭ぐらいで小判形のいもコロッケを売ってたんだからそういわれても仕方がなかったんだけど、私のは違う。ふんわりした俵形の本場フランス料理に負けないコロッケの傑作だと思ってましたからムカッときてね。しかし相手は上司ですから喧嘩するわけにもいかず『お暇な折りにご高説を伺いましょう』とその場はとりつくろったわけですよ。もちろん重役のところなど行きゃあしません。コロッケですか？　名づけてミート・コロッケ。もちろん名づけ親です。正直心配しました。しかし様子を見ているとはたせるかな、『こりゃあうまい。これが本当のコロッケの味か』と人気は上々。私としては自信はあったものの、重役の嫌味を考えると、万一売れなかったらどうしようということもあっただけに、ホッと胸をなでおろしたもんです。

これっきとした西洋料理店のメニューにコロッケが登場したのは資生堂パーラーがはじめてです。それからですよ。レストランが競ってコロッケをメニューに載せるようになったのは」

やっと解決した。

つまりコロッケにはクロケットという名の本家があり、いもコロッケなる分家もあって、太郎冠者家の食卓を飾ったのは本家のクロケットであり、巷のコロッケは分家のいもコロッケだということの事実である。

しかししつこいようだが、だからといって「コロッケー」の唄のコロッケをいもコロッケだったと断定するわけにはいかない。

思いあぐんでいた時、洋画家の益田義信さんが太郎冠者の息子さんであること、そしてまた義信さんによって毎日新聞の高野正雄さんが太郎冠者の周辺資料を保存していること、さらには「コロッケー」の唄にはモデルがいたことを知らされたのである。モデルの名は太田芳雪という。

芳雪という名が本名であるのか号であるのかはっきりしないが、台湾製糖に出入りしていた東京美術学校（現在の芸大）出の印刷屋であった。芳雪は太郎冠者に気に入られたのであろう。台湾製糖の重役室へも自宅へもフリーパスで出入りしており、義信さんは子供心に親戚のおじさんみたいな身近な存在だったという。毎日新聞の『一億人の昭和史』には太郎冠者一家が大正五年と八年の夏に鎌倉の別荘で写した家族団欒のスナップ写真二枚が載っているが、その二枚ともに芳雪がまるで家族の一員であるかのように写っている。「コロッケー」の唄はこの芳雪がモデルなのである。

芳雪は結婚して所帯を持った。ワイフもらって嬉しかったものの毎日出てくるおかずはコロッケばかり。ところがそんなこととは露知らぬ太郎冠者は、訪ねて来た芳雪に冷やかし半分、「新婚生活はどうだい……」と聞く。

当然のろけ話を聞かされると覚悟していた太郎冠者に芳雪の答えは、

「いやぁ、まいりましたよ。家内が女学校の割烹の時間に習ったといって毎日毎日コロッケばかり食わされるんで家で飯を食うのが嫌になりましたよ」という。

新婚の女房としては、当時流行の先端をいくハイカラなコロッケで亭主を喜ばせようと大張り切りでコロッケを作ったわけだが、閉口したのは亭主であった。

この話を聞いて喜んだのは太郎冠者であった。喜んだなんてもんじゃない。とにかく作詞家にとってこんなおもしろいネタはない。ましてやほやほやのネタである。

太郎冠者は早速新婚生活とコロッケをテーマにあのコミックソングを作詞したのである。

さて問題のコロッケは女学校で習ったという。上演されたのは大正六年の五月という。ということは芳雪の結婚はもちろんそれ以前。ということはさらにそれ以前の女学校の割烹教科書を見れば解明できるわけである。

明治四十四年発行の『割烹教本』と大正六年に出版された『実用割烹教科書』の二冊の教科書が保存されていた。

結果は私の推理通り「ビーフコロッケー」「馬鈴薯を焙炉して皮を剝き裏漉にかけて……」(『割烹教本』)「フィッシクロッケー」「馬鈴薯を裏漉したる中に崩したる魚肉を入れ……」(『実用割烹教科書』)とあり、いずれもいもコロッケであった。

そのコロッケを家庭で作ったら一ついくらでできるか。前述した大正五年に出た『一品五銭　今日の料理』によるとコロッケも一品五銭でできるとある。

平均的にいって新婚家庭というものは安月給である。たとえいくら安月給であっても、五銭のコロッケなら年がら年中でも安心して食べられる。じゃがいもが多かろうと挽き肉が少なかろうと、一品五銭で檀一雄さんのいうように洋食を食べているような満足感が味わえるとしたら……今日もコロッケ、明日もコロッケとなるのは当然かもしれない。

太郎冠者はそれを風刺した。だからこそコロッケは歌とともに庶民の共感を呼んで浅草から日本中に広まり、大流行したのである。そして「コロッケー」の唄はそれまで庶民の口には縁の遠かった西洋料理の名前の一つ、コロッケを日本中に広めた記念すべき歌なのである。

余談だが、コロッケそばというのをご存じだろうか？　そんなものあるの？　本当にあるのです。それも明治の昔から。生まれは東京日本橋浜町。チャキチャキの江戸っ子そばなのである。新島繁著の『新撰蕎麦事典』によると、雑誌「太陽」（明治三十一年）の随筆「ひかえ帳」の中に「コロケット（仏　croquette）蕎麦といえるを、花屋敷の吉田にて出したり」とあり、コロッケそばの登場を紹介している。花屋敷というのは日本橋浜町のこと。吉田というのは座敷をしつらえた当時有名なそば店だったが、第二次大戦中疎開したまま廃業している。

そしていま「コロッケそば」は吉田のながれをくむ銀座の「よし田」に受け継がれている。コロッケそばは、鶏肉を叩いた卵形のコロッケをそばの上に置いたもの。四月に食べた時は八百五十円であった。

第6話　ライスカレー白書

「イギリスカレー」日本上陸

日本人は年間に一人約五十食のカレーを食べているという。月に直すと四回。男の料理のレパートリーの中でも、カレーはぶっちぎりの第一位。古くて新しい料理、それがカレーなのである。

私ごとでいえば一番好きなカレーは神田松栄亭のカレーである。辛口のカレー粉と甘口のカレー粉をブレンド。たっぷりのタマネギとニンニク、チャツネ、すりおろしたリンゴ、かくし味に醬油やウスターソースなどなど、肉は豚のもも肉。これが創業八十五年という年輪と共に刻み煮込まれ一つにとけあって山吹色のカレーになって目の前に運ばれて来る。

ところでカレー粉は英語でカリー・パウダー、フランス語でカリー・アン・プードルという。発祥はもちろんインドである。

インドがイギリスの植民地となり、イギリスの初代インド総督が一八〇〇年代にカレーの原料と共にインド米を持ち帰り、ビクトリア女王に献上して、やがてそれが一般の人々の間に広まったのがヨーロッパにカレーが上陸した初めだとされている。それは今《こん》日《にち》いうところのカレー粉ではなくカレーを作るための香辛料であった。

インドの主婦は日本の主婦が合わせ味噌で我が家の味噌汁を工夫するように、香辛料をミックスしてその家独特のカレー味を作り上げているのであり、それが日本でいう「おふくろの味」なのである。

カレーが好きという点においては一八〇〇年代も同じことであり、イギリス人たちはインドで食べた美味なるカレーの味を忘れかねていたが、それを作るにはあまりにも繁雑すぎた。

しかし世の中というのはおもしろいもので、いつの時代、どこの世界にも機を見るに敏な人間はいるものである。カレーに将来性ありと判断したエドモンド・クロースとトーマス・ブラックウェルという二人のイギリス人が早速カレー粉製造会社を創って、世界で初めてカレー粉を売り出したのである。クロース＆ブラックウェル、ロンドンのC＆B社がそれである。

このカレー粉は辛みを抑え、口あたりをやわらかく、一般向きに調合されたものだった。やがてそれがフランスへ渡り、多くの料理がフランスで大成されたのと同様、カレーも世界に冠たるフランス料理の仲間入りをして「カリー・オー・リー」（つまりカレーライス）と呼ばれるようになったのである。

そして日本へは明治の初期に入って来た。明治五年に出版された『西洋料理指南』と『西洋料理通』という二冊の西洋料理本にカレーの作り方が出ている。

まことに読みにくいが、時代に先駆け文明開化間もない頃の貴重な本なので原文のまま紹介してみる。

「カレー製法ハ葱一茎　生姜半個　蒜《にんにく》少許《すこしばかり》ヲ細末《こまか》ニシ　牛酪《ぎゆうらく》大一匙《さじ》ヲ以テ煎リ　水一合五勺《せき》ヲ加エ　鶏　海老《えび》　鯛　蛤　赤蛙等ノモノヲ入テ能《よ》ク煮　後ニカレーノ粉小一匙ヲ入煮《いれに》ル　西洋一時間　已《すで》ニ熟シタルトキ　塩ヲ加エ　又小麦粉《うどんこ》大匙二ツヲ水ニテ解キテ入ルベシ」（『西洋料理指南』）

また『西洋料理通』には、

「カリド・ウイル・オル・ファウル（カリーの粉にて肉或いは鳥を料理するを云）冷残《にあまり》の小牛の肉或いは鳥の冷残肉いずれも両種《いろ》の中有合物《うちありあわせもの》にてもよろし　葱四本刻み林檎四個皮を剝《む》き去り　刻みて食匙にカリーの粉一杯　シトルトスプウン匙に小麦の粉一杯　水或いは第三等の白汁いずれにても其中へ投下《いれ》煮る事四時間半　その後に柚子《ゆず》の露を投混《いれまぜ》て炊きたる米を皿の四辺にぐるりと円く輪になる様もるべし」

とある。これを見ると日本へ輸入された段階で柚子の露を投混て炊きたるご飯にかけるという日本のカレーに変身している。

それにしてもカレーの材料に蛙が入っているのはなぜ？　想像すれば、この本を書いたイギリス人が中国人の料理人を使っていたか、あるいはフランス料理の「カリー・オー・リー」のエッセンスを盛り込んだとも考えられる。しかしいずれにしてもこれが日本へ紹介されたカレーの製法であり、蛙はさておき、日本のカレーは最初からイギリスカレーとして出発していることが分かる。

なぜなら二冊ともに「カレーノ粉」「カリーの粉」という言葉が使われているからである。もしそれがインドカレーであったら、カレー粉という表現は用いられなかったはず。前述したように、インドのカレーはスパイスの集合体であり、当時インドにはまだカレー粉という言葉は存在しなかったからである。

つまり日本に上陸したのは、最初からカレー粉として商品化された調合済みのシービーカレー（C&B）だったのである。

そのカレーをいま私たちはごく当たり前に「カレーライス」と呼んでいる。

しかし大正頃までの料理本、雑誌、そして新聞は一様にカレーライスではなくライスカレーと書いている。ということは誰か名づけ親がいるはずである。

クラーク博士命名説

「ライスカレー」の名づけ親をご存じだろうか。それについてはクラーク説がある。

そう「少年よ大志を抱け《ボーイズ・ビー・アンビシャス》」の名文句で知られるクラーク博士である。

クラーク博士は札幌農学校に赴任して来た時、初めて見る日本のボーイズの体格があまりにも貧弱なのに驚いた。そこでまず食生活の点検から始めた。

見ていると少年たちはライスカレーには普段以上に食欲を示す。そこでクラーク博士は食生活を正す手始めとして肉食を勧めるのと合わせて「生徒は米飯を食すべからず。但しらいすかれいはこの限りに非ず」とし、これを寮の廊下の壁に貼った。

この時以来「らいすかれい」という新語は生まれたというのである。

クラーク博士が札幌農学校で教鞭をとったのは明治九年から十年までの一年間である。明治九年頃といえば、庶民が三度三度いまのように白いご飯を食べていたとは考えにくい。ましてや北海道である。仮に農学校なので食生活は恵まれていたとしても、やはりアワも食べ、ヒエも食べていたはずである。

雑穀が主食の時代に「らいすかれいはこの限りに非ず」というのはちょっと疑問がある。しかし札幌農学校は、その当時から寮での昼食は、ナイフにフォークの洋食であり、普段の主食はパンであったという。となると、米の飯の時だけボーイズの大好きな「らいすかれい」を取り入れ生徒の体位向上を計ったということも十分考えられる。

真偽のほどはさておき、「らいすかれい」の名づけ親がクラーク博士であるというのも無責任だがたのしい。

たのしいといえばライスカレーの作り方の変遷、これがまたなかなかおもしろい。

順を追って見ていこう。

「先づ肉をビステキ（ママ）のごとくに焼き細かに刻み鍋にバタを入れ、能く解かしたる処へ、玉葱《にほんねぎ》或は和葱を細かに切りて入れかき回し、カレイの粉少し入れ、湯を適宜にさし、ど

ろりとなりたる時右の肉を加え、とろとろ火にて煮るなり」（「婦女雑誌」明治十九年十月）

　そしてお次は、

「先づ煎茶茶碗に一杯のバターと葱三、四本を細かに切りたるを深き鍋に入れ、強き火に懸け、稍《やや》葱の柔かになりたる時、煎茶茶碗に八分目程の饂飩《うどんこ》粉を入れ、絶えずに攪き廻しながら鳶色になるまでいりつけて煎茶茶碗に半杯のカレイ粉（西洋食糧店にあり）を入れ……」

　この基準がすべて煎茶茶碗というのもおもしろいが、ここで次に何を入れるかというと、かつお節でとっただしをご飯茶わんに六杯注ぎ、そこに醬油を適宜加えて味をととのえ、味噌こしでこして……と相成る。これは明治二十六年五月の「婦女雑誌」にある即席ライスカレーの作り方である。

　それが三十一年に出版された『日用百科全書・西洋料理法』になると、

「肉を細かく切り、鍋に入れて肉がかぶるぐらいの水を加えて二十分間煮たら、葱を入れて十分ほど煮る。さらに芋を入れ芋がやわらかくなったらカレー粉、塩、胡椒、とうがらしを混ぜ、少量の小麦粉をば水にてときまぜ」

　という具合に変化していく。

　さらに「女鑑」は鶏児カレー、鶏卵カレー、野菜カレーといったバラエティーに富んだカレーを紹介している。それればかりか、たまねぎ三個、フライ鍋、シチュー鍋といった西洋野菜や西洋鍋も登場してくるほか、それまでは水または湯でよしとされていたのが、スープあるいは牛乳二、三合を使うなど料理法も本格化してくる。

三つの年代のカレーを比べてみよう。

明治十年代のカレーに小麦粉は使われていない。ところが作り方の中に「どろりとなりたる時……」とある。小麦粉も使わずにどうやってどろりとさせたのだろうか。

それが二十年代になると小麦粉は当たり前になってくる。この作り方を〝長谷川町子のいじわるばあさん〟的発想で見ていくと興味深い。いや、もっと素直に作り手として見てもまことに興味津々だ。

たとえば二十六年五月の「婦女雑誌」だが、「煎茶茶碗に一杯のバターと葱三、四本を細かに切りたるを深き鍋に入れ、強き火に懸け、稍葱の柔かになりたる時、煎茶茶碗に八分目程の饂飩粉を入れ」とある。この通りにしたらいったいどうなるか、饂飩粉は鳶色になる前に焦げて真っ黒、その上、だまになって、これではいくらあとでこしたところで、焦げ臭くてカレーの風味どころではなかったことだろう。バターとカレー粉とかつお節という組み合わせ……この取り合わせの妙も時代がしのばれてたのしい。いかなる味だったのだろうか。

このように材料や加える順序が少しずつ異なっているが、十年代と二十年代で共通しているところは、たまねぎの代わりに日本葱を代用してもよいことと、じゃがいもをまったく使っていないところである。

それが三十年代に入るとたまねぎやスープや牛乳を使った、いわば今日的な作り方に変わり、道具も西洋化してくる。それというのも、たまねぎは明治に入ってからの渡来物であり、しかもその量はわずかで、居留地の外国人の需要を満たすにも足りない状況だったのである。

またじゃがいもも明治三十年になって初めて生産量が二十万トンを越え、その後の十年間で五、六十万トンに達したというものの、明治三十年代の前半は二十五、六万トンで、甘藷のなんと十分の一にしかすぎなかったことは、「コロッケ」の項に書いた通りである。

肉も然り、当時カレーの肉は定番である豚肉《ポーク》ではなく、牛肉か鶏肉だった。豚肉が広く使われるようになったのは、日清日露戦争後のことである。これまた「牛肉」の項でふれたように、牛肉が大和煮の缶詰になって盛んに戦地へ送られるようになり、牛肉の相場が暴騰し極端な高値を呼んだからである。

明治三十八年四月十二日の「万《よろず》朝報」は、この時の牛肉の東京市内の標準小売相場は、牝牛ヒレ肉百匁（三百七十五グラム）七十五銭、ロース肉六十五銭、上等肉五十銭で、安い中等肉でも四十五銭したのに比べて、豚肉は上等肉が三十銭であったと報じている。

つまりこの牛肉の値上がりが豚肉の需要を招き、成長の早い豚の養豚頭数はその後急増していくことになる。

したがってポークカレーが登場してくるのはこれから後のことなのである。

国産初のカレー粉、即席カレー

ところで草創期というのはいろいろユニークなことを考える人がいるものである。

まずは明治三十七年五月の「家庭雑誌」をご覧いただきたい。

「カレーの味噌汁

普通の味噌汁を少し濃く作り、できあがったところで、一合につき小匙に半分から一杯のカレー粉を加え、あたたかいご飯にかけてたべます。汁の実は鳥、牛肉のたたき、もしくは脂の強い魚と葱、にんじん、かぶらなどの取合せが適当です。あるいは玉葱とカレー粉を脂肪でいためてから加えてもよろしい」

そして三十九年四月号には、

「カレーの副物《そえもの》

カレーライスへうにとのりをかけてたべると至極結構です」

ともある。ともあれカレーはご飯と合う、いわゆる米飯料理として日本人の味覚に溶け込み、早いテンポで普及していったのである。

日本で最初にカレー粉が売り出されたのは明治三十六年のこと、大阪道修町の薬種問屋「今村弥」であった。いまのハチ食品である。

今村弥は当時にしてはなかなかトレンディーな経営方針だったとみえ、なんと〝洋風どんぶり　家《うち》でも作れまっせ！〟と名乗りを上げ国産初のカレー粉を売り出したのである。

これはいまでも語り草になるほど大当たりしたらしい。というのは明治三十九年になると、今度は東京神田の一貫堂から即席カレーが発売されている。

「本種はカレー粉及び極上生肉等を混合乾燥し固形体となしたる故　腐敗の憂えなく製造は熟練となるコックに担任せるを以て　其味美に其香芳しく　用法は熱湯を以てドロドロに溶き　温き御飯にかけて食べるのです。

故に旅行携帯に至便　スワ来客という場合珍味を供する便利あり　尚流行の蒸パンにバタの代りに着けて召しあがると至って結構です」（「時事新報」十月五日）

これと前後して、日本橋の岡本商店が「ロンドン土産即席カレー」を売り出す。

こちらはお湯で溶いて、その中に肉や野菜を入れて煮ると即座においしいカレーができるというもので、今日のカレールウの原型といってよい。

婦人之友社ではそれを全国に取り次ぎ「手軽に出来て美味、食欲の進まぬ時、突然の来客のあった時、之が一番」と宣伝している。値段は十五人前カン入り三十銭であった。

この種のものは味はともかく、手軽さと便利さから結構家庭で歓迎されたようである。

それにしてもライスカレーはなぜこうも人気を得たのであろうか。

明治四十五年六月二十八日の「山陽新聞」がそれに答えてくれる。

「西洋料理にライスカレーというのがある。私はそれを食う時何時もこの位現代の日本を表象して居るものはないと思う。西洋の文明と日本の文明が一箇の皿の上に交ぜ合わされて……」

つまり米飯にカレーをかけて食べるこのカレーライスは、西洋の文明と日本の文明を一皿の中に盛り込んだ親しみあふれたまさに文明の味と香りだったのである。

このように評されるのを予見していたのか、明治三十一年に出版された『日本料理法大全』にカレーはちゃんと仲間入りしているのである。著者に先見の明があったのだろう。

先見の明といえばカレーそばにカレーうどん、カレー丼とて先見の明がなくてはとても思いつかないまことに独創的なアイデアである。考えたのは角田《つのだ》酉之《とりの》介《すけ》さんである。

明治四十年代、東京の本所でそば屋をしていたが、角田さんいまひとつ気勢が上がらない。そこで大阪でうどん屋を成功させた知り合いを頼って行く。早速問屋街の東区谷町で「東京そば」ののれんを掲《あ》げるが、浪速っ子は東京そばなどは見向きもしない。そこで試行錯誤の末思いついたのが、洋食にヒントを得た「カレー南ばん」と「カレー丼」であった。

そこで吉日を選んで「カレー南ばん・カレー丼新種物大売り出し」の看板を出したところ、これが大当たりしてあっという間の大人気！

この成功に気をよくした西之介さんは間もなく東京へ戻り、麻布に店を構えている。大阪より二年遅れの四十三年のことであった。

カレー南ばんとカレー丼の生みの親である角田さんとは、いまなお盛業中の上目黒の「朝松庵《あさまつあん》」の二代目主《あるじ》のことである。

一日に一万三千人がカレーを食べた店

時代は移って大正の世になると庶民の暮らしは大きく変わって行く。

都市部の人口が急速にふえ、月給取りと呼ばれた俸給生活者が激増して、サラリーマンという一階層を構成する。衣食住全般にわたって西洋風になってきた。

サラリーマンがふえれば、そうした人々を対象にした大衆食堂もふえてきて当然である。西洋料理は、いつの間にか洋食と呼ばれるようになり、洋食屋という大衆的な店が主流を占めるようになり、都会ではどこの街角でも見られるようになる。

それを決定的なものにしたのが大正十二年の関東大震災である。

震災は莫大な被害と引き換えに、それまで変えようとしても変えることのできなかった古いものを破壊し、新しいものを生みだす引き金の役割を果たしている。サラリーマンは都市の主役となり、彼らは好んで洋食を食べるようになる。

そうした時代を背景にいまの聚楽《じゅらく》の前身である須田町食堂が「簡易洋食」を看板に開店したのは、大正十三年三月十日午後三時のことであった。洋食の本格的大衆化はここに始まったのである。

客席数二十五というこの小さな大衆洋食堂は、カツレツやライスカレー、合の子皿といった洋食がどこよりも安く、三銭、五銭、八銭の均一料金で、気軽に食べられるとあってたちまち市民の話題になっている。

開店当日、わずか六時間の商売で七十八円六十八銭の売り上げがあったと『聚楽50年のあゆみ』は伝えている。

〝ウマイ、ヤスイ、ハヤイ〟をモットーに神田須田町でうぶ声をあげたこの須田町食堂は、なんと半年で京橋交差点脇に支店第一号を開店、そして翌十四年には四店という早いスピードで支店をオープンする繁盛であった。

その須田町食堂の創業時からのメニューのベストセラーは、ここでもライスカレーとカツレツであった。

この頃になるとライスカレー人気は北海道にまで広がっている。

「……押すな押すなの公設食堂、殊に夕食時が大混雑、最も多く売れるのはライスカレーで……」

これは大正十五年二月四日の「北海タイムス」（北海道新聞の前身）の記事である。

公設食堂というのは、大正七年の米騒動と、その後の物価の暴騰による生活難、加えて一転して起こった不景気による失業者の増加に手をこまねいてばかりもいられなくなった国が、社会事業の一環として各都市に中産階級以下の生活を緩和する目的で、低廉かつ栄養に富む食物を供給するために開設した食堂のことである。そこでもカレーはたちまち人気メニューになったわけである。

こうして庶民の間に広く親しまれて来たライスカレーであったが、このライスカレーにスポットライトを当て、レストランの花形メニューにしたのは、新宿の中村屋であり、銀座の資生堂パーラー、そして大阪梅田の阪急百貨店である。

昭和二年、中村屋は喫茶部を設けるについて純インド式カリーをメニューの一つに加えた。他店のカレーが八銭から十銭だった時、中村屋のカリーは八十銭というおどろくべき値段であったにもかかわらず、巷の話題をさらうほど大評判になっている。中村屋のインドカリーがそれまでの日本的カレーとは一変した本格カリーだったからである。

このインドカリーにはいわくがある。

インド独立の志士ラス・ビハリ・ボース氏は大正四年に日本へ亡命してきたが、それをかくまったのが中村屋の創業者相馬愛蔵《そうまあいぞう》さんであった。後にボースは中村屋の娘と結婚することになるが、中村屋が喫茶部を設けるにあたってカレー作りに協力したのがボース氏であった。風呂代が五銭の時代であったにもかかわらず八十銭のカレーは一日に二百食も売れたという。

翌昭和三年、銀座に資生堂パーラーが開店しているが、ここでも家族連れの多い土日はカレーが大人気メニューであった。

「その頃としては珍しくご飯を別盛りにして、薬味にショウガ、酢づけ、福神漬け、ラッキョウを添えたのが評判になってカリーライスが人気だったね。カリーライスは五十銭でした」

資生堂パーラーの高石鉄之助さんの当時の思い出である。

しかしカレーを本当に大衆のものにしたのは阪急百貨店創業者の小林一三さんであろう。

阪急百貨店の開業は昭和四年である。創業を前に小林一三さんはヨーロッパへ渡る。一三さんはコロンボを出た船がインド洋に入った頃実に美味なカレーと出会う。

「百貨店食堂の目玉はこれだ！」と確信を持った一三さんは、食べ終わるとすぐ同行の清水雅さん（元同百貨店会長）にこのカレーは実にうまい、阪急の食堂もこれくらいのものができないか、一つコックさんに頼んで研究してみようじゃないかという。

そこで清水さんは早速船底へコックをたずねて、カレーの伝授をお願いしたのであるが、それがなんと所もあろうに、インド洋の四、五月頃であるから暑さは暑し、裸になっても汗はしたたるし、いささかあのうまかったカレーに、うらみごとをいいたい気持ちになりましたと清水さんは当時を回想している。（清水雅著『小林一三翁に教えられるもの』）

阪急百貨店食堂のカレーはこうした苦労の甲斐あって大ヒットに次ぐ大ヒットとなり、創業間もなくして自家用の牛八千五百頭を飼う大食堂に躍進している。

阪急百貨店は、なにしろ昭和四年の開業以来増築を重ねて食堂をも拡張、七年には客席面積千坪を超える「日本一のマンモス食堂」を完成している。そこでの目玉メニューはもちろんカレー。その売り上げがすごい。食堂をさらに増築した十二年七月には一日の客数は四万五千人。洋食で一番よく出たのはエビフライにミンチボール、ライスにコーヒーの付いた三十銭のランチで一日に一万五千食、次は二十銭のライスカレー（コーヒー付き）が一万三千食、三位は二十銭のカツレツで九千食だったと『阪急百貨店25年史』は伝えている。

梅田の阪急食堂で一日になんと一万三千人がライスカレーを食べたのである。

いまから五十七年前の話である。

カレーはそれぞれの人の心に思い出を刻んでいる。

カレーと人生

ディック・ミネさんは、「ぼくが一番よくカレーを食ったのは立教の学生時分だね。夜になると楽器かかえて和泉橋のダンスホールへ通ったけど、終わると地下の食堂でよくカレー食ったわけよ。なにしろ若さでくったからうまかったねぇ。十五銭だったよ。その頃福神漬けは付いていたけどらっきょうはなかったね」と懐かしむ。

「私が八つか九つぐらいの時だったから、明治の終わり頃だったと思うよ。その頃私は浅草六区のすし屋へ奉公していたんだけど、隣に石村《いしむら》っていう洋食屋があってね。店がしまう頃になると石村のおやじが『清坊《せいぼう》、カレー食わないか!』って声かけてくれるのよ。

初めて食べたときうまいことはうまかったんだけど、その頃はカレーっていったってトンガラシのソースだろ。子供だから口へ入れたら辛くって火がついたようだったよ。爆弾くわえたようでね。だからそれからはいくら『カレー残ったよ』っていわれても『あんな猫の糞みたいなの食わないよ!』って逃げたもんだよ」

銀座でコロッケを揚げて六十七年になるチョウシ屋の初代阿部清六さんは子供時代に食べたカレーの初体験をこう語ってくれた。

「カレーライスなんてものも、今では、どこの家でも、安直なお惣菜として、食事に出るが、私の若い時には、ご馳走だった。その頃は、国産カレー粉がないから、私の母親など、舶来のを大事そうに、使ってた。そして料理法も幼稚で、バターで材料の下ごしらえなどせず、水煮の肉と野菜に、カレーとうどん粉を混じるに過ぎなかったから、大変、水っぽかった。それでも、私たちは、スープ皿に山盛りのカレーライスを、二はい、或は三ばい食べ、水をガブガブ飲んだ」

獅子文六さんの思い出である。(『食味歳時記』)

函館に現存する洋食屋で一番古い、明治十二年開業の「五島軒」がある。その五島軒に大正十五年五月、十四歳で料理見習いとして入った三原栄吉さんが初めて出会った洋食はカレーであった。

「私が五島軒へコック見習いで入って生まれて初めて食べた洋食はライスカレーでした。うまくてうまくて、人が一杯のところ二杯か三杯食ったと思いますよ。いま考えると従業員用、つまり惣菜用のカレーなんですが、うまかったですねぇー」

カレーは食べ方も人によりいろいろである。

「ライス・カレーといっても、私の家庭で作る普通のそれだが、皿に盛って出された時に私は軽くティ・スプーン一杯ぐらいの醤油をそれに加える。それは生醤油がいいので、煮たり、ダシを加えたものでない方がいい。そして、誰もライス・カレーを食う時のようにスプーンで混和して、食べるのが、妙に味が生きているのである」（獅子文六著『食味歳時記』）

また古川緑波さんは『ロッパ食談』の中で、

「はじめて、大阪の、神戸の洋食屋（大ドコじゃありませんよ）でライスカレーを食った時、こりゃまあ何て甘いんだ！　と吃驚した。

然し、それが、関西では、ライスカレーにはソースをかけて食べる（そして生卵をまた一つ、ぶっかけるのが上等となっている）という風習のあることを知ってから、ああそれで、わざと、こうして甘くしてあるのか、と釈然としたことがある」

と語っている。

カレーに生卵の組み合わせは関西独自のものなのだろうか。というのは明治四十三年創業の大阪の自由軒、ここのカレーは「どっちみち、カレーとご飯混ぜるのやったら、はじめから混ぜといて、熱々を食べていただくのがよろし……」と最初からご飯とカレーが混ぜてあり、真ん中に生卵が一つ。また神戸新長田のカレーショップ印度屋本店のカレーも、カレー炒飯の上に生卵が一つと聞く。話を戻そう。

なかには初めて食べたカレーに魅せられて、後にカレー人生を送った人もいる。

その代表選手は「ギンザカレー」「キンケイカレー」の生みの親である森村国夫さん、そしてヱスビー食品の創業者山崎峯次郎さんである。

森村さんは後にエバラ食品の社長に転じているが「大正の終わり、群馬の伊勢崎にいた子供の頃、田舎の祭りの日に伯父さんにつれられて西洋軒という洋食屋で食べたカレーの思い出が後々まで記憶の底に焼きついていて、それが後にキンケイ食品の『ギンザカレー』を生むきっかけになった」と話してくれたことがある。

山崎さんもまた、関東大震災後に深川の焼け跡の露店で食べた一皿十五銭のカレーの味が忘れられず、ついにカレー粉製造を決意している。

「ギンザカレー」が発売されたのは昭和五年だが、その前年には大阪では弘木屋（後のメタル食品）が、そして十二年にはハウス食品の前身である大阪の浦上商店が「ホームカレー」を、またエスビー食品の前身である日賀志屋は大正十五年に創業しヒドリ印の商標でカレー粉を売り出している。

それにしてもカレーはなぜいつも大阪発なのだろうか。

食文化にくわしい大阪在住の評論家加藤純一さんは、

「関東の朝炊き、関西の夜炊き、という言葉があるように、商売優先の大阪の商家では、昔は朝ご飯は前夜の冷や飯ですませた。そういう時カレーはそれさえあたためればそのまま冷や飯にかけて食べられるし、おかずもいらない。大阪商人の合理性とケチさがカレーの機能と一致したんでしょう」

と話している。（「毎日新聞」）

カレーの普及に忘れてはならないのが軍隊であると強調するのは山本嘉次郎さんである。

「ライスカレーが一般化したのは軍隊のおかげだという説がある。大体、日本の家庭のそうざいは、わりに手がかかる。たとえ一汁一菜にしろ、みそ汁をつくる。魚を焼く。それにおこうこも、ぬかみそから出して洗って刻む。湯をわかし、茶を焙じて番茶をつくる。それがライスカレーだと手間を要さない。野菜を刻み、肉とともに一緒クタに煮る。野菜が柔くなったら、メリケン粉とカレー粉を入れて一丁上りである。

地方の青年が入隊して、軍隊でカレーの味と作り方をおぼえて、それを農村に持ち帰った。農繁期のときなんか、とくに便利である。

ちかごろ、農村ではライスカレーが流行っている」（『日本三大洋食考』）

明治四十三年刊の陸軍省検閲済『軍隊料理法』、そして大正七年刊の『海軍五等主厨厨業教科書』にカレーの作り方がある。

「カレー、ライス（カレー汁掛飯）

鍋ニ少量ノヘット又ハラードヲ入レ　其中ニ出来ル丈細カニ刻ミタル玉葱トカレー粉トヲ適宜ニ入レテ好ク炙キ　之ニ米利堅粉ト采ノ目形ニ切リタル肉トヲ混セ　湯ヲ注《ツ》キ

塩ヲ加へ　又僅カノ酢ヲ入レ　一時間程煮ルナリ　之ヲ飯ニ注ケテ用ヰルナリ　飯ハ可成硬目ニ炊クヲ可トス」（明治四十三年）

「ライスカレー

汁鍋ニバタヲ入レ　カレー粉及麦粉ヲ加へテ煎リツツスープヲ徐々ニ加へ　薄キトロ位ニ延ハシ　牛肉或ハ鳥肉ヲ一分位ノ細切リニシタルモノヲ入レ煮込ミ　更ニ馬鈴薯人参　玉葱ヲ極小サキ賽ノ目ニ切リタルモノヲ充分ニ煮込ムベシ　供卓スル前ニ　塩胡椒ニテ味ヲ付ケ　別ニ硬目ニ飯ヲ炊キ　之ヲ皿ニ盛リ　其ノ脇ニカレー汁ヲカケ供卓ス」（大正七年）

戦前の日本青年に軍隊がカレー普及に大きな貢献をしたことは確かであろう。しかし日本人を心底カレー好きにしたのはなんといってもあのインスタントカレーであり、この簡便な即席固形ルウを抜きにして日本のカレー史を語ることはできない。

昭和二十五年、インスタント食品時代を先取りしてカレー業界は一斉にインスタントブームを迎える。ベル、キンケイ、テーオー、オリエンタル、ハウス、ヱスビー食品などが先を争うかのように次々新製品を発売。

「固形即席カレー」「モナカカレー」「ハウス印度カレー」「グリコワンタッチカレー」「明治キンケイカレー」「オリエンタルマースカレー」「ハウスバーモントカレー」「インド人もビックリベストカレー」、そして「ヱスビーゴールデンカレー」「ハウスジャワカレー」「ハウスククレカレー」へと続く。

初のレトルトカレー「ボンカレー」がデビューしたのは四十四年のことであった。

ちなみにカレーパンが売り出されたのは昭和二年のこと。考案者は深川の「名花堂」（現・カトレア洋菓子店）の二代目あるじの中田豊治さんである。当時はカレーパンではなく洋食パンという名であった。

「実用新案出願公示第七八二四号」これが洋食パンの実用新案登録番号である。

「当時私は、年季奉公で名花堂へ入ったばかりでしたが、カレーパンは水分があるので焼くのはむずかしい。それとその頃は油で揚げるのがハイカラだったからでしょう。それでも揚げ方が悪いと油の中でパンクしちゃうんです。そうすると売り物にならないから、我々がソースをかけて食べる。ハイカラな気分がしてこれがうまいんですよ」

現在は麻布「名花堂」のあるじである斎藤芳忠さんは、カレーパン誕生の思い出をこう語ってくれる。

明治五年に日本へ上陸したカレーはこうして全国を駆けめぐることになる。日本のカレー史はざっと百二十年が過ぎた勘定になる。

いま日本人が一年間に食べるカレーの量は四十五億食ともいわれている。

かつてインド料理店のインド人コックが「ボンカレー」を食べて、「これはなかなかおいしい日本料理だ。なんていう料理か教えてくれ！」と真顔で訊いたという嘘のような本当の話も伝わっている。

まさにカレー王国日本！　である。そしてその応援に一役買ったのが、あの軍隊の辛《から》味入汁掛飯《みいりしるかけはん》なのである。

第7話　ジャパニーズ・ハイカラ・ソース

一枚の処方箋から生まれたソース

縁日を歩いていて何が気になるって、ソース焼きそばのあのソースのにおい、あれほど気になるものはない。いや、私にはもう一ヵ所、地下鉄の階段を上がりかけるとソースのあの香ばしいにおいの漂って来るところがある。銀座線の田原町の駅である。とにかくあのソースのにおいくらい気を惹くものはない。

そういえば噺家《はなしか》の三遊亭金馬師匠も大のソース焼きそば党と聞く。

「日本ソース焼きそば愛好会というのがあり、私がその会長です。会員は一人もいません。自分だけでそう思っている会なんです。なにしろソース焼きそばが好きで縁日、夜店などであの匂いをかぐと矢もたてもたまらなくなって買ってしまうんです」

という一文を「新潟日報」で読んだことがある。

それにしても中国の麺と西洋のソースはいつ、どこで、誰によってめぐりあい、日本の縁日を代表する日本の味になったのだろうか。

年配の中国人の料理人の中にはソース焼きそばを浅草焼きそばと呼ぶ人もいる。ということはひょっとしてあのソース焼きそば、本当は浅草生まれなのかもしれない。

いまでこそトンカツソース、お好み焼きソースなど日本生まれのソースがわがもの顔をしているが、そもそもソースは南蛮渡来の舶来物なのである。渡来物だけにいろいろなエピソードが語られている。

ソースの基本形はウスターソースである。これはウスターシャソースとも呼ばれ、生国はイギリスに由来するという。

つまりウスター、ウスターシャはイングランド中西部にある人口六万人あまりの古い町の名で、いまでこそソース発祥の地として知られているが、かつてはウスターチャイナの陶器で有名だった町である。

その陶器の町でどうしてウスターソースが生まれたのか。

「ある時、一人の主婦がリンゴと野菜の切れっ端に胡椒や辛子といった香辛料をふりかけ、そこに酢と塩を加えて壺に入れておいたところ、台所いっぱいにえもいわれぬ香りが漂って来た。そこでものは試しと調味料として使ってみたところこれがまことに美味。あまりの偶然の嬉しさに隣近所にお裾分けしているうちにそれが評判となって、その噂を耳にしたウスターシャの醸造家が商品化した」という説。

もう一つは、

「マスカル・サンデー卿というインドのベンガル州知事がいた。彼は後に官を辞し故郷のウスターに帰ったものの、舌に馴染んだインドのソースが忘れられない。そこで近くの薬屋にそのインド風ソースを処方させようと思い立ち調合を書いて渡す。薬屋の方では早速それに基づいて調合にとりかかる。

試作は完成した。味見をしてみた。おいしくもなんともない。だがだからといって勝手に捨ててしまうわけにはいかない。そこで半ばやけくそになった薬屋はどうにでもなれという気分で甕ごと土の中に埋めておく。しかしいつまでもそのままというわけにはいかない。しばらくしておそるおそる取りだしてみると、土の中で醸されたソースは芳醇な香りを漂わせ、その風味のなんとすばらしいこと。これにはサンデー卿もすっかり満悦して、以後商売にするようにというお達し。これがウスターソースの始まりであり、それは一八三七年のこと」

というのである。ともあれ、ウスターソースは、一八四九年、日本の嘉永二年にはウスターシャからアメリカに輸出されている。

そのウスターソースが日本に大々的に上陸したのはそれから半世紀を過ぎた明治三十三年（一九〇〇年）のことである。輸入したのは明治屋の前身である磯野商店であった。ちなみに明治五年に出版された『西洋料理指南』はソースのことを「醬油ナリ。此品ハ我国ニ有セズ我醬油ヨリ上品トス。舶来品ヲ用ユベシ」と分かったような分からないような説明をしている。

それは無理もない。日本人は当時ソースというものがあることさえ知らなかったからである。その証拠に明治三十一年刊の『日用百科全書・西洋料理法』は「カツレツは塩、胡椒をかけてたべるのです」とある。もちろんソースの「ソ」の字もない。

ところが同じ年の四月一日の「九州日日新聞」によれば、全国醬油大会の席上で「わが国の醬油を原料にして、英国のウスターソースのようなものはできないだろうか」と論じられているのである。醬油醸造家たちはその頃すでにソースの存在を知り、その将来に目をつけていたわけである。

しかしこれ以前、なんと安政元年にすでにウスターソースに似たものを醸していたところがある。キッコーマン醬油である。その後明治十七年にはヤマサ醬油もソースの将来性に注目し、企業化すべくアメリカまで研究調査班を送っている。そして商品化に成功する。

「ミカドソース」と命名する。しかしその名のままでは日本では売れないという意見もあって、そこで知恵をしぼり「新味醬油」とネーミングしている。しかしその苦労は実ることなく、商売は失敗に終わっている。日本がソースの必要性に気づき製造に手を染めたのは、それから十年後のことであった。

官を辞してソース造りに専念した男

ソースの発祥もカレー粉と同じく大阪であった。明治二十七年、大阪の越後屋の布谷徳太郎が「三ツ矢ソース」を売り出す。売り出してはみたもののやっぱりまだ自信がなかったのか、名づけて「洋式醬油」、略して「洋醬」。

これまた苦労がしのばれる名前である。しかしその苦労は実ったとみえ翌二十八年には、やはり大阪の食品問屋である山城屋の木村幸次郎が「錨印ソース」（現在のイカリソース）を、また三十一年になると大阪の野村専次が「白玉ソース」を、三十三年には今度は神戸で「日の出ソース」が発売されている。

それにしても先駆者たちはどこで西洋のソースの製法を学んだのだろうか。錨印ソースの創業者である木村幸次郎は、日清戦争の帰途立ち寄った天津《てんしん》でイギリス人から製法を教えられ、日本へ帰ってから再び同じくイギリス人のT・K・デーヴィスに、また野村専次はその頃西洋料理店の経営者であった父親の店で働くイギリス人コックのデヴィッドに教わったという。

東京はソースに立ち遅れ、明治三十九年になってやっと「MTソース」と「犬印ソース」（現・ブルドックソース）が生まれている。

「MTソース」を製造したのは大町信《まこと》である。

大町は札幌農学校に学んだ農林技官だったが、その頃時流にのって質の悪いソースがはびこりだしたことを嘆いて、輸入品に劣らないソースを自分の手で製品化しようと、官を辞してソース造りに専念した。したがって輸入品に勝るとも劣らないソースを完成させたのはこの大町信だといわれている。

大町がその手本としたのは、明治屋が三十三年に輸入したウスターソースであった。

このとき明治屋が輸入したのはマキノコ（甘口）五十ガロン入り二樽、イートマン（辛口）五十ガロン入り二樽、およびリー・アンド・ペリン二合壜四ダース入り八十函、一合壜八ダース入り十函であった（『明治屋七十三年史』）という。

また四十一年発行の明治屋のPR誌「嗜好」の商品目録には「そうす」（西洋醬油）として「アンチョビソース小瓶三十五銭、マシルームケチョップ同四十銭、トマトケチョップ同三十五銭、クランベリソース一瓶八十銭、トバスコソース同一円二十五銭、ウスターソース（普通ソース）イートマン小瓶二十三銭、マキノコ同二十五銭、リーペルン一瓶六十五銭」とある。

大町がどれを手本としたのかは分からないが、ソースの輸入は活発に行われていたのである。

もちろんこれ以前にも、ホテルや西洋料理店、居留地の外国人の注文によって、ほんの少量が輸入問屋を通して入ってきていたというが、明治屋が輸入を始めたことで急速に各種のソースが入ってきたようである。

一方で日本のソースは草創期を迎えていたわけだが、彼らが一番苦心したのは、ソースの命ともいうべき香りの出し方だったという。なにしろ当時はソースの原料となる香辛料一つ揃えるにしても漢方薬種問屋に頼るしかない。したがって調達できる原料は限られる。

もちろん必要欠くべからざる西洋野菜だって思うようには手に入らない。しかも調合そのものに誤りがあったのか、できあがったソースはなんとも薬くさく、ソースにはほど遠いものであった。

それぱかりか、正直、着色の仕方だって分からない。いまのようにカラメルを使う知識もなく、砂糖を焦がして使ったという。したがって手本は輸入ソースだけである。しかしそっくりすぎると辛味が強く酸っぱくて、とても日本人の口には合わなかったという。

そこで輸入ソースと自家製ソースをちゃんぽんにしてみたり、舶来ソースを水で薄めてみたり、みんないろいろ苦労している。なかには和製ソースと舶来ソースを半々にブレンドして「ダブルソース」と名づけ売り出した人もいる。いかに舶来ソースの味に近づけるか、香りを出すかの苦肉の策だったのだろう。

なにしろこの頃はまだソースとはいかなるものか知らない人が大半であった。「大町ソース」（前身はMTソース）の大町茂さんはイカリソース七十周年に寄せた祝辞の中で、「私の先代信も、木村さんより後れる事十年、丁度日露戦争終戦翌年でありましたから、当時は幾分ソースというものが普及しつつあった事と思います。それでもソースと云う物は液体であるのか固体であるのかさえ分からぬ人が大部分で……」と書いている。

売れないトマトに着目して大成功

トマトソースもまたこうした和洋混沌とした時代に生まれている。

ここでいうトマトソースとはピューレのことである。

日本でトマトピューレということばが使われるようになったのは戦後のことで、それ以前はピューレをソースと呼んでいたのである。

そのトマトソースを日本で最初に手がけたのは、後のカゴメ株式会社の創業者である蟹江《かにえ》一太郎であった。

商品として完成したのは明治三十六年のことだが、話はさかのぼる。

明治二十八年十二月、徴兵検査で「甲種合格」となり、名古屋第三師団管下の歩兵第六連隊に入隊した一太郎は、ここで出会った上官の西山中尉から、「これからの農業は人のねらわない西洋野菜がいいぞ。まだあまり誰も手がけておらん。軍隊の食事にはずいぶん西洋野菜が使われているが、一般の家庭もこれからだんだん西洋化されていくであろうし、ホテルや西洋料理店もふえてたくさん使うようになるだろう。そういう将来性のあるものに目をつけることだ」と教えられた。

上官の話を聞きながら一太郎は、養蚕農家であるわが家を思い浮かべた。生糸は相場ものである。値段のいい時もあるが、その市場価格ははなはだ不安定で、ことに桑に病害が起こったりすると手痛い打撃を受ける。

田舎へ帰る時にはこの話を除隊土産に家族と相談して、西洋野菜を手がけてみよう。一太郎は明治三十一年十一月末、三年の軍務を終えて愛知県知多郡荒尾村（現在の東海市名和町）へと帰る。

やがて年もあけた三十二年春、一太郎は早速、トマト、キャベツ、レタス、パセリ、ハクサイ、ダルマにんじん、たまねぎの種を蒔いている。当時の西洋野菜事情については西洋野菜の項をお読みいただくことにしよう。

やがて一太郎が待ちに待った初収穫の日が来た。

一太郎はみずみずしく西洋の香りいっぱいの野菜を荷車に積んで売り歩こうと決心する。だがよく考えてみると地元の荒尾村でさばける野菜ではない。

それでも物珍しさもあってか、途中で村人が寄って来て荷車をのぞきこみ、「これは何だ」「あれは何だ」「どうやって食べるんだ」といちいちたずねる。一番目をひいたのは真っ赤なトマトであった。一様にあざやかな色に目を見張るが、手に取るとその強烈な匂いに驚いて手を引っ込める。

たまねぎは臭いといって嫌われた。ハクサイやキャベツは白っぽい葉っぱが気味悪いとそっぽを向かれた。

「都会ならきっと売れるだろう」

一太郎の荷車は東海道を名古屋へと向かった。名古屋では青物問屋、旅館、割烹店、西洋料理店、ホテル……目のつくところどこへでも飛び込んだ。

さすがは都会である。荒尾村と違って売れた。一太郎が思っていた以上に、ここでは生活の洋風化が進んでいたのである。一太郎はホッと胸をなでおろした。

日がたつうちに少しずつだがお得意もでき、毎日届けてほしいという客や明日は何と何をと注文する者もできてきた。

西洋野菜を手がけて一太郎が一番びっくりしたのはその収益の高さであった。

当時の農家の収益は米一石（百五十キロ）で四円前後、麦が一俵（五十キロ）で一円七、八十銭、甘藷が反《たん》（約九百九十二平方メートル）当たり十円から十二、三円の収益だったのに対して、西洋野菜は反当たりなんと五十円から六十円になる。

一太郎はこの予想外の高収益に喜んだが、その中にあってなぜかトマトだけはいつも売れ残った。一つだけ売れないものがあるとなんとも気になって仕方がない。

そんな時、農事試験所の柘植技師が「アメリカではトマトは生だけでなく、加工して食べているようですよ」という耳よりな情報をもたらしてくれた。

「トマトが加工材料になる！」

これは一太郎にとってたいへんな朗報であった。しかしトマトをどう加工すればいいのか皆目見当がつかない。

頭をかかえていると、いつも名古屋で一太郎の西洋野菜を買ってくれる勝利亭という西洋料理屋の主人が、当時名古屋ではただ一軒の洋式ホテルであった名古屋ホテルでは舶来のトマトソースというものを使っていると教えてくれた。

名古屋ホテルなら一太郎の得意先である。一太郎はとるものもとりあえず名古屋ホテルに料理長を訪ねた。そしてトマトソースというものを一本わけてくれるように頼んでいる。

それはアメリカのハインツ社の製品であったという。

その夜一太郎一家は、舶来のトマトソースの瓶を囲んで、赤いドロドロしたものを小皿にあけ、匂いをかいだり、味をみたり、指先で粘り気をみたり、一晩中まんじりともしないで夜を明かしている。

「これはたしかにトマトをドロドロにしたものに違いない」

「生でそのまま食べるよりは口当たりがいい」

「味はついてないようだ」

「これはトマトをうら漉《ご》しして火を入れたんじゃないだろうか」

「いや、煮てからうら漉しにかけたんでは」

「それならうちでもできそうだが」

「やってみましょう」

「元手がいるわけでなし、しくじってもともと、うまくいけば拾いものだ」

「舶来品たってつまりは人間が作ったもの。なんとかなるさ」

一同見守るうち真っ赤な液体ができあがる。

「色はこの舶来品とちっとも変わらんのう」

「いや、こっちの方がきれいだ」

「うまいぞ」

「たしかにうまい。青臭さも残っておらん」

試作は成功したかのように見えた。早速本格生産に取りかかった。

やがて初めてのトマトソースができあがった。喜び勇んで瓶に詰めた。

ところが瓶に詰めたのを舶来品と比べてみると、色が黒ずんで暗紅色をしている。

なめてみる。味も風味も変わらない。

「なぜだろう。どうもおかしい」

一太郎は鉄鍋を洗いながら考える。そしてハッと気がついた。

「これがいかんのじゃないかな」とつぶやく。

「トマトにはかなりの酸があるはずだ。それを鉄鍋で煮た、だから黒っぽくなってしまったのではないだろうか」

当時の男性にこの知識があったのは、昔の人は歯を黒く染める〝おはぐろ〟を、鉄片を酢に浸して作っていたところから、酸に合うと黒くなることを知っていたのである。

「そうか……。それならホウロウという舶来の鍋でやってみたら……」

一太郎は名古屋にホウロウ鍋を注文した。一日、二日、三日……やがて待望の鍋が届いた。さっそく取りかかる。

「できたっ！」

今度こそ鮮やかなトマト色である。一家は手を取り合って喜んだ。飛び立つ思いで名古屋の勝利亭と名古屋ホテルの料理長の元へ届け、味見をしてもらった。

「うん、よくできた。実によくできている。驚いたよ。味もすばらしい。うちでも早速使わせてもらうよ。とりあえず二ダースもらおうか」

明治三十六年七月のことであった。この年のトマトソースの製造量はビール瓶四ダース入り五十六箱であったと『カゴメ八十年史』は記録している。

このトマトソースの販売は食品問屋の梅沢岩吉商店が一手に引き受けた。

カゴメの代表商品であるトマトケチャップができたのはトマトソースより遅い明治四十一年のこと、同時にウスターソースも売り出されている。

トマトソースは苦労したがトマトケチャップは二番手であり、製造には自信があったが、問題はケチャップに必要な香辛料をどうやって手に入れるかであった。

唐辛子やニンニクは自分の畑でできても、シナモンやナツメグ、ペッパーなどは輸入に頼るしかない。しかしそこは輸入品も扱っていた梅沢商店が賄《まかな》ってくれた。準備は上々。一太郎はケチャップとソース造りに熱中する。ケチャップはすんなり完成した。だがウスターソースには一太郎もまた苦労している。

ヤマサの新味醬油でスタートした日本のソースはこの頃になると関西ではすでに三ツ矢ソース、錨印ソース、白玉ソース、東京では犬印ソース、MTソースなどが勢力を伸ばしていた。しかしそのソースも外国人から見たら似て非なるものであったという。そこで一太郎はいろいろと調合を変え、一家で賞味してはまた調合をしなおす。

トマトソースを加え、日本人に馴染みやすいよう味と香りをソフトにするなど苦心している。その結果は……？

「売上記入帳」の四十一年のところを見ると、同年の総売上高一千七十五円四十七銭九厘のうち、トマトソースの売上高は百二十四円三十二銭で全体の一一・六パーセントであるのに対して、ウスターソースは実に五百九円二十四銭で四七・四パーセントを占めている。

西洋野菜は二百五円四十一銭九厘で一九・一パーセントとなっている。

なんとウスターソースは発売した年に早くもトマトソースの四倍以上の売り上げをしているのに、ケチャップは大正の初め頃まで売り上げの記録がない。ということは、トマトケチャップは時期尚早でまったく売れなかったのか、売れてもごくわずかでトマトソースと一括して記帳していたとも考えられる。

そして四年後、四十五年にはトマトソースとウスターソースで実に四千五百六十四円十一銭三厘を計上し、それを四十一年の六百三十三円五十六銭と比べてみると、実に七・二倍という大きな伸びを示しているのである。

肉屋がPRに一役買う

洋風調味料、なかでもウスターソースは時代のすばらしいヒット商品に成長したことが分かる。しかしそうはいうものの、洋風調味料の得意先はホテルであり、西洋料理店であり、イカリソースでは生産量の半分ぐらいを朝鮮、満州へ送っていたという。つまり一般庶民にはまったく縁遠い西洋の味だったのである。こうした状況は大正になってもほとんど変わらなかった。

「ハチ公ソース」の創業者である小川礼蔵《れいぞう》さんの話を聞いてみよう。

「私が十八歳で東京へ出て来たのは大正十二年の十二月のことでした。私は広尾にあった〝恵比寿矢《えびすや》〟というソース屋に勤めたんですが、私の田舎の秋田ではソースなんて知らなかったし、もちろん使ったこともありません。

ただ将来性があるといわれて、漠然と醬油みたいなもんだろうと考えてました。

勤めに来てこの店で初めてコロッケにソースというものをかけて食べた時のことはい

までもおぼえています。うまいもんだなぁーと思いましたね。私の知るかぎり家庭にソースはまだなかったように思います。

　その頃ソースはたしか上等もんと下等もんとに分かれていて、上等もんには輸入品を真似たレッテルを貼って売ってました。

　その時分はマキノコ印とかイートマン印といった輸入ソースのレッテルを真似た模造レッテルが出来合いで売っていたんですよ。

　ソースが一般家庭に親しまれるようになったのは肉屋からで、肉屋がコロッケやカツレツを売るようになり、びんを持っていくとサービスとしてソースをくれた。それで浸透していったんです」

　これぞソースの庶民史である。なにしろ宣伝をしたくてもラジオもテレビもない。あるのは新聞、雑誌だけである。そこでメーカーは知恵をしぼり、奇想天外なPR作戦を考えている。

　イカリソースの三代目社長と二代目の未亡人千代さんがこもごも語ってくれた。

「天王寺動物園から象を三頭借りてきまして、象の背中にイカリソースと書いた垂れ幕を掛けて大阪中を引っ張って歩いたり、牛にイカリソースと書いた着物を着せて市内を歩かせたり、ソースを買ってくださった方に、ホタル籠と団扇をさしあげてホタル狩りに招待したり、鯉つかみやいちご摘みを企画したり、大口の取り引き業者や特約店の方は、満州や朝鮮に招待したりもしました。満州でしたか朝鮮でしたかへホタルを運んで、そこでホタル狩りをしたこともございましたわね。その時はホタルを生かして連れていくのがそれはそれはたいへんでした」

大正末から昭和にかけての話である。

それほど苦労してもソースの人気はいま一つだったのである。

「新キャベツが出て、新たまねぎが出て、じゃがいもが出て、するとふだんの三倍ぐらい売れるんですが、お盆を過ぎたら売れ行きはバッタリ。たまねぎを炒めてソースかければ洋食、新キャベツにかける、じゃがいもにかける、ソースは昭和五、六年までシーズン商品でした」

セロリのかをり
トマトの味
葡萄酢《ヴィネガー》の刺激が加はつて
醸す味覚の交響楽《シンフォニー》
イカリソースを食膳へ

イカリソースの創業者と親交のあった堀口大学さんの作である。少々コマーシャルっぽいのはさておき、当時の西洋の調味料への憧れが伝わって来るようだ。

鬢《びん》つけ油と間違えられたマヨネーズ

もう一つのハイカラな味は大正に生まれている。大正十四年三月、東京に食品工業という小さな会社が誕生して、マヨネーズの製造を始めた。その製品はときどきひっそりと新聞広告で名前を見かける程度であった。キューピーマヨネーズの前身である。生みの親は中島董一郎《とういちろう》といって、大正初期に、当時の農商務省から海外実習練習生として海を渡ったお人である。

董一郎は最初ロンドンへ落ち着くが、第一次大戦が始まったことからアメリカへ移っている。そのアメリカで董一郎は、これまで経験したことのない目新しい生活と出会っている。

アメリカ人というのは実にサラダというものをよく食べる。しかもサラダにはマヨネーズというものをかけて食べる。とりあえずいま自分はあまりお金もないので、安くて栄養のあるものをと選んで食べるよう心がけているが、たとえばポテトサラダ。これはじゃがいもに刻んだたまねぎを少しと、ほぐしたゆで卵にマヨネーズがかけてある。とてもおいしい上におなかがいっぱいになるので自分もよく食べる。

そこでマヨネーズというものに興味を持っていろいろ見ていると、アメリカ人はハムを食べるにもマヨネーズをかけるし、魚料理にも野菜にもかけている。自分も真似て食べてみたがなかなかおいしいし、日本人の口に合いそうだ。このマヨネーズはきっと日本人にも好まれるに違いない。せっかくの機会だからこのマヨネーズというものを研究してみよう。

やがて董一郎は日本にもマヨネーズの時代が来ることを確信して帰国している。日本へ帰った董一郎は、早速周囲の人々にマヨネーズの将来性を説いてまわるが、誰も賛成しない。それもそのはず、当時はまだ誰もマヨネーズなんて見たことも聞いたことも、ましてや食べたこともないのである。だから賛成のしようがなかったのである。だから董一郎にいわせると、いくら説明しても、みんな狐につままれたような顔をしているだけということになる。さすがの董一郎もこの時ばかりは自信をなくし断念している。

そこに起こったのが関東大震災である。東京は焦土と化した。

やがて復興の槌音に合わせるかのように、それまで長い袂《たもと》にえび茶の袴《はかま》姿であった女学生が、洋服姿に変わり、生活全体がなんとなくどことなく洋風化する気配が漂い始める。

銀座に行けばモボモガが闊歩《かっぽ》している。この調子だとまもなく食生活も洋風化するに違いない。そろそろチャンス到来……!?

そう思った董一郎は一人黙々とマヨネーズ製造の準備に取りかかる。当時マヨネーズがなかったわけではない。もちろん輸入品だが、マヨネーズを扱っている店は、東京でも二、三のデパートと、六、七軒の西洋食料品店にある程度だったという。

そうした中で国産第一号のマヨネーズである〝キューピーマヨネーズ〟は誕生している。しかしマヨネーズを見た人の中には〝鬢《びん》つけ油〟と間違えた人もあったという嘘のような本当の話も残されている、そんな時代だったのである。

したがって一年目の生産量はなんと六百キロにとどまっている。

昭和二年二月十二日の「朝日新聞」にキューピーマヨネーズの広告がある。

＊最高の美味　野菜、魚などのサラダに用いれば最高の御料理ができます

＊最大の栄養　新鮮な卵の黄身と純良な植物油とから造られ最大の栄養分を有って居ります

＊各百貨店及食料品店にあり

＊御中越次第御料理法進呈

いまから六十七年前の広告である。

当時はおもしろいことに、サラダ油の広告が競ってマヨネーズの宣伝をしている。

「天ぷらに、フライに、マヨネーズソースやお菓子を作る時に」（日清サラダ油）

「サラダ料理マヨネーズには、フライ珍味はダイヤモンド『ジー』印サラダ油」

こんなマヨネーズのコマーシャルを見ることができる。

このあたりから家庭でもマヨネーズに親しみ始め、需要もふえて来つつあった。ソースに始まった日本における西洋調味料の先駆者の苦労は、いずれも日本の調味料に作り替えねばならなかったところにある。

キユーピーマヨネーズもまた創業時、マヨネーズの味を決めるについて、日本人の栄養状態をおもんぱかって、卵黄を多くしてキユーピーの味を作りあげたという。

ソースも手作りの時代があった。

大正元年に西洋料理の世界へ入った資生堂パーラーの高石さんは、

「大きな寸胴なべでソースをこさえたもんですよ。にんじんだとか、タイムだとかローリエ、それに醤油だとか酢、それにごぼうも入ってたね」

なんでごぼうを入れたのかは聞きもらしたが、ご覧の通りの和製ソースである。

そう。いずれにしても日本人がソースを醸すようになった段階で、ソースは醤油や昆布をも使ったジャパニーズソースに変身することになる。マヨネーズ然りである。


ソース礼賛！　「ソーライ」そして「ソースせんべい」

「カツレツが来たら、ナイフとフォークでえィえィと皆切ってしまう。バラバラに切っといてから、ソースを、ジャブジャブとかける」（古川緑波著『ロッパ食談』）

「ポーク・カツレツの皿が来る。ソースをジャブジャブとかける。フォークで抑えてナイフで切る。コロモが厚いし、こっちの手並みも悪いからコロモの中身が、ソースの海を泳いで皿からテーブルの上に走り出してしまうのだ。あのソースのうまさ！　ピリッとこしょうと唐辛子の味がする」（玉川一郎著『たべもの世相史・東京』）

「古新聞の上に、その大正コロッケを二つ三つならべ、角切りのキャベツを添え、カラシとソースを、思い切りよくぶっかけてくれたものだ。（中略）私達は洋食を食べているような満足感を味わったものである」（檀一雄著『檀流クッキング』）

そして食い倒れの街大阪に登場したのが〝ソーライ〟。ソーライとは旧制高校の学生の間で流行した、ご飯にソースをかけたソースライス、名づけて〝ソーライ〟。これぞ忘れることのできない青春の一頁を飾った味と聞く。

大阪梅田の阪急食堂では、ライスだけを注文して、テーブルの上にサービスでおいてあるソースとカレーの薬味をおかずにする学生があまり多いことに腹を立てた係が小林一三さんに「いっそのことソースと薬味を引っ込めては……」と提案したところ、一三翁曰く「たとえご飯一つでも注文してくださる方はお客さんや」と逆にお説教されてしまったというエピソードが残されている。

「おれも阪急食堂でよくソーライ食ったな！」

大阪の財界人たちがよく語り合う青春の昔話という。

大阪が「ソーライ」ならこっちは「ショウライ」だい！　と真っ向《まこう》からタンカを切るのは江戸っ子学者の池田弥三郎さんである。

「実質本位の関西のデパートの食堂には『ソーライ』という一皿めしがあるそうだ。皿に盛ったライスだけをとって、それに、どのテーブルにもサービスとして置いてあるソースをかけて食べるのが、ソース・ライス、すなわち『ソーライ』だという。しかし、それなら味からいえば『ショウライ』すなわちめしに醬油をかけただけのもののほうが、うまいのではないか」

江戸っ子のソーライに対する考察である。

さらにイカリソースの小谷常務（現・淀之水学院専務理事）は、昔屋台で食べたアツアツの串カツと、角切りにしたキャベツを串にさして、ソースの入った器にどっぷりとつけて食べた頃を懐かしむ。

「ソースの匂いがプーンとしてほんまにうまそうな匂いがしたもんや！」

と顔をほころばせていた。

吉村昭さんも『蟹の縦ばい』の中で、

「洋食は、下町人種にとってハイカラな食物であり、それにかけるソースもまことにハイカラで新鮮な調味料に思えた。ソース礼賛のあまりソース焼きそば、ソース焼飯が生れ、ソースせんべいまで出現し、それが醬油のせんべいとちがってまことにうまく感じられた」

と語り、近頃高級と称するレストランからソース入れが消えたことを嘆いている。

小沢昭一さんも子供の頃食べたソースせんべいに恋い焦がれ「もう一度食べて、それこそ食い倒れてみたい」という思いを胸に、栃木市の小売り屋から製造元、さらにソースせんべいに使われているソース屋まで訪ねている。しかしそこで作られていたソースせんべいは、小沢さんの恋い焦がれていたせんべいとはいささか趣を異にしていた。

そこで小沢さんは製造元の角田せんべい店に懇願し、イメージの中にある懐かしのソースせんべいを甦らせてもらったという。

その模様はラジオ番組の「小沢昭一的こころ」の中で、

「きわめて日本的な駄菓子と西洋伝来のソースがミックスし和洋折衷、つまり文明開化のムードと味を子供なりにあのとき感じとったのではないでしょうか。ソースせんべいとのご対面、感激であります。サックリした歯ざわり、それにピリッとのどのおくにひっかかるソースの辛味、唐辛子特有のえがらっぽさもあるんでありまして、これぞまぼろしのソースせんべいずばりでございます」

と結んでいる。

昭和七年発行のイカリソースのPR誌にソース料理が紹介されている。守口大根のソース漬、ヤマトビステキ《(ママ)》などと並んでキャベツ・ヴィズソースというのがある。

守口大根のソース漬というのは「干した守口大根を一センチ五ミリぐらいの輪切りにしてソースの中に四、五日漬けておくとおいしく、酒の肴にもお茶漬けにも喜ばれます」。キャベツ・ヴィズソースは「さっと茹でたキャベツを冷やした後、ソースをかけて用いるのです」という。

当時はこれぞ西洋の香りと味だったのだろう。このようにソースに代表される一連の西洋調味料は、変遷の過程で人々の心の中にさまざまな思い出を残しながら、昭和も三十年代に入ってやっと家庭に定着していくのであった。

そしていま家庭用ソースの主役は、イギリス戸籍のウスターソースではなく、にっぽん戸籍のトンカツソースだという声もある。

日本人の家庭にとってソースは味噌、醬油とならぶ嗜好品である。

食の均一化が進んでいる現在だが、さすがに醬油は嗜好品とあって、関東は濃口、関西は薄口という具合に歴然と二極分化されている。

そしてソースもまたおもしろいことに、関東が中濃で、関西は濃口と二極分化されているのである。

昨今流行《はや》りのお好み焼きソースが関西文化圏の味であることはいうまでもない。

第8話　西洋野菜指南

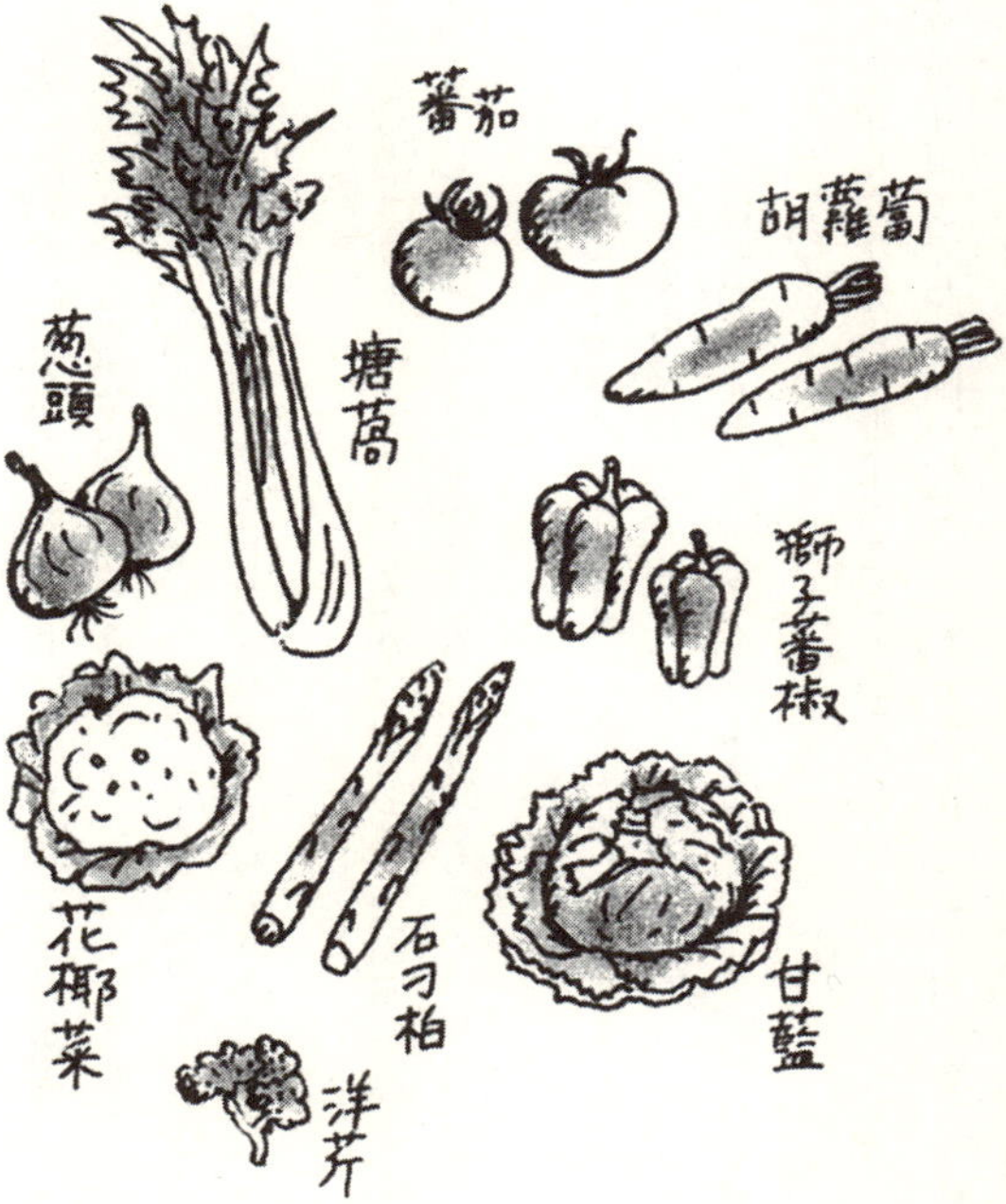

たまな・唐がき・松葉うど……

西洋野菜とは南蛮渡来の野菜のことである。

甘藍、蕃茄、葱頭、萵苣、石刁柏、花椰菜、獅子蕃椒、塘萵、洋芹、胡蘿蔔……これではまるでクイズである。いったいなんだと思います？

答はキャベツ、トマト、たまねぎ、レタス、アスパラガス、カリフラワー、ピーマン、セロリ、パセリ、にんじんのことで、種明かしをしてみればいずれもお馴染みの野菜ばかりなのである。

それにしてもなんでこんなむずかしい書き方をしたかというと、中国語の表示をそのまま取り入れたからである。しかし呼び方は中国語でも、洋名でもなく、和名で呼んでいる。

キャベツは「たまな」、トマトは「唐がき」「赤なす」「きちがいなすび」、レタスは「ちしゃ」「西洋ちしゃ」、アスパラガスは「松葉うど」「おらんだきじかくし」、ピーマンは「西洋唐がらし」、セロリは「おらんだみつば」「きよまさにんじん」、パセリは「おらんだせり」といった具合である。

西洋野菜とは読んで字の如く西洋渡来の野菜のことである。

つまり、江戸時代の終わり頃までわが国の野菜の大部分を占めていた自生の日本野菜と、中国大陸や東南アジア地域から渡来した東洋野菜に対して、江戸時代半ば頃から徐々に、そして明治の開港を境に西洋諸国から大挙して海を渡ってきた西洋野菜を区別してこう呼んだのである。

しかし当時実は、外来の野菜はすべて西洋野菜、つまりそれが渡来のものであれば、隣の中国大陸から入って来た東洋野菜のハクサイであっても、西洋野菜と呼ばれていた。

その西洋野菜が日本に伝来したのはかなり早い。

貝原益軒の『大和本草《やまとほんぞう》』、これは宝永《ほうえい》五年（一七〇八年）に完成しているが、この『大和本草』には、キャベツ「紅夷菘《オランダな》」、トマト「唐柿《とうがき》」、別名「珊瑚《さんご》珠茄《じゆなす》」、パセリ「紅毛《オランダ》芹《せり》」とある。

江戸初期、寛永二十年（一六四三年）に出版された『料理物語』の青物の部を見てみよう。

菜《な》、大根、牛蒡《ごぼう》、薯蕷《やまのいも》、里芋、烏芋《くわい》、蓮《はす》、蕗《ふき》、茗荷《みようが》、蒲公英《たんぽぽ》、薺《よめ》が蒿《はぎ》、蓬《よもぎ》、薺《なずな》、はこべ、芹、土筆《つくし》、独活《うど》、蕨《わらび》、防風《ぼうふう》、藜《あかざ》、薊《あざみ》、たで、からしの葉、芥子《けし》の葉、大豆《まめ》の葉、ほうき草、苣《ちしや》、川苣、白瓜、甜瓜《からうり》、木瓜《きゆうり》、冬瓜《かもうり》、烏瓜《からすうり》、夕顔、茄子《なすび》、大角豆《ささげ》、韮《にら》、蒜、根《ね》深《ぶか》、葱《ひともじ》、野蒜《のびる》、浅葱《あさつき》、竹の子、野老《ところ》、銀杏、梅、楊梅《やまもも》、紫蘇《しそ》、柚《ゆ》、枸杞、菠薐草《ほうれんそう》など七十三種類の、中国、朝鮮、日本に自生する野生の野菜が登場している。

当時の日本人はこういった野菜をいったいどのようにして食べていたのだろうか。たとえば胡蘿蔔。文化、文政頃までのにんじんは葉も根と同じように食べていた。葉は胡麻味噌和えやひたし物などにしていたが、衣をかけて揚げ物にもしている。根の方は煮物、酢の物、和え物に使われていた。

冬瓜《かもうり》は冬瓜《とうがん》の古名である。冬瓜《かもうり》のカモは毛氈《もうせん》のことで、未熟なときはやわらかい毛に覆われているところからの命名という。

冬瓜《とうがん》という名称については、冬が収穫期なので冬瓜《トウグワ》というと『本草綱目《ほんぞうこうもく》』にある。江戸では訛《なま》ってこれをトウガンと呼ぶ。これはなますや汁にするとある。蓮は煮物やなます、刺身のつま、また茶菓子にもしている。

つまり、仮にそれが西洋野菜であったとしても特別な料理法をしていたわけでも、異国の調理法で食用にしていたわけでもない。

西洋野菜が西洋野菜として本領を発揮するにはまだまだ時間がかかる。その間にたとえば菠薐草は江戸初期の『毛吹草《けふきぐさ》』では鳳連草《ほうれんそう》となり、肥前、薩摩の名産になっている。これは「アヘモノニ用之」とあり、『和漢三才図会』（一七一三年刊）では「葉を採て、茹でて醬油にひたし食す。味もろく美なり」とある。昔からおひたしや和え物用野菜として使われたようである。

また『農業全書』（一六九七年）には、春の暮になって菠薐草の葉や茎がこわくなったら、切り取ってから熱湯につけ、乾燥して、菜園に青物がなくなる時期に用いるとよいと、乾燥野菜の作り方まで述べてある。

オランダ屋敷の野菜料理

話は長崎出島のオランダ商館に移る。西洋野菜を西洋野菜として使うため、日本で最初に本格的に西洋野菜の栽培を始めたのは長崎出島のオランダ商館であった。

オランダ商館は出島以前にも、平戸の時代があり、その他イギリスもまた平戸に商館を開いている。そのイギリス商館では日本で最初の甘藷が植えられている。

「私は今日庭に手を入れて、琉球から運ばれて来た藷をそこに植えた。この薯はまだ日本では植えつけられたことのないものである」

イギリス商館長は日記にこのように記している。

しかし今日の私たちの食生活に直接的に影響を及ぼしたのは、オランダ商館が出島に移転してからのことである。そこで日本における西洋野菜の歴史もまた、長崎出島のオランダ商館を出発点とすることにしたい。

オランダ商館が平戸から人工の島である長崎の出島に移転したのは寛永十八年（一六四一年）のことである。ということは、日本における西洋野菜史もまたここから始まる。

およそ三百年前の長崎に滞在したオランダ人や唐人はほとんど自分の国と同じ食生活をしていた。日本にないものは本国やバタビヤから運び、出島内の庭や近郊で栽培したり、あるいは他の類似した食品で代用したりしていた。

南蛮屏風をはじめとするさまざまな資料がその暮らしぶりを伝えてくれる。その中には、西洋野菜の栽培風景をも見ることができる。

そのオランダ商館に、商館の医師としてスウェーデン人のツンベリー（ツュンベリー）が来たのは安永四年（一七七五年）のことであった。

ツンベリーは医者であると同時に博物学者であった。ツンベリーは商館長にしたがって江戸に参府し、日本の植物学を研究する傍ら、桂川甫周《かつらがわほしゆう》や吉雄耕牛《よしおこうぎゆう》（幸作）、中川淳庵《なかがわじゆんあん》といった多くの弟子に医学を教えて日本の医学と博物学の発展に大きく貢献したが、そのツンベリーは当時長崎でアスパラガスやレタスやパセリ、たまねぎなどが栽培されているのを見たと『日本植物誌』に記録している。

それも長崎の町で栽培されていたというから、それらの野菜はおそらく出島のオランダ人に頼まれたか、あるいは出島へ売りに行くためであったと思われる。

長崎出島での食生活を垣間見ることのできるオランダ正月の献立の中に野菜として、バターで炒めた「阿蘭陀菜《セロリー》」、「萵苣《ちさ》」、「胡蘿蔔《にんじん》」、「蕪根《かぶ》」が記録されている。

また『出島オランダ料理』にも、材料としてにんじん、かぶ、キャベツ、大根、ほうれんそうを見ることができる。料理としては、ほうれんそうのスープ、きゅうりのピックルス入りシチュー、細切り大根の茹でた料理がある。

『長崎出島の食文化』という本がある。この中に、日本へ向かう途中の一七七八年七月にヘット・ハイス・テ・スペイプ号で亡くなったオランダ商館長デュルコープの遺品の中にきわめて数多くの食べものがあり、当時のオランダ役人の食生活をうかがい知ることができる。ハム・チーズ類、バター、酢漬けの牛胃、燻製したタンやサーモン、牛の股肉《もも》、鮭、鳥の巣、塩漬けしたレモン類、砂糖漬けのグレープフルーツやフランスの果物、砂糖、チョコレート、白いドロップ、コーヒー豆、紅茶、ビール、ワイン類、リキュール、ジンなどと一緒に、じゃがいも、カリフラワー、マッシュルーム、たまねぎ、干野菜、ピックルス、日本の米、パンなどが船積みされていた。

オランダ人が長崎という異国でも本国と同じ食生活をしていたことが分かる。

その異国長崎では、十七世紀の中期以降になると、博多の日本人貿易商や裕福な蘭学者たちの間に、唐やオランダの家屋を模倣した住宅が流行するようになり、殊に内装に異国情緒を取り込んだ屋敷が目立って見られるようになる。

『長崎市史・風俗編』によると、寛文七年（一六六七年）に、密貿易の罪で家財を没収された上死刑に処せられた博多の豪商、伊藤小左衛門の長崎浦五島町の邸宅は、唐蘭両様の造りで壮麗を極めていたというが、なかでも小左衛門宅を訪れた人々の目を見張らせたのが、客間の天井中央に嵌《は》め込まれたオランダ渡来のビードロ（ガラス）の水槽で、座敷に通された客は一様に天井を見上げビードロの中を泳ぐ金魚の姿に感嘆したという。

また、オランダ通詞であり、蘭医でもあった吉雄耕牛の平戸町の屋敷も、オランダ趣味一点張りの、蘭館を彷彿とさせる造作と家具で飾られていた。

蘭学者であり洋風画家であった司馬江漢は天明八年（一七八八年）に一ヵ月あまり長崎に滞在しているが、江漢はそうした当時の長崎遊学で味わった唐風、オランダ風食生活をつぶさに『西遊日記』に記録している。西洋野菜の名前こそ出てこないが、異国の料理をこれだけ食べているということは、バランスから考えておのずと西洋野菜も食べていたと想像できる。

「天明八年十月十日。月餅というを造り、それを貰い食いしに、小麦の粉にて製し、油にて揚げたる物、至って甘し。

十三日。此辺の土民、瑠（琉）球藷を常食とす。長崎にて芋粥を食す。芋至って甘し。

二十一日。昼よりまた大徳寺へ「シッポク」に呼ばれ馳走になる。

二十六日。宿に帰りて牛の生肉を喰う。味《あじわ》い鴨の如し。

十一月五日。平戸屋敷、三平治方へ参る。酒、吸物を出す。また鶏肉を食う。皮、骨共に切りたる物なり。江戸の鶏肉は皮剝き、皮至って剛《こわ》し、骨至って堅し、肉も筋多くして剛し。

此処にて食いたるは魚の煮たる如く、箸にて肉骨能く離る。肉至って柔かなり。帰って幸作に話しければ『何ぞ鶏に異《かわ》る事無し、酒にて半時煮たる物』という。浦上にて売るなり。この浦上という処は、羊《やぎ》、豕《ぶた》、鶏を飼い売るなり。
六日。羊《やぎ》、小鳥を焼きて、ボウトルを付け食う。飯の菜、羊に醤油を付け焼く。
八日。豕《ぶた》を煮て夜食を出す。至って美味《うま》し。
十一日。朝、鰯の「ぬた」に蕃椒《とうがらし》、根葱《ねぎ》を入れ、また何やら魚に橙子《だいだい》の酢を入れ、また梅干の肉に臭韮《にんにく》をあしらえ、味噌にて、幸作朝より酒を呑み、吾等に進める。夫れよりして薩摩芋の粥を食う」

司馬江漢という人は日本人男性にしては珍しく、食べたものについて実に緻密な描写で記している。月餅、シッポク料理、琉球芋の芋粥、生の牛肉、鶏の水炊き、羊《やぎ》と小鳥のバター焼き、羊の醤油つけ焼き、豚の煮込み……当時長崎に滞在していた蘭学者や奉行所の役人たちがいかに唐かぶれ、オランダかぶれしていたかがよく伝わって来る。

では西洋野菜は？　しかし残念ながら栽培されていた野菜の正確な資料はない。前述した以外に分かっているものだけをあげてみよう。

安永四年（一七七五年）長崎に来たツンベリーは『日本植物誌』にたまねぎを見たとある。たまねぎは天正七年（一五七九年）にポルトガル船によって長崎へもたらされた。しかし鎖国政策によって、栽培は中断されたのだろう。本格的な導入は明治四年に政府がアメリカ、イギリス、フランスなどから輸入し、北海道で試作したのに始まる。

欧州種のにんじんは徳川後期に長崎に入り、後に「長崎五寸」になったという。インゲンマメは福建省生まれの隠元禅師が承応三年（一六五四年）長崎に渡った時に興福寺で栽培したと伝えられている。長崎では十六寸《とろくすん》という。

セロリは文政年間（一八一八～三〇年）に長崎に種が伝えられ、当時は「オランダミツバ」と呼ばれていた。一方また文禄二年（一五九三年）に韓国から伝えられたのが最初という説もある。

キャベツはオランダ船で宝永三年（一七〇六年）に長崎に渡来したもので『大和本草』にはオランダ菜と初めて記されている。当時は主として観賞用だったという。その後寛政の頃（一七八九～一八〇一年）になって、函館で栽培され、明治七年には勧業寮がイギリス、アメリカから種を取り寄せ、北海道の開拓使に試作させて今日のように本格的に栽培されるようになった。

イギリス初代総領事オルコックの菜園

そして横浜。イギリスの初代総領事であるオルコックが江戸に赴任して来たのは開国直後の安政六年五月、幕府が神奈川と長崎と函館を開港する直前のことだが、オルコックは着任早々から精力的に日本という国を自分の目と足で確認している。

その様子は『大君《たいくん》の都』に語られているが、中で西洋野菜についても書いている。「首都や神奈川港に近い地方の主な穀物や野菜は、コメ、アワ類、マメ類、ワタ、コムギ、ソバ、タバコ、その他さまざまの野菜類である。（中略）マメ類は大規模に栽培されており、種類が多い。あるものはイギリスのマメに似ており、他のものはフランスの豆に似ている。ただし、いずれも味が劣っている。（中略）

アブラナは、中国におけると同様に、ここでもその種のために栽培される。これは、その種から多量の油がとれ、非常に重要な作物のひとつである。数種のエンドウも食用に栽培されており、青い状態でも、乾燥した状態でもたべられる。（中略）

野菜の栽培は広範に行われている。味のよいものはすくなく、多くの野菜はほとんどうまみがないが、よく消費されている。質にかんしては、ジャガイモだけが例外だ。これは、小さいながらもかなりよい味である。

主要な野菜は、マメ類、ジャガイモ、サツマイモ、カブラ、ニンジン、チシャ、ビート、サトイモ、トマト、ショウガ、ナスビ、ヒョウタン、マクワウリ、トウガラシ、キュウリ、キノコ、ワサビ、ホウレンソウ、ニラネギ、ニンニク、キクヂシャ、ウイキョウ、大きなカブラダイコンなど。（中略）

わたしは、日本のこの地方に良質のチシャ、キクヂシャ、パセリ、数種類のキャベツとともに、ハナキャベツ、芽キャベツ、キクイモを導入することに成功した。横浜のロウレイ氏は、わたしがイギリスから手に入れた若干の種から、ひじょうに完全にこれらの野菜ばかりの大きな菜園をつくりあげた」と記録している。

その横浜で最初に西洋野菜の農園を手がけたのはW・H・スミス中尉であると『横浜もののはじめ考』は書いている。このスミス中尉、初めは自宅のあった六十八番の裏で栽培していたが、やがて山手の六十番から六十二番あたりに広い土地を手に入れ、西洋野菜の栽培ばかりか牛や豚を飼い、日本人にそれを指導したり、希望があれば野菜の種や苗を輸入して分けたという。

スミスに続いて農園を開いたのはイギリス聖公会の牧師であるベイリーという。ベイリーは慶応三年（一八六七年）正月に創刊された「万国新聞紙」の第三集（三月下旬）に横浜居住の外国人が日増しに増えてくるので「アメリカ」並びに「ヨーロッパ」の野菜を栽培すれば儲かりますよ。もし土地の条件とか気候とかについて知識がなければ私のところまで訪ねておいでなさい。丁寧に指導してあげますよ。種は本国から取り寄せましょう。こういった内容の広告をしている。

横浜では早くからいろいろなところで西洋野菜の栽培が行われていたことを『横浜市史稿』と『横浜もののはじめ考』が伝えてくれる。

開港から四年後の文久三年（一八六三年）イギリス人のカーチスは山手方面で玉萵苣《レッチュス》、甘藍《キャベージ》、花椰菜《カリフラワー》、馬鈴薯、西洋胡蘿蔔《カロット》、葱頭（玉葱）、石刁柏《アスパラガス》、蕃茄《トマト》、二十日大根《ラデッシ》、和蘭苺《ストロベリー》などの栽培をしている。

カーチスは元治元年（一八六四年）にロイヤルブリティッシュ・ホテルを買収し、コマーシャル・ホテルと名を改めたホテルの経営者であった。スミス中尉が横浜ユナイテッド・ホテルの経営者であったことを考え合わせると、スミスといい、カーチスといい、必要に迫られて自給自足をしたのであろう。

同じ頃、根岸村の清水辰五郎《たつごろう》と近藤伊勢松《いせまつ》も西洋野菜でひと儲けしようと栽培を始めているが、この西洋野菜の栽培は、のちに根岸から磯子方面の農家へと広まっている。

慶応元年（一八六五年）になると神奈川奉行所が吉田新田の開拓者である吉田家の分家の南家の屋敷内の畑地を西洋野菜の試作地に指定し、和蘭苺《ストロベリー》、茘枝《れいし》、落花生、莢豌豆《さやえんどう》、葱頭《オニオン》、塘蒿《セルリー》、甘藍《キャベージ》、二十日大根《ラデッシ》、西洋胡蘿蔔《カロット》（特に色赤きもの）、馬鈴薯《ポテトー》、南瓜《カボチャ》、子持甘藍《キャベツ》、蕃茄《トマト》等を栽培している。これは現在の末吉町一丁目になる。

奉行所指定のこの農園では外人が監督に当たっていた。労働力になったのは日本の百姓である。だから言葉が通じない。そこですべて手真似足真似だったという。その外人監督はといえば、西洋野菜の種を後生大事に革張りのトランクにしまい、鍵をかけて保管し、日本人の農夫には手もふれさせなかった、そんな話も伝えられている。

翌年になると、子安村の堤春吉が真砂町で外国艦船納入食料品商をしていた横山屋倉田政吉の手を経てアメリカからセロリ、カリフラワー、ビート、ラデッシュ、レタスなどの種を取り寄せ栽培を始めている。しかし一説には、明治初年の頃横浜に出て果物商を営んでいた春吉の兄が、たまたま蕃茄の種を手に入れて弟に与えたことから栽培が始まったともいう。

やがて子安から生麦に栽培は広がり、明治二十年頃には栽培農家が七、八十戸にも上り、各地から状況視察の客が絶えなかった。さらに慶応年間に横浜の植木商飯島秋三郎《あきさぶろう》が、子安の森仙太郎《せんたろう》にセロリ、芽キャベツ、キャベツ栽培を勧めたという話も紹介されている。時には失敗もあったらしいが概《おおむ》ね他の農作物の三倍以上もの利益を出した。そんなエピソードも語られている。

明治も十年代になると、今度は中原方面でも栽培が始まる。井野銀次郎が居留地百番のバンティング商会から種を購入して芽キャベツやカリフラワー、サラダ菜などの栽培を手がけている。

続く十二、三年頃には、根岸村馬場の宮崎留五郎《とめごろう》が、港町青物市場の問屋伊勢芳《いせよし》から委託を受けて、根岸でアスパラガスや朝鮮薊《あざみ》の栽培をしている。

居留地という最大消費地をバックに控えていたとはいえ、幕末期にこれだけの洋野菜が栽培されていたということは正直いってまことに驚きであった。これら西洋野菜の出荷先は、東京が七割を占め、残り三割が横浜で消費されたと『横浜市史稿』は伝えている。

明治四十二年刊『西洋野菜の作り方と食べ方』

その西洋野菜が野菜として、日本人の食卓に上るようになったのは明治も半ばを過ぎてからのことである。

ジャパニーズソースの項で触れたように、蟹江一太郎が兵役の義務を終えて家に帰り、西洋野菜の栽培を始めた明治三十一、二年の頃でも、西洋野菜はまだ、都会、地方にかかわりなくまことに珍しいものであった。だからこそ一太郎の上官も勧め、一太郎も興味を持ったのである。

しかも一太郎が手がけた西洋野菜はピーマン、セロリ、アスパラガスではなく、キャベツやハクサイ、たまねぎ、にんじん、トマトなどわりと早くに日本人に溶け込んだものばかりである。

それでも一太郎のハクサイを見た村人たちは「白い葉っぱなど、食べるやつはおらん！」「、そしてたまねぎを手にした人々は「臭い、臭い！」といって敬遠したのである。

ちなみに当時軍隊で「相当使われていた」という西洋野菜は？　というと、玉葱、人参、馬鈴薯、赤茄子《トマト》、玉菜《キャベツ》、萵苣《サラダナ》。これは四十三年の『軍隊料理法』の「洋食ノ部」に登場する西洋野菜たちである。「相当使われていた」といってもこの程度である。

新聞、雑誌、料理本での西洋野菜の立場はどうだったのだろうか。新聞史上初めてという料理記事が「時事新報」に連載されたのは明治二十六年九月二十四日のこと、そしてこれは翌年二月十六日まで続いた大連載である。

名づけて「何にしようね」。その中から西洋野菜料理を拾いだしてみよう。

ほうれん草のひたし物、玉菜《キャベージ》巻、薩摩汁（人参・玉葱）、のツぺい（人参）、天麩羅（蓮根）、土耳其《トルコ》めし（赤茄子）、たったこれだけである。しかも西洋野菜は土耳其めしの赤茄子をのぞけば見事に和風にアレンジされている。もう一つ三十八年刊の『家庭西洋料理法』の付け合わせ蔬菜を見てみよう。

馬鈴薯、甘藍《キャベジ》、球葱《たまねぎ》、胡蘿蔔《にんじん》、赤茄子《あかなす》、西洋独活《せいよううど》、菠薐草《ほうれんそう》、南瓜《カボチャ》だけ。

では『食道楽』はというと、チサ菜、西洋独活《アスパラガス》、赤茄子、サラダ菜、セロリー、玉葱、胡瓜、ジャガ芋、レッタス、パセリ、茄子、ホウレン草、キャベツ、南瓜、冬瓜……以上である。

明治四十二年に出た『西洋野菜の作り方と食べ方』という本がある。その中にトマトが出ている。

当時の西洋野菜の立場を理解するため、少々長いがお付き合いいただこう。

「蕃茄・英名トマト。近頃東京では、大分トマトを用いる人が殖えまして、何処の水菓子屋でも必ず之を店先に飾るようになりました、然し今の処ではまだ到底一般の嗜好には向きませんので、時にはトマトというものは庭の眺めに添えるものだ位にしか、思わん方もある位でありますが、外国では『トマトのある家に胃病なし』と迄いわれて、盛んに之れを用いますそうです、大抵の人がトマトを見ますと、其美味な真赤な色に迷いまして口まで入れますが、非常に臭の高いのと、ホオズキの様な味がしますので、直ぐに吐き出して仕舞います、がトマトは決してソウ不味いものではありませんので、少しく食べ馴れて来ますと、到底忘れる事の出来ない一種の味があります、殊に夏の暑い時などには、其甘味と酸味の具合が良く口に適いまして、到底甜瓜や西瓜の及ぶ所ではありません、トマトは三つ丸呑みすれば漸く味が伴って来ると云いますが、実際我々が初めてトマトを見ました年には、トマトの畑など、見向くも厭やな感じがしたのでありますが其翌年にはそれ程嫌いであったトマトの、畑の脇を直ぐには通り越せぬまでに好きになったのであります、とも角一種の風味は西洋料理などの流行につれまして、早晩我国にも一般に使われる様になりましょう、殊にトマトは只味が良いばかりでなく、真赤に熟した玉の様な実が、累々と房になりまして、其実から蜜の様な雫でも滴りそうに見えます所など、朝晩我々の目を楽しませ、終日の疲れをいやす事も出来るのであります」

なんとか西洋野菜を理解してもらおう、親しんでもらいたい、食べてもらいたい！という気持ちが率直に出ていて、当時のトマトを含めた西洋野菜の立場を理解する上でまことに興味深い。

またトマトが八百屋ではなく水菓子屋の扱い商品であったというのもおもしろい。江戸時代以来長い間トマトが観賞用であったことを考えると、その名残かとも思われる。

では食べ方は？　というと、

「皮を剝きまして之を輪に切って平皿に入れ、酢か三杯酢か、苺のジャムなどをかけて食べますに、只見栄の良いばかりでなく、甘酸適度で、夏の食べ物として至極結構なものであります、然し初心の人は皮を剝きましてから種と汁とを出して、砂糖をつけて食べるが宜しいです」

「皮を剝ぎましてから輪切りにし、充分バタで絡めて柔かになりましたとき、塩と砂糖で味をつけて用いますが、猶お其上から卵をかけて、卵の半熟になったとき、皿に盛って食べますに、一層味が宜しいです」

「トマトの羊羹は先ずトマトを押し潰しまして出ました汁に水を加え、その液で寒天を煮、充分に寒天が溶けました後、其中へ餡を入れて練り交ぜれば羊羹が出来ます」また

「まだ熟さない青いトマトは塩漬、粕漬、味噌漬として大層佳味でありますが、又之を一分位の厚さに切りまして、一晩塩につけた後、酢と砂糖とで煮て、胡椒などをかけて用います」

その他ジャム、トマトソース、印籠煮、ライスカレー、スープ、トマト湯、そして

「皮を剝いて一分位の厚さに切り、之れに西洋芥子茶匙一杯、塩一杯、砂糖一杯、酢五勺、撒攬《ママ》（著者注・橄欖＝オリーブでは）油五勺をかけるのですが好みによって芥子を入れずとも宜しいです」というサラダ、そして「輪切りにして之れにオリーブ油と胡椒

で味をつけ、酢漬にしますれば、誰の口にも良く合います上品な菜になります」

こんな酢漬の作り方も載っている。さらにトマトの種類や作り方も紹介されている。西洋野菜は想像以上に苦戦を強いられたのである。

日本人は名アレンジャー

もう一度軍隊の調理教科書の西洋野菜の献立を見てみよう。馬鈴薯スープ、トマトスープ、セロリスープ、胡瓜スープ、青豆スープ、ロールキャベツ、マヨネーズソースサラダ、サラダマセドアン。（大正七年刊『海軍五等主厨厨業教科書』）

同じ時期、女学校ではどんな西洋料理を教えていたのだろうか。『婦女典範実用家庭顧問』という本がある。その中の家庭西洋料理から西洋野菜料理をあげてみると、ポテト・スープ、アスパラガス・オムレツ、ベークド・ポテト、フライド・ポテト、エスカロップト・オニオン（玉葱）、フライド・エッグプランツ（茄子）、トマトソース、グリーン・トマト・ソース（青茄子）とある。

NHKテレビの「きょうの料理」の前身であるラジオ放送の料理番組が始まったのは大正十四年だが、そこで放送した料理は『四季の料理』『日々の料理』と題して単行本になっている。それに続く『放送料理一千集』に「野菜篇」がある。

西洋野菜料理は、菠薐草（九種）、白菜（三種）、キャベツ（六種）、サラド菜（一種）、セロリー（二種）、唐もろこし（二種）、花椰菜《カリフラワー》（二種）、玉葱（四種）、蓮根（四種）、にんじん（三種）、茄子（二十三種）、冬瓜（四種）、南瓜（七種）、トマト（七種）、胡瓜（七種）、隠元豆（三種）、豌豆（三種）、馬鈴薯（十種）、そして漬物にはトマト・ピイクル、人参の初霜漬、人参の紅葉漬、玉葱のレモン漬、玉葱の南蛮漬、胡瓜の渦巻漬、胡瓜の葵漬、胡瓜の酢漬などがある。

この本を見て気がつくことは、材料は西洋野菜であっても、そのほとんどが和風か、折衷料理にアレンジされているという点である。

具体的にいくつかあげてみると、ほうれんそうはスープが一つあるだけであとは海苔巻、玉子焼、卵蒸し、胡麻びしお、柚子酢など、キャベツはスープ、新キャベツのスープ煮、満月キャベツ、キャベツの巻団子、渦巻キャベツの辛子煮など、セロリはバタ煎り、味付煮、たまねぎは胡麻酢和え、肉詰、柚浸し、レモン浸し、蓮根は煎出汁、味噌和え、梅田和え、煎り南蛮、にんじんは吹寄煮、巻びしお、胡瓜もこがらし和え、胡麻酢、ぬた、おろし和えなど、やっとトマトになってスープ、フライド・トマト、オムレツ、天火焼と洋風料理が並ぶが、同時にトマトのさしみ・レモン酢味噌、黄身酢和えも堂々仲間入りしている。

これで見る限り西洋野菜は江戸時代の『料理物語』の頃の扱いとほとんど変わっていない。つまりそれが前述したように、西洋野菜だからといって、西洋にこだわることとなく、日本人は料理の名アレンジャーとしての才能を大いに発揮して自由に取り込み、大胆に料理した。その結果、西洋の材料はいつの間にか日本の素材として和洋折衷、いやいや和食にアレンジされてしまったことがよく分かる。

同時に、西洋料理も洋食として日本人の食卓にいつの間にか同化し定着していく傾向が大正文化の中で自然に培われていく。

大正二年刊の『和洋家庭簡易料理』がそれを物語ってくれる。

胡蘿蔔《にんじん》の白あへ、おろしあへ、煮付、馬鈴薯の旨煮、粉ふき煮、揚げ馬鈴薯の煮付、ポテトサラダ、マッシュドポテトサラダ、ポテトオムレツ、フライポテト、ポテトシチユー、スチユードキャベージ、キャベージサラダ、レタスサラダ、茄子の揚出し、焼茄子、ベークドトマト、トマトスープ、オニオントマトサラダ、トマトキューカムバーサラダ、赤茄子《あかなす》の酢煮、赤茄子の甘露煮、チッキントマトライス、スカロップトビーフトマトソース、胡瓜の胡麻酢あへ、南瓜の胡麻酢かけと、見事に完全に溶け込んでいる。

そして大正十五年一月から昭和二年一月まで放送した料理を月別にまとめた『四季の料理』では、薯スープ、スチユードオニオンス、マッシュポテト、ボイルドキャベツ、クリームポテトスープ、野菜スープ、隠元シチユー、菠薐草の源平びたし、大豆昆布ニンジンの煮物、鶏肉の油焼トマト餡、コールドスロー、スキャロップトキャベージ、野菜のクリーム煮、茄子の鍋鴫、茄子の胡麻汁、南瓜の黒胡麻味噌、ロシヤサラドドレッシング、南瓜の肉詰、茄子の亀甲焼《きっこうやき》、煎塩鮭おろし冬瓜かけ、トマトバタ焼、ベークド・トマトソース、スキャロップト・ライス・エンド・トマト、茄子の丸煮、牛肉のトマト煮、ポテト・ローフ、茄子のトマト煮、菠薐草のスープ……もうこの辺にしておこう。ざっとこんな具合である。

こうした傾向は年々強くなっていく。洋食専門の料理本も当たり前に次々出版されていく。また家庭向き料理本も洋食の割合がかなりのスピードでふえていく。

GHQと清浄野菜

昭和六年に出版され、十六年までに四十一版を重ねた『家庭料理千種』という大ベストセラーの料理本がある。このあたりになると西洋野菜は完全に吸収同化されている。花椰菜《カリフラワー》の二杯酢、スタッフド・セロリー、セロリーと鶏肉のサラダ、胡瓜の皮の佃煮、胡瓜の塩焼、胡瓜の胡麻和え、胡瓜のトマトソースかけ、胡瓜のテンピ焼、茄子の田楽、焼茄子、南瓜の酢のもの、キャベツと蟹のサラダ、キャベツとトマトのサラダ、キャベツの芥子和え、キャベツのおひたし、キャベツの宝包み、キャベツのバタいため、キャベツのベーコン煮、トマトの甘酢、トマトと卵のサラダ、トマトスープ、トマトの味噌汁、トマトシチュー、トマトの天ぷら、トマトの茶碗蒸し、玉葱のカレー煮、玉葱のバタソース、ポテトのカレー煮、馬鈴薯の玉揚げ、ボイルドポテト、馬鈴薯の団子汁、蓮根の朝鮮煮、菠薐草のバタ和え、菠薐草のスープ、菠薐草の胡麻びたし、白菜鍋、人参のスープ、人参の辛煮、人参と落花生のサラダ、莢隠元のカレー煮……なかにはしばらく考え込んでしまうような献立もあるが、それにしても見事な一体化である。

しかし太平洋戦争によってようやく実りかけた日本人の洋食化への道はやむなくここで一旦中断されることになる。やがて敗戦。そして戦後の混乱。そうした中で突然浮上して来たのが清浄野菜である。

勝者となったアメリカ軍は肉を食べ、生野菜を食べるという、オランダ屋敷での生活同様、本国の食生活をそのまま持ち込んで日本へ進駐して来た。戦争によって外国の食習慣が伝わる、勝った負けたにかかわらず、これは多くの国が経験して来たことである。たとえば十六世紀にトルコ軍がウイーンから敗走する時にコーヒー豆の袋を放りだしたまま逃げたため、その後のウイーンのコーヒーは桁違いにおいしくなったといわれている。

またアメリカにピッザが大流行したのも、第二次大戦中にイタリアで覚えた味を懐かしんだ帰還兵たちが火付け役になったという。戦後の日本も同じであった。占領は日本の社会に計り知れない影響を及ぼしたが、その中で第一にあげなければならないものに食生活のアメリカ化がある。

パンと牛乳もさることながら、その第一歩は清浄野菜の栽培であった。連合国軍最高司令官総司令部、つまりGHQを東京日比谷の第一生命ビルに、そして宿舎を帝国ホテルにおいた彼らに軍用食は山ほどあった。やがて冷凍船も到着した。冷凍肉は問題なかった。しかしカリフォルニアで積み込んだレタスは、生であっても新鮮というにはほど遠かった。

そこでGHQの公衆衛生福祉局長だったクロフォード・F・サムス大佐は、西洋野菜の日本での栽培を考える。

ところがそこでサムス局長の目に映った日本の農業方法はとても受け入れられるものではなかった。日本の農業は古来から農作物の肥料として下肥《しもごえ》、つまり人間の糞尿を使っていたからである。文化の違いとはいえ、こと下肥に関しては彼らに妥協の余地はなかった。

そうした彼らがまず必要とした西洋野菜はレタスであった。もちろんサラダにするためである。となればどうしても糞尿は困る。

GHQの農業に対する衛生基準は、日本では考えられないほどきびしいものであったという。したがって、とても彼らが求めるような清浄な西洋野菜を栽培しようなどという農家はなかった。考えてみると、化学肥料と下肥という点では大きく事情を異にしたが、挑戦ということで考えれば、初期の頃の横浜の栽培事情となんら変わるところはなかった。

つまり幕末期の農家にとって西洋野菜を栽培すること自体が初体験だったのに対して、今回は下肥を使わないで西洋の野菜を栽培する、これまた同じく初体験だったからである。

しかし当時の日本は全員がやっと戦争から解放されて、やれやれ！　といったところである。日本人は今日の米さえ満足になかった時代である。とにかくまず今日食べるものを確保しなくては、という時代に、いくら進駐軍の命令とはいえ、米を後回しにして、しかも化学肥料だけを使って西洋野菜を栽培せよ！　といわれたって、「はい。そうですか。やりましょう」なんていう農家はあるはずがない。

ところがそれを受けてたったのが増井徳男さんであった。増井さんにはこれ以前二十一年にも進駐軍からりんごの大量供出を命じられ、ことの処理に当たった経験と実績があった。この時、進駐軍から、青森と長野両県に対して示された供出量は、りんご箱にして二十六万箱、金額にして一億三千万円だったという。

この時、現場で納入に携わっていた人が増井徳男さんであった。増井さんは大正四年から北青山で果物店を営んでいた紀伊国屋文左衛門総本店、後に日本で最初のスーパーマーケットになる青山紀ノ国屋の次男坊である。

増井さんは今度は清浄野菜のために働いた。なぜなら増井さんは「間もなく日本にも西洋野菜の時代が来る。そのとき清浄野菜が主流になる」という勘が働いたからだという。

加えて増井さんは、ＧＨＱが日本人から見たら異常とも思えるくらい衛生に神経質であることをりんごの時の経験を通して知っていた。だから事に当たって増井さんは農家に清浄野菜の栽培を説明する時のために独自の要項を作った。下肥を使わないことはもちろん、大腸菌その他の菌が保健所規定内の数値より少ないこと。汚染されていない清潔な水を使って栽培すること。とくに、地中での下肥による汚染に注意する。ということは、農家一軒だけが清浄栽培を実行しても、周辺の農家からの水や土壌によってその土が汚染されたらまったく無意味なので、一定数以上の農家がまとまって栽培できること、寄生虫の生存期間を考慮して、畑は下肥を使用してから二年以上はたった畑地であること。集団として清浄野菜団地が構成できることなどなどであった。（『青山紀ノ国屋物語』）

というのは、進駐軍は清浄野菜を生産したいという農家があるとまず畑の土のサンプルを出させ、独自に回虫やバクテリアを検査して安全と判定しなければ認めなかったからという。だから増井さんは清浄野菜の栽培が可能だという農家の噂を耳にするとすぐさま現地に飛び、畑地を見て、それから生産者と話し合っている。

「清浄野菜がこれからの主流になるということは分かっていました。アメリカでは作り方が違うだろうということも知っていました。しかし、アメリカ軍が栽培せよという西洋野菜を実際に見た瞬間、これは必ず日本人の食生活に入ってくると直観的にわかりました」と『青山紀ノ国屋物語』の中で語っている。

増井さんは千葉、神奈川、静岡、長野、とにかく農家を回った。その間に世の中では『野菜を主にした西洋料理２００種』（一九四七年刊）をはじめ、西洋料理本が次々出版され、西洋料理、つまり西洋野菜復活の兆しは顕著であった。

料理研究家の飯田深雪さんが料理教室を開いたのは昭和二十三年のことであった。そして紀ノ国屋が東京都指定の清浄野菜販売店の第一号店として再オープンしたのは昭和二十四年のことという。

オランダ屋敷から始まった日本の西洋野菜史は、こうして戦後の清浄野菜史にバトンタッチされ、サラダブームを生むことになる。

それにしてもいまほど西洋野菜の地位が高まった時代はかつてなかった。西洋野菜にとってそれを人間にたとえるなら、花開いたいまが一番幸せな時代なのではないだろうか。家庭の食卓で、レストランで、ファーストフードの店で、西洋野菜はいま花盛りである。

第9話　パンの手帖

パンはキリシタンの申し子

パンは南蛮時代に渡来したキリスト教の宣教師によってもたらされた。天文十八年（一五四九年）フランシスコ・ザビエルが鹿児島に上陸、キリスト教とパンと葡萄酒を日本に伝えている。いうなればパンは切支丹《キリシタン》の申し子。したがってパンを食べるものはイコール切支丹教徒とみなされ、日本人はパンを食べることはもちろん焼くこともできなかった時代があったのである。

「パンを焼くことは日本人には禁ぜられていたが、我らは奉行に願って昨日特に許された」

オランダ商館長によって書かれた『長崎オランダ商館の日記』の寛永二十年（一六四三年）二月二十八日の項にこう記録されている。

当時すでに長崎にはオランダ商館出入りのパン屋があった。同じ『長崎オランダ商館の日記』の慶安二年（一六四九年）八月四日の項に、

「パン屋から、小麦、その他の商館用品が皆値下げとなったので、向う一年間、従前一匁に十箇のパンのかわりに、善く焼いた目方も違わぬもの十一半を納めると言って来た。これで目方六十五匁のパンが百箇であったのが、百五十箇となる」

とある。きっとパン屋とオランダ商館の間でパンの大きさについての取り決めがあっ

たのだろう。パン屋はすでに平戸時代からあったといわれている。

ということはこの長崎のパン屋というのは、おそらくオランダ商館が平戸から長崎出島に移転した際、一緒に引っ越して来たパン屋ではないだろうか。あるいは来航したオランダ船のパン職人が長崎に店を構え、オランダ商館出入りのパン屋になったという発想も成り立つ。いずれにしても長崎にはオランダ商館御用達《ごようたし》のパン屋があったことは確かで、店は樺島町《かばしま》にあったとも伝えられている。

もちろん当時日本人はパンというものをまだ知らない。だから『蘭説弁惑《らんせつべんわく》』（一七八八年刊）に、

「問ていわく。おらんだ人常食にぱんというものを食するよし。何をもて作れるものにや。

答ていわく。これは小麦の粉に醴《あまざけ》を入れ、ねり合せて蒸焼にしたるもの也。朝夕の食料これなり」

また、こんな記録も残されている。

「パンを製するには小麦粉四升に醴酒一升ばかり入れて良くこね、銅器に入上下に火をかけてこれをやく、かまぼこを製するが如し」（『楢林雑話《ならばやしざつわ》』）

当時パン屋は江戸にもあったという。

『長崎市史』は、慶長十四年（一六〇九年）に記されたスペインのドン・ロドリゴの報

告書から引用して、「慶長の頃江戸にても佳良なるパンを製造していたが、余り歓迎されなかったらしい」と書いている。パン屋はあったとして、しかしそれが本当においしいパンであったかどうかは疑問が残る。

なぜなら『長崎オランダ商館の日記』の寛永十九年（一六四二年）一月十六日の項に、「夕刻、奉行平右衛門殿が家臣を宿に遣わして、白パン二十箇を贈られ、オランダ人は米よりもパンを好むが、江戸ではパンを買うことができないので、長崎で習った彼の家臣に焼かせた。オランダ人の江戸滞在中は常に贈る考えである旨を伝えられた。その親切に対して厚く礼を述べさせた」

という記述が見えるからである。

奉行平右衛門《へいえもん》というのは長崎奉行柘植《つげ》平右衛門のこと。その平右衛門の家臣の中にパンを焼く料理人がおり、彼はその家臣にパンを焼かせ、オランダ商館員が江戸参府中はパンに不自由しないよう届けさせたのであろう。

しかしもし本当に江戸に「佳良なるパン」があったとしたら、なにも奉行の家臣が焼いてまで届けなくてもすんだはず。ひょっとして奉行に魂胆があってわざわざ家臣に焼かせ、届けさせたのか。あるいはロドリゴがいう通り、佳良なるパンを製造していた店はあった。しかし商売にならず、元和《げんな》が過ぎ、寛永時代にはすでに潰《つぶ》れていたということも十分考えられる。

では当時はどんなパンを食べていたのだろうか。江戸時代の図説百科辞典である『和漢三才図会』によると、「パンとは蒸餅、すなわちまんじゅうのアンなきものなり」とある。また貝原益軒も『大和本草』の中でパンを取り上げている。

「蒸餅《パン》　麪《こむぎこ》にて作り、甘酒にて製す。形饅頭の如くにして大なり。餡なし。また餡あるもあり」

水戸家でもパンを焼いていた。水戸藩九代藩主である徳川斉昭《なりあき》が編纂した、いわば水戸家の料理手控え帳ともいえる『食菜録《しょくさいろく》』にパンの製法がある。

「蒸餅《パン》製法　小麦粉四百八十目、食塩三匁、甘酒二合、冬日極寒の節は二合五勺入れるなり。四季寒暖によりと斟酌すべし。右三味水にて捏ね……」

そう、『蘭説弁惑』『榴林雑話』にもあったように、当時のパンはいずれも甘酒種であったことが分かる。甘酒は醴とも書く。これはもち米の粥に麹を混ぜて醸した飲みものだが、味が甘いため、甘酒とも、ひとよ酒ともいった。

そのパンを兵粮にと考え、パン作りを実践した人がいる。伊豆韮山《にらやま》の代官江川太郎左衛門である。この江川のパン作りに協力したのが幕末の兵学者高島秋帆の料理人で元オランダ屋敷の料理方をしていた作太郎だった。江川は家老柏木総蔵にその作太郎と一緒にパンを作ることを命じている。

では太郎左衛門はなぜ兵粮にパンなのか？　答えは簡単、日本式の炊飯をすると煙が立つ。それでは敵に存在を知られてしまう。それは困る。そこでフランスの軍隊に学び炊飯を必要としないパンを兵に携帯させるというのが江川のパンの採用理由だったのである。いわれてみればもっともな話である。したがって以後、薩摩、長州など諸藩もこれに倣《なら》って、全国的に兵粮パンブームが起こることになる。

そのパンが復刻されている。地元と地元のパン屋さん石渡《いしわた》食品が町おこしの一環にと始めたもの。幸い当時の資料が江川家に保存されていた。材料は全粒粉に塩、それに江川家が造り酒屋だったことから酒種を使っている。それだけ。日持ち優先の兵粮だからだ。昔とは材料そのもの、燃料も、そして窯も石窯から電気窯に変わったが、歯ごたえと形は昔を再現している。往時に思いを馳せてみるのもたのしい。

フランスパンからイギリスパンへ

やがて開国。開港を迎えるとパンの舞台は長崎から横浜へと移る。

それ以降のパンの変遷を見ると興味深いことに、横浜の場合、パンはその時々の最強国のパンが支配的地位を占めているのである。つまり幕末には時の幕府を支援していたフランスのパンが、そして維新後は薩長と手を結んだイギリスのパンが主役になる。

したがってまず勢いを得たのはフランスパンであった。フランスの支援を得たときの将軍徳川慶喜はモダンな将軍さまであった。

幕府の政治組織を西欧風に改め、フランスから陸軍士官を招聘して洋式軍隊を作ったばかりか、兵器類や横須賀製鉄所（造船所）建設のための機械の輸入をも積極的に進めている。そのためフランス本国から相当数の軍人や技術者が横浜に上陸する。フランスパンが必需品になるのは当然の結果である。

しかし明治維新の主役を演じたのは薩長両藩であり、その後楯となったのはイギリスであった。そのため維新を迎えると政府は、なにごともイギリスを手本として日本の近代化政策を推し進めることになる。そうなれば政府のお雇い外人はイギリス勢力となる。同時にパンもフランスパンから三斤棒の山型イギリスパンが優勢に立つことになる。

フランスパンに代わってイギリスパンが主役になったのは明治十年頃である。

その横浜で真っ先にパン屋を開業したのは内海《うつみ》兵吉という日本人であった。『横浜もののはじめ考』によると、兵吉は横浜が開港した翌年の万延《まんえん》元年（一八六〇年）に本牧から横浜運上所近くにあった〝お貸長屋〟に移り住んだ。お貸長屋の周辺には一膳めし屋やそば屋、居酒屋が密集していた。その主人の一人が、フランス軍艦ドルドーニュ号のコックからパンの製法を学び、国産の小麦粉を使ってまるでゆで団子のようなパンを焼き始めた。

パンは当初、フランス人から教えられたので、横浜ではブレッドではなくパンと呼んでいたという。その長屋へ兵吉もまた引っ越して来た。目的はパンであった。というのは、兵吉の父親は元来江戸で菓子屋を営んでいた。ならば江戸を引き払い開港景気に沸く地元横浜で、親子ともども似たような商売で一旗揚げようと思ったとしても不思議ではない。

とはいうものの和菓子屋の知識しか持ち合わせていない兵吉親子は、パンというものは生地を発酵させて作るというパン作りの基本をまるで知らなかった。したがって当初は「焼藷窯のようなものでいい加減に焼いた」ため、「パンだか焼饅頭だか、何だかわけのわからない物」ができたが、「外国人はパンに不自由していたので小麦粉を捏《こ》ねて焼いただけの、およそパンにはほど遠い代物だったがそれがまた売れた」というのである。

『名誉鑑《めいよかがみ》』の「麵麭製造業の始祖・内海角蔵君」によると、角蔵の父兵吉は明治四十年に亡くなったとある。また『横浜市史稿』には、兵吉の跡を継いだ息子の角蔵は、神奈川県食麵麭製造業組合長を務めたとあるから、兵吉も角蔵もパン屋として成功をおさめたのであろう。

二番目の邦人パン屋は、牛肉販売の元祖として知られる中川屋嘉兵衛である。

嘉兵衛は慶応三年（一八六七年）三月の「万国新聞紙」にパン、ビスケット、ボットルの販売を始めたという趣旨の広告を出している。しかしこれは自分で製造したパンではなく、嘉兵衛の店の隣にあったイギリス軍兵站部売店のパン焼所から仕入れ、それを取り次ぎ販売していたと思われる。

横浜には四軒の異人パン屋があった。クラーク、レンクロフォード、デンティス、パルメスの四軒である。またフランキヨ、グッドマンも異人パン屋を経営していたという資料もある。

フランキヨの店は百二十六番にあり、パン職人のエマヌエル・ゴンサルベスの他に、蒸餅焼きの寅吉、万吉、定吉、粉を捏ねる係の久吉、それに小使の吉右衛門、ボーイの平吉、それに玉川という名の日本人女性を雇っていたというから、相当手広く経営していたと思われる。しかし経営者のフランキヨが、文久三年（一八六三年）に殺人事件を起こしたため、翌年店は競売にかけられることになる。

グッドマンの創業は文久元年（一八六一年）という。こうした中でパンを専業とし大規模に商売をしていたのは、百三十五番にあったイギリス人のクラークが経営するヨコハマベーカリーであった。開業は慶応元年（一八六五年）という。居留地の外人はもとより、横浜に入港する軍艦や商船もみなこのヨコハマベーカリーへ注文していた。

そのヨコハマベーカリーはクラークが亡くなった後、打木《うちき》彦太郎に受け継がれることになる。『横浜市誌』によると、彦太郎は外人の信任を得て、親しくその製法を教わったとある。ここに登場する外人とはクラークのことである。クラークは明治十六年に亡くなっている。それからは未亡人が経営をしていたが、その未亡人も三十三年に亡くなり、ヨコハマベーカリーの商号は彦太郎が引き継ぐことになる。その後、宇千喜麵麭製造所と変更している。彦太郎の店は、現在もウチキパンとして横浜元町で盛業を続けている。これ以降、勢国堂《せいこく》、加賀パンが生まれ、横浜に邦人パン屋の時代が来る。

軍隊と学校がパン食を促進

東京でも明治に入ると相次いでパン屋が開業している。

東京におけるパン屋といえば、やはりあんパンの元祖、木村屋をおいては語れない。明治二年のこと、木村屋の前身である文英堂が芝日陰町に、そして文明軒が下谷《したや》に、翌三年には精養軒ホテルパン部が築地に、さらに蔦本《つたもと》が鉄砲洲《てっぽうず》に、四年になると三河屋が神田に、五年には玄間パンが芝琴平に、七年にはチャリ舎《しゃ》が築地に開店している。

いずれもフランスパンでスタートしているが、後に木村屋はあんパンへ、蔦本は食パンへと方向転換している。一人フランスパンで気をはいていたのがチャリヘスであった。チャリヘスは日本のパン史に欠かすことのできない人物である。チャリヘスは一八三八年（天保八年）にチューリッヒで生まれたスイス人である。若くしてパリに出てフランス料理とケーキの修業をし、その後上海を経て明治二、三年の頃神戸へ来ている。そこで日本人女性の綿谷《わたや》よしと結婚、横浜に移っている。

ちょうどその頃フランス料理を看板にした西洋人のためのホテル築地精養軒が開業す

ることになり、チャリヘスは料理長として招かれている。その後上野精養軒が開店するとそこの料理長も兼ねるようになる。その一方で、チャリヘスは住まいのあった居留地に近い小田原町でチャリ舎という製パン工場を作り、併せて清涼飲料水の製造販売をもしている。チャリ舎のパンは人気が高く、宮内省御用達の店でもあったという。チャリヘスは和服を着て散歩するのが大好き、そして入船堂の塩煎餅がこれまた大好きという変わった外国人であった。

そのチャリヘスは明治三十年十一月に亡くなっている。チャリヘスはいま青山墓地に眠っている。墓には右から左への横書きで「故チャリヘッス之墓」とあり、裏側には戒名「入法院信誉浄教居士」と彫り込まれている。チャリ舎は昭和になっても店を続けていたが戦争前後に店を畳んでいる。

話を進めよう。パンは当時話題の食べものであった。

明治六年十月の「新聞雑誌」に有名食料品店としてパンは「鉄砲洲蔦本」とある。また『武江《ぶこう》年表』明治六年の付録に「近き頃、世に行わるる物大略を挙ぐ」として牛肉豚肉店、牛乳売捌所に続いて「麵麭《パン》種類多し」とある。また『開化なぞ合せ』には「パンの弁当とかけて仕立ての着物ととく、心はいっかしのぎだ」とある。つまりその場しのぎですぐにおなかがすくという意味であろう。

明治七年刊の『当世馬鹿の番付表』には「米を喰わずしてパンを好む日本人」ともあ

る。文明開化一色、あこがれの西洋とはいうものの、日本人にとってパン食はかなり抵抗のあったことが分かる。しかしパンは着実に定着していく。

「東京府統計書」によると明治十五年には百十六軒だった東京のパン屋が、十八年になると百七十軒に増えていることからもうなずけよう。明治初期のパンの主役は前述したように、フランスパンからイギリスパンへと移行することになるが、当時食パンの蔦本で働いていた雨宮麟次郎《あめみやりんじろう》さんは、

「その頃のパンは、色が黒い上に酸味が強くて、食べても決しておいしいものではなかったが、珍しいせいか、案外売れた。原料は大部分水車粉でたまに舶来粉を使った。思ったより売れたのは、その頃から東京の食パンがフランス式の小型の鰹節《かつおぶし》パンからイギリス流の大型型焼パンに変わったからでもあった。

蔦本でこの三斤棒の山型パンを売り出したところ、体裁が変わっているので忽ち人気を呼んだ。しかしおかげでフランスパンが売れなくなったことをいまもおぼえている」

（『パンの明治百年史』）と語っている。

しかしフランスパンが売れなくなったのは一時的なことであり、このあたりからフランスとイギリス両国のパンが仲よく並んでいた。

ところでこの頃のパンだが、「色が黒い上に酸味が強くて、食べても決しておいしいものではなかった」とある。原因の一つとして、製粉技術の未熟さがあった。

明治十年の秋には上野公園で開かれた第一回内国勧業博覧会には東京、神奈川、信州、東北などから約二十種類の国産小麦が出品されたが、その粉は舶来のメリケン粉とは比ぶべくもなかったという。

そこで政府は小麦粉の品質改良の急務を痛感したのだろう。翌年になるとフランスから二台の石臼製粉機を購入している。ところがせっかくの石臼も、これを使いこなす技術者がなく、結局は宝の持ちぐされに終わっている。

なにしろ当時の日本には、まだパンに適した強力粉はほとんど生産されておらず、輸入にまたなければならなかった。だからその頃は、輸入小麦粉を製粉した粉をメリケン粉と呼び、在来の日本粉はうどん粉と呼んで区別していた。価格はもちろんメリケン粉の方がずっと高い。なんと日本の粉の三倍もしたという。(「時事新報」明治二十三年二月二日)

そんな苦労をよそに、異人ベーカリーでは明治以前から、ビールに苦味をつけるあのホップを煮てその煮汁を使うことにより発酵途中のパンの雑菌と乳酸菌の繁殖を防ぐ方法を知っていた。しかしそんなことを日本人に教えるわけがない。また仮に日本人がそれを知ったとしてもホップが手に入らなかった。

パンを作る工程で、乳酸菌を抑える方法を知らなければ、雨宮氏のいう通りで、パンは当然酸っぱくなってしまう。当時のパンが酸味が強くてまずかったというのはこのためなのである。

しかし時間が経過する中で、ホップス種を使う方法も徐々に日本人のパン屋に浸透していくことになる。このホップス種によるパン作りは昭和十二、三年頃まで続き、それ以降はイースト菌に変わっていくのである。

そのパンの普及には軍隊と学校が一役も二役も買っている。パンが軍用食糧となったのは、前述した理由も合わせて携帯食として手軽であり、保存が可能だったからと思われる。

海軍の幹部の教育機関であった攻玉社《こうぎょくしゃ》がパン給食を採用すると共に、遠洋航海の食糧としてパン食を取り入れたのは明治六年のこと。七年には佐賀の乱、台湾出兵、そして十年の西南戦争には陸軍でも大量のパンが使用されて、一般への普及を大いに助けている。

同じ十年には明治天皇が西南戦争の傷病兵を大阪の病院に見舞っているが、その見舞い品の中に「麵麭、葡萄酒、麦酒」のあったことが新聞に報じられ、パンへの認識を広く深めさせることになる。

さらにいくつかの学校でもパン食を取り入れている。山形師範では二十二年頃からパン食を勧めており、京都の第一高女でも翌年から寄宿舎で昼食にパンを出している。また群馬でも二十五年には師範学校で、香川では二十七、八年から学校と軍隊で、盛岡では三十年頃からやはり師範学校の寄宿舎でパンの給食をしている。

各地に兵営ができるとその地方のパンが伸びるという現象もあった。地方でも栄養学的見地からパン食が始まっている。

京都では脚気のため（三十三年）、栃木県の山村では病気や出産の時（三十八年）、島根県佐太村では腸チフスにかかった時、松江から取り寄せて牛乳で煮て食べている（四十年）。桑名ではパンにバターを塗った金持ちがおり（三十五年）、福知山には朝はパンにコーヒーという裕福な人もいた。山口県大島町ではお盆の贈物や法事の引き出物にあんパンを使った（四十三年）、そんな記録も残されている。（『明治文化全集』）

三十八年には東海道線の豊橋駅であんパンの駅売りが始まって、地方の人々にとってもパンはますます身近なものになって行く。

このようにパンが親しまれるようになったのには、日本人の創意工夫が大きくものをいっている。

たとえばあんパン然り。ジャムパン、クリームパン、甘食、蜜パン、玄米パン……みんな日本人のアイデアである。そう、菓子パンによって日本人は大人も子供も急速にパンに馴染んでいったのである。

あんパン誕生

あんパンの元祖は前述したように木村屋である。父安兵衛と共に実際には木村屋の創業者となった次男の英三郎は当時十八歳であった。その英三郎もまた西洋の香り一色に包まれた横浜でパンと出会っている。

英三郎は考える。東京でも居留地が造られようとしている。きっと東京にもパンというものの時代が来るに違いない。東京でパン屋をやろう。

英三郎は東京へ戻ると、長崎でパン焼きの技術をおぼえた梅吉という職人を雇い入れ、日本人が日本人のために製造して販売する初めてのベーカリーを芝日陰町に開業したのである。

築地に居留地が造られたのはこの前年明治元年のことである。英三郎は店名を文英堂とつけた。

文明開化の文と母親「ぶん」の名をかけ、自分の名である英三郎の「英」をとって名づけたという。だが開店はしたものの一向に客は来ない。店は閑古鳥の鳴く毎日であった。どうして客が来ないのか英三郎は考える。

そして考えるうちに、梅吉の焼くパンは、自分が横浜で食べたあの香ばしいまでにおいしいパンとはどこか違うような気がした。

このままでは早晩店は立ち行かなくなるだろう。なんかいい知恵はないものだろうか。そこで思いついたのが古くからある酒饅頭であった。

そうだ。酒種を使ったら日本人好みのパンができるのではないだろうか？　その結果誕生したのが今日のあんパンなのである。

こういってしまうと簡単そうだが、このあんパン、実は英三郎の弟の儀四郎《ぎしろう》が神田の餅菓子屋へ奉公していた経験から、パンに餡を入れてみたら……という発想に結びつくのである。英三郎はこの着想に飛びついた。さっそく試してみる。しかしいざやってみるとこのなんでもなさそうなことがむずかしい。

というのは、砂糖の量をふやすとパン生地の発酵が止まってしまうのである。来る日も来る日も失敗の連続であった。いうはやすく行うはかたしである。

いまとなっては英三郎がどうして砂糖の分量の答えを得たのかは分からない。

しかしそのあんパンは明治七年に誕生している。この間に芝に火事が起こり文英堂は焼けてしまった。そこで明治三年に銀座に移転している。ということはまだ完成はしていなかったものの、自分の作るパンになみなみならぬ自信があったのだろう。ちなみに江戸時代からの俗称であった「銀座」が正式町名となったのは明治二年のことであった。その銀座進出と同時に、英三郎は店名を文英堂から本名の木村屋に改めている。

英三郎の思惑通り酒種パンは売れた。といってもいまのような売れ方とは違う。

当然売れ残る。英三郎はパンが売れ残ると、当時近くにあってパン給食を始めたばかりの陸軍操練所や海軍寮にサービスで届けている。だんだんに教官や学生たちとも顔馴染みになっていった。

こうした努力が実って海軍ともルートのできた英三郎は、明治五年に海軍がパン食を採用すると、すぐに攻玉社の御用達になっている。あんパンが完成したのは明治七年のことであった。

木村屋にやがて一つのチャンスが訪れる。

明治八年四月四日のこと、明治天皇が東京向島の旧水戸藩下屋敷を訪れることになり、その接待用としてあんパンを差し上げたら……という朗報が、英三郎の父親である安兵衛と剣術の仲間であり、あんパンの大ファンであった明治天皇の侍従、山岡鉄舟《てつしゆう》によってもたらされたのである。

明治天皇に木村屋のあんパンを召し上がっていただける！ 英三郎は興奮した。一家がお家の名誉と張り切った。明治天皇に喜んでいただくためにもう一工夫しようと知恵を出し合った。その結果生まれたのが、真ん中をへこませ、そこに国花であり、おめでたの印である桜の塩漬けを載せた例の桜あんパンである。

全員で試食してみると餡と塩漬けの桜が一つにとけあってまことに結構な味わいである。アイデアの成功であった。明治天皇も皇后もたいへん喜ばれ、その結果「引き続き納めるように」というお言葉を賜ったのである。一家は感激した。

だがそれはそれ、これはこれで、それでもあんパンはなかなか思うように売れなかった。

脚気とチンドン屋に助けられて

だがパンそのものは徐々に浸透していった。それも兵隊たちの江戸患いの薬としてである。江戸患いというのは脚気のことである。

当時、自分たちの家では麦飯や雑穀ばかり食べていた兵隊たちである。それが江戸へ出て来て白米一辺倒の食生活になったら、急激なビタミン不足から、各兵舎で脚気が大流行してしまったのである。

当時は医学知識なんてゼロ同然である。脚気なんて病気があることも知らない。知識がないということは恐ろしいもので、あまりの流行に、これは伝染病に違いないという噂が飛び交い、ついには隔離されることになる。なにしろ医者ですらその頃は脚気がどんなものであるのか見当もつかなかったという。

そうした暗中模索の中で、ドイツ人医師がパンと牛乳による食事療法を試みたところ急速に回復に向かった。噂はたちまち広がり患者の間にパンブームが起こる。

「私はパンで助かった。命拾いしたのです。当時大名屋敷を改造して造った大学病院で二十七人中、二十五人まで死んで、私ともう一人が助かった。下っ腹が米の一斗も入っているように重く、実に苦しい。この病院にドイツから来たドクトル・ホフマンという人がいた。そのホフマンがいうんです。ドイツにもフランスにもない病気なのでよく分からないが、パン食を試みてみないかというんです。私はやります、と答えると二、三日してパンを持って来た。それが明治五年だった。それからはパンだけでズーッと通した。ズンズンよくなっていく。十ヵ月もいるうちに外出もできるようになったので早速パン屋を訪ねた。それが木村屋ですね」

これは竹橋の兵士たちを訓練した乃木将軍の親友である軍人桂弥一《かつらやいち》が木村屋に出した手紙である。

またこんな話もある。

明治十年に起こった西南戦争でのこと、政府軍の総兵力の三分の一が脚気に冒され兵力は著しく低下した。困り抜いた政府は、翌十一年神田一ツ橋に府立の脚気病院を造った。そしてベッドを西洋医と漢方医の二つに分け、どちらの治療法が勝つか、以後勝った方の療法を採用することにした。結果は西洋医が勝ったのである。

このニュースも瞬く《また》間に巷に流れた。世間ではおもしろがり、大相撲の番付表を真似た一枚刷りの脚気相撲番付が売り出されている。しかしあんパン人気はいまいち迫力に欠けた。

ちょうどその時銀座に、楽隊を使って宣伝するという広告屋が店開きした。大阪から進出して来たもので屋号を広目屋《ひろめや》といった。明治十八年のことである。

ＰＲに知恵をしぼっていた木村屋は、ものは試しと誕生したばかりの広目屋、つまりチンドン屋を使ってパンの宣伝に乗りだした。

そのいでたちはというと、赤い上着に黒のズボン、頭にはシルクハットをかぶり、大太鼓をかかえた紳士、その隣には鹿鳴館の貴婦人よろしく舞踏会風のドレスをまとい三味線をかかえた女性、このカップルが太鼓と三味線を伴奏に「パン、パン、パン、木村屋のパン」と大声で市内を行く姿には、さしもの文明開化っ子たちも度肝を抜かれた。

この広目屋作戦はとにかく大当たりした。明治二十年になると、日本橋蠣殻町《かきがらちょう》の中島座（中島座は現在の東京シティエアターミナルのところにあったが、明治二十年の火災で消失、その後再建されることはなかった）が正月興行にこれを芝居にし、さらに舞台のフィナーレを飾った広目屋が梅堂国政の筆によって錦絵となり市中に売り出されたのである。木村屋の名は一躍有名になった。その舞台フィナーレの様子はいまも木村屋の店頭に飾られている。

チンドン屋作戦が功を奏して、あんパン人気は浅草にも及ぶことになる。

浅草仲見世《なかみせ》が完成したのは明治十八年のことだが、仲見世は、その翌年正月から店開きした。新装なった仲見世は、浅草新名所となり連日賑わった。そこに欠けているものはただ一つあんパンであった。つまり当時浅草にはまだあんパンがなかったのである。

そこで浅草からの要請を受けた東京府庁は、東京府命令として、浅草公園第二区と第五区であんパン及びパン類と、寄席、待合茶屋、押絵、麦藁細工《むぎわらざいく》、団扇《うちわ》などの営業許可を追加する旨発表している。

なにしろ日本初の地下鉄である銀座線の浅草—上野間が開通したのは昭和二年のこと。あんパンの評判は噂には聞いていても浅草っ子には買うすべがなかった。だから浅草に遊んでそこであんパンが買えるとあれば、庶民にとってそれは二重の喜びであった。そこで東京府は、浅草発展のため、浅草でも銀座並にあんパンが買えるよう配慮したのである。なんという気配り。いや、人気のほどが分かる。あんパン人気といえば、

「その頃は大通りに鉄道馬車があるばかりで、交通が不便であったため、私達は東京市中はどこでもてくてく歩かなければならなかった。

私と私の弟とは一緒に神田にある英語の学校に通った。（中略）道が遠いので帰りにはいつも腹が減って困った。途中にある菓子屋、殊にあんパンを売っている店の前ではふところにいくらか金さえあると、何《ど》うしても足を留めずに通ることは出来なかった。『あまり意気地がない。今日こそは銭はあるが買わずに行こう』固く決心しても、その前を通るとぴたりと止まった。不思議に思われる位ぴたりと止まった」（『東京の三十年』）

明治二十年頃の田山花袋の思い出である。

創作パン大売り出し

クリームパン生みの親は新宿の中村屋である。中村屋が本郷の東京帝国大学前にパン屋を開業したのは明治三十四年十二月三十日のことであった。

相馬《そうま》愛蔵《あいぞう》・黒光《こっこう》夫妻は共に学生時代からパンに親しんでいた。黒光は女学校時代を横浜のフェリス女学院で過ごしている。ミッションスクールでは当時から西洋料理のマナーがあり、パン食は当たり前、黒光はフェリスの寄宿舎でヨコハマベーカリーのパンを食べてきた。一方、愛蔵も早稲田の学生時代に牛込教会を通してパンに親しんでいる。

しかしだからといって安直にパン屋を始めたわけではない。

「パンは始め在留の外人だけが用いていたがその頃漸《ようや》く広まってきて、次第にインテリ層の生活に入りこみつつあった。けれどもこのパンが一時のハイカラ好みに終わるものか、それとも将来一般の家庭に歓迎され食事に適するようになるものか、商売として選ぶにはここの見通しが大切であった」

そこで愛蔵と黒光は、

「これは自分等で試してみるが第一と、早速その日から三食のうちの二度までをパン食にして続けてみた、副食物には砂糖、胡麻汁、ジャム等を用い、見事それでしのいで行けたし、煮炊きの手数はいらぬし、突然の来客の時など殊に便利に感じられた。こうして試みること三カ月、パンは将来大いに用いられるなという見込みがついた」

中村屋の創始者である相馬愛蔵は当時を『一商人として』の中でこう語っている。中村屋では開店後しばらくはチャリ舎のパンを、ついでヨコハマベーカリーのパンを仕入れて売っていたが、開店三年後の明治三十七年に初めて自家製のクリームパンとクリームワッフルを売り出している。

「ある日私ははじめてシュークリームを食べておいしいのにおどろいた。そしてこのクリームを餡パンの代りに用いたら、栄養価はもちろん一種新鮮な風味に加えて餡パンよりは一段上のものになると考えたのである。早速こしらえて店に出すと非常な好評であった。クリームパンとワッフルはその後他の店でもつくる様になり、全国津々浦々にまで行きわたったことは私として愉快に感じる」(『一商人として』)

黒光の思い出、クリームパン誕生記である。すでにあんパンがあったとはいえ、初めて出会ったシュークリームをパンに取り込むというこの発想は卓抜したアイデアというほかはない。

卓抜したアイデアといえば、勉強パンというのもあった。明治二十二年の『団々珍《まるまるちん》聞《ぶん》』に「パン屋の売り子」という狂画がある。

シルクハットに草鞋《わらじ》履《ば》きというユーモア溢れたいでたちで前に大太鼓、そのいいたては、「はい、これは皆さんご承知の勉強パン、勉強パンたら勉強パン、メリケンパンにドイツのパン、さあさあいらっしゃい、いらっしゃい、ご評判を願います」とある。いまだったら教育ママと塾帰りの子供でたちまち行列ができ、繁盛間違いなしである。

勉強パンの次に売り出されたのがつけやきパンである。つけやきパンは薄切りにした食パンを斜め三角に切って片面に黒蜜を塗り、竹串にさしたもので、屋台で一切れ五銭だったという。

「蜜の上にきな粉つけてハイカラパンていってたわね」

漫才の内海桂子さんの思い出である。

こうしてパンはますます競争の時代を迎えることになる。

富士山の形をした甘食パンが生まれたのは明治二十七年であった。生みの親はついこの間まであった清新堂の初代、猪《い》狩《かり》時《とき》清《きよ》さんである。

「当時は仮にあんパンを作ろうとすると、粉を練ってから焼き上がるまでに十二時間かかるんですよ。だからその日仕込んだパンを売ってしまうと追加がきかないわけよね。あとは卵パンとか堅いものばかり。

そこでなにか短時間でできるやわらかいパンはないだろうかということで甘食を考えたそうです。甘食はこねてすぐに焼けるから、いくらでも追加がきくわけですよ。そうした意味合いから甘食を考えたと親父から聞きましたけど、なんで甘食って名づけたのかまでは聞かなかったねぇ。小麦粉に砂糖、それに若干の卵、生地の甘さから甘食ってつけたんじゃあないかしらん。当時はドイツから輸入したタルタラリンていうふくらし粉を使ってたそうですよ」

時清さんの息子さんで清新堂二代目、重清さんの話である。

その売り方がまたおもしろい。当時パン屋と牛乳屋は箱車、八百屋は荷車が商売道具であった。そこで猪狩さんも屋形つきの箱車に甘食を積んで商いに出た。しかしみんな似たり寄ったりでいまいち目立たない。

そこで同じ箱車を引いて歩くにしても、なにか甘食を売りに来たことを知らせ印象づける方法はないものだろうかと知恵をしぼる。

そうだ音で知らせる方法が手っ取り早い。それならかじ棒にあの小学校で使っているような鐘を下げたらどうだろう。きっと歩くたびに鳴るから効果はテキメンだろう……猪狩さんはさっそく実行に及んだ。結果は上々。

箱車一台ではとうてい間に合わず、たちまち十台を数えるまでになった。その人気に気をよくした猪狩さんは、今度は赤く塗った二頭立ての馬車を繰り出して大宣伝している。

甘食人気はとどまるところを知らないほど大ヒットしたという。

それにしてもいくら明治時代とはいえ、都大路を鐘を鳴らした箱車と二頭立て馬車が行き交い、甘食を売って歩いたとは、想像しただけでもたのしい。

また神戸のパン、アメリカのパンというのもあった。

明治三十三年六月の「新小説」に、楽隊服に身を包み、パンを入れたブリキの大太鼓を肩から吊して、反り身加減で太鼓を叩きながら「神戸のパン、アメリカのパン、メリケンのパン、フランスのパン、木村屋のパン、パン屋にご用はないかな」と調子おもしろく売り歩くパン売りの姿がある。

神戸のパンとアメリカのパンとどう違うのか知らないが、世界の味と香り、文明開化を満載して大道を売り歩くというこの商売は、明治人の目と舌を大いにたのしませたことだろう。

マッカーサーのひとこと

あんパンにしてもつけやきパンにしても日本生まれの日本育ちだが、大正になると玄米パンというさらに日本的なパンが生まれている。

それは日本におけるドライイーストの生みの親であり、丸十パンの創業者である田辺玄平によって大正七年頃作られている。

パン食はすぐにおなかがすくという世人の声に田辺は、それならひとつ腹持ちのよいパンを考えよう。いっそ玄米を使ってみたら……。必要は発明の母というが、小麦粉を玄米に変えてみようという大胆な発想である。

その結果玄平は、パンの生地に二〇パーセントの玄米を練り込み、それをコッペパン型に成形して焼き上げ、玄米パンと名づけたのである。

当時の日本人にとって玄米はなれ親しんだ安心できる味である。なれば美味である。玄米だから値段も安い。腹持ちだってよい。

玄米パンはたちまち人気者になっている。その証拠にたちまち偽物が登場する。

「エエ玄米パンのホヤホヤあと街を流して歩いたパン屋の売り声を思い出されるご仁もあろうが、この呼び売りの玄米パンは玄米など少しも使わぬ、焼きパンならぬ蒸しパンの粗末なものだった」（『パンの日本史』）

「震災のあと、わたしは祖母や母の手早い処置のおかげで、餓えもせず、玄米もたべずにすんだ。九月二日の日に、夕方、天現寺橋のところまで来たら、そのあたりは焼け残っていて、焼け出されて逃げて行く人たちに、おむすびをくばってくれた。大きなまるいおむすびをひとつもらったら、それは玄米であった。

一口たべたが、とてもたべられそうもなかった。さいわい、店のものがわたしの分もたべてくれた。玄米はよくかまないと、おなかをこわすと母がみんなに注意していた。

その後しばらく、玄米パンというのを、自転車ひきながらよく売りに来た。ニコニコ商会の玄米パンのホヤホヤと呼び歩いていた。たべたくてしかたがないので、そっと買ってみたら、ひどくまずかった。

あまり評判もよくなかったとみえ、震災後三年ほどの中に、見かけなくなった」

池田弥三郎さんも『私の食物誌』の中でこう書いている。

このニセ玄米パンのおかげで、ビタミンを含んだ栄養豊かな本物の玄米パンまでが評判を落としてしまったのである。

パンは大正時代になっても憧れだった。玉川一郎さんは、

「大正四年、小学校四年生の時、初めてパンのお弁当を持って行った時は、それこそ天にも昇る気持ちであった。

と、いうのは、預けられた伯父の家は賄業、つまり弁当屋だから、今日はお祖母さんが風邪をひいてご飯をたくのが遅くなったから、とか、伯母さんがアタマが痛くて起きられないから、お弁当はパンを買いな、なんていうことは絶対にないのだ。（中略）

しかし、友だちのように、パンのお弁当も持って行きたい……。

そこで一計をめぐらし『先生が明日はみんなパンを持っておいでとおっしゃった』と祖母にいうと、先生がおっしゃったんなら、とキンチャクから五銭銀貨を一つ出して、大事に使うんだよ、といってくれた。（中略）

学校の前のパン屋に、

『おくれ』

といって、握りしめて汗のついた五銭玉を出すと、

『ジャミかいバタかい』

と、オバさんがいった。

『どっちも！』

というと、オバさんは手がかかるネと、笑いながらいって、二切れの食パンの片っぽうにはジャム、片っぽうにはバターをつけ、それを腹合せにして、蠟紙《ろうがみ》に包んでくれた。

もちろんパンは焼いていない生パンであった。

『一ちゃん、少しおくれ』『ジャミンとこ少しおくれよ』

と、いうクラスメートに、少しずつわけてやって食う得意さ、おいしさ……」（『たべもの世相史・東京』）

そのパンが私たちの食生活に本当に入り込み、米飯と主食の座を争うようになったのはつい最近のことなのである。

「わが輩は日本人の米と魚と野菜と味噌、醬油の貧弱な食卓を、パンとミルクと卵と肉の豊かな食卓に変えるためにやって来た」

昭和二十年八月、コーンパイプをくわえ、厚木基地に降り立ったアメリカのマッカーサー元帥のひとことが、そのきっかけになった。このマッカーサー政策によって、日本人の食生活は、好むと好まざるとにかかわらず大きく変化を遂げることになる。

つまり脱脂粉乳と軍用缶詰による学校給食、小麦と小麦粉の放出、アメリカの狙いは日本を小麦の消費市場として開拓洗脳するという戦略にあった。したがってこの「豊葦《とよあし》原瑞穂《はらみずほ》の国」は敗戦を契機として未曾有《みぞう》のパン食時代を迎えることになる。

だがそのパンの味は、

「このごろのお子さんは、パンが好きだ。（中略）学校でもパン、家でもパン、まことに結構と申しあげておく。だが、みなさま、そのパンがうまくない。（中略）東京でもオリンピックの時、ボクは陸上競技場でサンドイッチを買った。包み紙に印刷してある文字は、有名なパン屋の店であった。『この店のパンなら、さぞうまかろう』と思って包みを開いて一口たべておどろいた。パンのさわやかな味はてんでない。にちゃにちゃした、おかゆのかたまりみたいなものだった。この店のパンばかりではない。他のマークのパンも、たいていこの口である。よくやいて水分をとばさないと、のどを通すのに苦労するシロモノばかりである。（中略）クロワッサンを買ってくればその九割五分は油くさい。フランスパンはやき方があまい。パンをテーブルにずらりと並べて、少しずつちぎってたべたことがある。どれもこれも水気がありすぎるのだ。しめっていすぎるのだ」（『当世置きぜりふ』）

詩人のサトウハチローさんはこう指摘している。それでは本当においしいパンとはどういうパンをいうのだろうか。

パンを焼いて七十年になる清新堂二代目の猪狩重清さんも声を大にして、

「いつの間にか食パンはトーストにして食べるものだということになってしまったようですが、これは焼きの甘いパン、つまり水分の多いいつまで置いても堅くならないアメリカ式のフカフカパンが幅をきかせるようになって、トーストしなければおいしく食べることができなくなった、そこを家電メーカーに利用されてしまったんだと思いますね。モーニングサービスにある厚切りトーストにしたって、薄く切ってさえビチョビチョのパンなのに、それを厚く切ったらもっとビチョビチョなわけでしょ。それを焼いたからっておいしいわけないですよ。めっこ飯はいくら炊き直したところでやっぱりめっこ飯、戻らないのと一緒でね。

昔と同じように十分に時間をかけて焼いたパンはそのままで十分おいしいですよ。うちのパンはトーストにしないでそのまま食べておいしいように十分焼いてます」

当時七十五歳だった猪狩さんは、自分自身納得のいく、本当に食べておいしいパンを焼こうと、朝四時起きして粉を練って仕込みにかかっていたことを思い出す。

パンの本場神戸で、昭和七年から石窯と薪《まき》で昔ながらのパンを焼き続けているフロイン堂の二代目である竹内善之さんも、

「おいしいパンがなくなりましたね。

給食世代が母親になって、パンはあんなもんや！　と思っている。パンブームにパン

屋は儲かると思ってか、この近所にも雨後《うご》の筍《たけのこ》のようにパン屋ができましたが、あっという間につぶれよりました。蔵建てようと思ったらパン屋なんてやらんほうがええのと違いますか。パン屋は儲かる商売じゃありません」

猪狩さんも、竹内さんも、これぞパン！　という本当においしいパンを焼いている。竹内さんが一日に焼くパンは食パン百五十本。朝八時に仕込みにかかって、一番窯が焼き上がるのは午後の三時。本当においしいパンはそのくらい手間と時間のかかるものなのである。

第10話　コーヒー狂想曲

幕臣たちの脚気予防薬

まず日本におけるコーヒーの歴史から振り返ってみよう。

最初にコーヒーという文字が登場するのはおそらく『長崎聞見録』（一八〇〇年）ではないだろうか。

「かうひいは蛮人煎飲する豆にて（中略）日本茶を飲む如く、常に服するなり、かうひいかんは、かうひいを浸すの器なり。真鍮にて製す」とある。

また函館も古く、万延元年（一八六〇年）の箱館（函館）運上所の輸入品目の中にコーヒー豆が記録されている。

いったい誰が飲んだのかというと幕臣たちである。当時函館では脚気が流行り、風土病と考えられていた。そこで安政四年（一八五七年）のこと、箱館奉行所は北辺警備の幕臣たちの脚気予防に役立てようと、オランダ豆と呼ばれていたコーヒー豆を配っている。

それには飲用方法も細かく指示してあった。「黒く成るまでよく炒り、細かくたらりと成迄つきくだき、弐さじ程麻の袋に入、熱い湯にて番茶の如き色にふり出し砂糖を入用ふべし。幾度も味出る丈、ふり出し用ふ」と『北の文明開化』は書いている。

しかしこれらはまったくの例外で、一般的には『明治事物起源』にあるように、「明治二年の『開智《かいち》』七篇に、加非《コッピー》の文字が見え、四年秋の『往来』には架啡、五年四月の『輯録《しゅうろく》』には『肉食後には必ず茶珈琲を飲む可し。脂を去る効あり』そして七年版『諺《げん》解《かい》』には『ある洋学生いえるは、小生の英学を習う時、珈琲を豆ちゃと訳して教えられしを記憶せり』」

コーヒーはもっぱら活字の上でのみ活躍していた。

日本にコーヒー店の第一号ができたのは明治二十一年四月のことであった。「可否《カヒー》茶館」といって上野の西黒門町に開店している。

店は二階建て青ペンキ塗りの西洋館で、入るとすぐに玉突き場があり、二階へ上ると喫茶室、そこにはコーヒーばかりか洋酒やビールもあり、トランプや碁や将棋ができ、内外の雑誌や便箋まで揃っていたという。

この年の五月に創刊された「我楽多《がらくた》文庫」の第一号に載った「下谷西黒門町可否茶館告条」によると、「さらに化粧室と申す小意気な別室もあるので、そこでたくさんおめかしを……」「盛夏には湯殿と氷店を設け……」ともある。現在からは想像もつかない豪華な設備を誇っていたことが分かる。

四月十三日の「読売新聞」にも開業案内がある。

「遠からん者は鉄道馬車に乗って来たまえ、近くは鳥渡《ちよつと》寄って一杯喫したまえ……」という鼻息である。続いて、「来る十四、十五、十六の三日開業（雨天順延）美景呈進」

ともある。つまり三日間の開店サービス期間中に来れば、すてきな景品をプレゼントしますよ、ということなのだろう。

それにしても喫茶店の開店に雨天順延とあるのがおかしい。ひょっとしてテントを張るくらい大賑わいを予測したのか、それとも大風呂敷の宣伝だったのだろうか。

可否茶館の経営者は中国人で、珈琲は一銭五厘、牛乳入りは二銭だったという。二号店は浅草にできている。明治二十三年四月、上野で第三回内国勧業博覧会が開かれているが、その会場内に出店したのがダイヤモンド珈琲店であった。ダイヤモンド珈琲店の評判はすばらしく連日の大入り続き。気をよくしたダイヤモンド珈琲店はこれに自信を得て、翌月には浅草六区にオープンしたパノラマ館内に正式に開店している。コーヒーは三銭、牛乳入りは五銭、紅茶は三銭、チョコレート五銭だったという。（「読売新聞」明治二十三年五月二十三日）

なにしろ当時は珈琲店ができると新聞に報じられるくらい珍しく、それだけで話題を集めたのである。

ところがその人気も長くは続かなかった。両店とも数年にして店をたたんでいる。

ちなみにこれ以前、つまり「可否茶館」以前にも、日本橋小網町に「洗愁亭《せんしゅうてい》」という珈琲店があり、それは明治十九年十一月十三日の開店だったという記録もある。しかし残念ながらこれ以上の資料は何もない。

その後本郷の帝国大学近くに青木堂という喫茶店ができる。青木堂はコーヒーと並んで、明治七年開業の麹町《こうじまち》の村上開新堂のケーキを看板に、ひたすら繁盛していたという。

本郷の青木堂もまたまことに資料が少ないが、明治の末に村上開新堂に小僧として入り、青木堂に毎日ケーキを運んでいた人がいる。後に昭和天皇のお食事係として大正十一年から昭和五十一年六月まで、宮内庁大膳課の主厨長として活躍した中島伝次郎さんである。

「青木堂は一階がいまでいう明治屋のような店で、二階が喫茶店になっていましたね。私が村上開新堂へ小僧で入ったのが十三の年、最初の一年間は、牛乳配達のような箱車に、できたケーキを載せて青木堂まで配達するのが毎日の仕事です。私は明治三十年の三月三日生まれですから、小僧になったのは明治の四十二、三年でしょうか。筒っぽの着物に角帯、それに地下足袋をはいて箱車を曳《ひ》いて麹町から本郷まで行くんですが、子供だから辛かったですねぇ。しかしそんな子供心にも青木堂のコーヒーの香りはなんともいえず魅惑的でしたねぇー」

中島さんからこんな話を聞いたことがある。

青木堂はおそらく今日の喫茶店の基本型ではなかったかと思われる。ひたすら繁盛していた店だったが、しかし明治も四十年代になると喫茶店はカフェーという名のもとに大きく様変わりして発展期へと入って行くことになる。

あだ花「カフェー・プランタン」

カフェーに先鞭をつけたのは「カフェー・プランタン」であった。

「カフェー・プランタン」は明治四十四年春に、前進座の長老として舞台、テレビで活躍した河原崎国太郎《かわらざきくにたろう》さんの父親である洋画家の松山省三《しょうぞう》さんが京橋区日吉町に開店している。

松山さんは上野美術学校（現在の芸大）を卒業した新進気鋭の画家であったが、新劇の祖といわれた自由劇場の創立にも参加し、また帝劇にも出入りするほど国内外にも知己が多かった。

その頃、先輩友人から届くフランス便りによって、パリには歩道をテラスにして、パラソルで飾った店があり、コーヒーとチキンカツサンドがとてもおいしいという最新情報が寄せられてくる。

折りしも自由を旗印にわが道を生きようと志す松山さんたちグループは「お酒をついでくれる女性がいて、みんなが自由に集まり話の出来るサロンがあったら……」と相談しているところでもあった。そこへパリ通信……話は早い。早速外階段のある洋風の家を借りる。店は白亜の館、そして店名は……そうだ春だから「プランタン」にしよう。こうしてグリーンの地に金文字の看板「カフェー・プランタン」が誕生した。

「『プランタン』はカフェーの第一号。コーヒー豆はおやじが横浜まで買いに行ってましたね。その頃横浜にイタリア人でコーヒー豆を売る店がありまして、おやじはそこでモカとジャバとブラジルを買って来て、ＭＪＢとミックスして一杯十五銭で売っていましたね。コーヒーと、パリを真似たチキンカツサンド、それからクラブハウス・サンドイッチ、ハヤシライスにハンバーグステーキもプランタンの名物でしたよ。

チキンカツサンドは、薄く切った角パンの隅を落としちゃってこんがり焼いて洋からしバターを塗って。チキンカツの方は、こう手に持ってすかすと向こうが見えるくらい薄い肉をカツに揚げて、それをドブッとソースにつけてパンにはさんだのがプランタン名物の温かいサンドイッチの味なの。五色の酒っていうのもありましたよ。グレナデンシロップにペパーミント、キュラソー、ジン、ウイスキーかな、それを比重の重い順にスプーンでグラスにスウー、スウーっと入れる、そうするときれいな五色に分かれるの。

プランタンにはいろいろ遊びもありましたね。中に世界漫遊の旅ってのもありましてね。籤《くじ》を引いてベルリンが当たるとその人はビールにハンバーグステーキがタダで食べられるの。シカゴが当たるとシカゴは禁酒国だから、それを引き当てた人は反対に五十銭罰金取られるの。

プランタンは朝からコーヒーでもお酒でも飲めたし、それが嬉しいって岸田劉生《りゅうせい》、森鷗外《おうがい》、小山内《おさない》薫、小糸源太郎、菊五郎、喜多村緑郎《ろくろう》、伊井蓉峰《ようほう》、永井荷風、木下杢太郎《もくたろう》、秋田雨雀《うじやく》……もうそりゃあたいへんな顔ぶれでしたね。

女給ということばもプランタンから生まれたんですよ。それまでは女ボーイといってたんですが、今の『東京新聞』、当時の『都新聞』に女ボーイ募集の三行広告を出す時に字余りになっちゃったんです。それで女の給仕だから女給募集にしたんですよ。

このカフェー・プランタンができてじきにカフェー・ライオン、メイゾン鴻の巣、カフェー・パウリスタができた。パウリスタのコーヒーが五銭の時、プランタンじゃ十五銭でした」

河原崎国太郎さんは元気だった頃、吉祥寺の前進座でこんな話をしてくれた。

もう一つ「鴻の巣」の広告から当時のカフェーを想像してみよう。

「桜の季節が近づきました。それと同時に私どもでも、桜と酒のために支度をしなければならなくなりました。ご覧なさい。カクテルやポンチ酒の盃にも、もう春の気分が漂うて居ります。もし皆さんが鴻の巣特有のカクテルやポンチを召上りながら、二階の窓から江戸ばしや荒布《あらめ》橋の方をご覧になりますならば私どもが常に憧憬している江戸の面影が眼の前に映りましょう。小網町鎧《よろい》橋畔メイゾン鴻の巣」

これは明治四十五年五月の「スバル」に掲載された「鴻の巣」の広告である。

雰囲気が実によく伝わって来るようだ。

しかしこれはあくまでも小説や流行歌の世界であって、とても喫茶店であるとは理解しがたい。ところが明治の喫茶店はこれが基本型なのである。これぞ本格的喫茶店といわれたカフェー・パウリスタがそれを証明してくれる。カフェー・パウリスタは明治四十二年に銀座に開店している。しかも場所こそ変わったものの、いまなお銀座八丁目で盛業中というまことに貴重な日本の喫茶店史そのものなのである。

そのカフェー・パウリスタはブラジル移民への道を拓いた水野竜《りよう》さんの店で、水野さんは慶応大学を卒業すると南米に焦点を合わせ移民事業を始める。「笠戸丸」といえば思い出す読者も多いと思うが、その一連の移民事業に対する功績によって水野さんはブラジル国サンパウロ州政庁から、ブラジルコーヒーの東洋における一手販売権とともに、コーヒー豆の無償提供の特権を与えられている。

そこで水野さんはブラジルコーヒー普及のため、早稲田大学の創立者であり大政治家であった大隈重信《おおくましげのぶ》さんらをスポンサーに、京橋区南鍋町、現在の銀座六丁目裏通り、いま交詢社《こうじゆんしや》になっているが当時は福沢諭吉がオーナーだった時事新報社の真向かい角に、外をイルミネーションで飾った白亜三階建てのカフェー・パウリスタをオープンさせたのである。

作家の小島政二郎さんは「週刊新潮」に連載した『「俺伝」幕ひき』の中で、

「私が慶応の学生になった頃、銀座にパウリスタというカッフェが出来た。パウリスタはブラジルの政府が日本にコーヒーを売り込もうと開いた店だそうで、コーヒーが一杯五銭という安価だった。その外、ドーナッツ、フレンチトーストと云うような食べ物もあり、どれも皆んな安かった。三田の学生は、放課後塾から芝公園を抜けて、日陰町を通って毎日のように銀座へ出た。パウリスタは、珈琲一杯で一時間でも二時間でも粘っていても、嫌な顔をしなかった。丁度時事新報社の真ン前だったから、徳田秋声や正宗白鳥なども、原稿を届けに来たついでに寄って行ったりした。私達文学青年にとって、そう云う大家の顔を見たり、対話のこぼれを聞いたりすることが無上の楽しみだった」と書いている。

また、「カフェー・パウリスタはそれまでの一連のカフェーとくらべるとそうした色も匂いもない生野暮な、見るからに堅気堅気した店だった。料理は一切こしらえず、できるものは珈琲と菓子だけだった」(『たべものの歴史』)ともある。

なるほどこれぞコーヒー店の原点! と一人うなずきカフェー・プランタンと日東珈琲の社長である長谷川浩一さんと話していたら、

「プランタンは料理も出していましたよ。これが開店当時のメニューです。コーヒーをPRするためには料理が必要だったんです。ですから開店するに当たって、メニューと内外装研究のために、水野氏はいまでいうスタッフをパリの老舗カフェーである『カフェー・プロコープ』へ送り込んでいますよ。ドーナッツも名物でしたね」

続けて「日東珈琲というのは昭和十七年にカフェー・パウリスタは敵国語であるとい

う理由から、当局の指示によって日東珈琲と変えたんです」という。したがって現在はその社名も復活している。

当時のメニューは、ドーナッツ、カップケーキ、レモンパイ、卵、ビーフ、ハンバーグ、ハムのサンドイッチ、料理はハンバーグステーキ、コンビーフキャベツ、コンビーフハッシュ、ビーフステーキ、カキフライ、生カキ、卵料理ではフライドエッグス、ボイルドエッグス、ポーチドエッグス、オムレツ、ハムエッグス、その他リキュールもワインもあった。

ちなみにカフェー・パウリスタはポルトガル語でサンパウロのコーヒーという意味という。しかしこれではプランタンとなんら変わらないじゃないか、ということになるが、パウリスタに女給はいなかった。その代わり、小学校を出たばかりの少年に海軍式の詰め襟のユニホームを着せ、きびきびとしたサービスと清潔さが売り物だった。同じカフェーでもここが大きく違うところであった。

一方横浜ではこれより一足早く、明治三十九年に開店した「不二家」が、モカとコロンビアを半々にブレンドしたコーヒーを看板に繁盛していた。

「国産モルトコーヒー」のすすめ

明治四十年代になるとコーヒーはデパートの食堂にも登場してくる。

四十年には三越呉服店の食堂に、四十四年には白木屋（後の東急日本橋店）の食堂に。コーヒー、紅茶は共に五銭だった。

ではコーヒーはこの頃になると一般に広く普及してきたのかというと決してそうではなく、限られた人の間で話題にはなっても、大衆に親しまれるにはまだまだ時をまたなければならない。

パンがあんパンになっておやつになり、コートレッツがトンカツ、カツ丼に姿を変えてようやく庶民の食卓に定着する気配を見せたように、コーヒーもまた日本人の創意工夫によって外国に例を見ない、独自の道を歩むことになる。

「私が書生の頃、本郷の江知勝《えちかつ》あたりへスキ焼を食べに行くと、最後にコーヒーを出してくれたものだ。コーヒーと云っても、角砂糖の中にコーヒーの粉を入れただけのもので、それをカップに入れて熱湯を注いだものだ。これが私達がコーヒーを飲んだ始まりだった」

前述の『「俺伝」幕ひき』の一節である。小島さんばかりでなく日本人のコーヒーの歴史は、実は同じコーヒーでも擬似コーヒーの歩みと足並みを揃えているのである。「新製珈琲糖」（明治十三年）、「珈琲入角砂糖」（二十六年）、「世界第一の便利コーヒー珈琲精《コーヒーエッセン》」（三十一年）、「軽便新発明コーヒーミルク」（三十五年）、その他「珈琲挽茶入り角砂糖」などもあった。

いったいどんなものだったのか、広告から想像してみよう。

珈琲糖は「ブリキ詰で白湯にて直ちに用いられ、其法便利にして……」とある。

珈琲精は「小形の匕《さじ》にてコーヒー碗一合入り位へ其一匕を入れ、砂糖、ミルクを加え、熱湯を汲み入れ直ちに飲用する……水中に入るれば真のコーヒーを製造し最も重宝なる飲料なり」とある。

インスタントコーヒーの土台は、すでにこの頃から培われていたわけだが、肝心の味は如何なものであったのだろうか。

「珈琲入角砂糖」を食後のサービスとして出していた店がある。東京で一番古い洋食屋の煉瓦亭である。

「親父の時代の話ですが、その頃はトンボ印の『コーヒー入り角砂糖』というのがありましてね。角砂糖の中に粉末コーヒーを詰めたもの、それをカップに二つ入れてお湯を注ぐとコーヒーになる。うちはそれを食後のサービスとして出していたんですが、うまかあないですよ。居留地の外人さんたちは本当のコーヒーの味を知っていますから、テーブルにおくと『サンキュー』とはいっても口をつけなかったですね。ところが日本人は文明開化の味がするっていって、学生さん達は大歓迎したらしいですわ。その時分、後にNHKの会長になった阿部真之助さんなどまだ帝大の学生でね。国の親元からお金が来るとうちの大トンカツを食べに見えたもんですが、そういった学生さんたちは、そのコーヒーに舌鼓を打って大喜びして飲んだもんだって話を、よく親父に聞かされたもんですよ」

煉瓦亭二代目の木田孝一さんは生前こう話してくれた。

つまり小島政二郎さんの飲んだコーヒーがこれである。

居留地の外国人はともかく、本物のコーヒーの味を知らなかった当時の人々にとって、こうした一連の擬似コーヒーは十分西洋の味と香りを堪能させてくれたのである。人気、売れ行き共に上々だった証拠に、この手のコーヒーはあとからあとから作られている。大正に入るとますます盛んになる。

「国産モルトコーヒー生まる」(「読売新聞」大正四年十一月二十七日)、「ダイヤモンド印国産結晶ミルク、コーヒー入、ココア入共三種」(「北海タイムス」五年一月二十日)、「世界的に賞揚せられたるブラジルコーヒーを原料とせるコーヒーシロップとコーヒーソーダー」(「読売新聞」八年七月二十四日)といった具合である。

「国産モルトコーヒー」ってどんなものか見当つきます？

これは大日本麦酒が発売したもので、「原料は大麦にて製す、特色は滋養に富み、普通珈琲よりも美味にして価は半額なり」とある。

いずれもコーヒーの模造品である。ところがそれを、普通珈琲より美味にして……と堂々と宣伝しているところがおもしろい。

大正四年九月二十七日の「読売新聞」の婦人欄にも「コーヒーの代用品、興奮剤を含まぬ好飲料の手製法」という記事がある。

つまりコーヒー、紅茶は興奮剤を含んでいるのでたくさん飲むと必ず身体に害を及ぼす。それは脳を刺激するばかりでなく腹部を圧迫するからである。その点この代用品は、材料が大麦に小豆。これを八対二の割で別々に外側が真っ黒になるまで煎り、赤い砂糖を水でといて、大麦と小豆にあわせてよく乾かす。十分に乾いたら挽肉器かすり鉢であまり粉にしないように挽き、ふるいにかけ、粉末と粗い方それぞれ缶に入れてしまっておく。

入れ方は一人あたりティースプーン一杯か一杯半ぐらいを十五分間煮だすと本当の味が出てくるので、カップについで砂糖とミルクを入れると、味はコーヒーと少しも変わりなく、またいくら飲んでも害はない、と強調している。

原料は大麦と小豆。いったい如何なる味であったのか。もっともこうしたコーヒーでないコーヒーがまかり通っていたということは、コーヒーの本当の味を知らなかったからそれが通用したのか、あるいは本物のコーヒーの味も当時は大麦小豆コーヒー程度の味であったのだろうか、そのどちらかのはずである。

戦争の落とし子「規格コーヒー」

次の新聞記事を見ていただきたい。

「コーヒーの風味を増す秘法——コーヒーを立てるには先ず所用の分量を茶碗に入れ、其上から煮湯を注ぐのであるが、注ぐ前に、コーヒーの上に少しばかりの塩を加えて、それから煮湯を注ぐと、おどろくほど風味を増すものである」

これは大正七年三月二十五日の「福岡日日新聞」の記事である。

やっぱり味を知らなかったのだろう。なにしろ当時コーヒーは、自慢じゃないが、淹《い》れる方だってコーヒーのなんたるかを知らなかったのだから仕方がない。

たびたび登場願っている高石鉄之助さんは、大正元年にその頃銀座にあった東陽軒にコック見習いで入っているが、

「コーヒーポットにコーヒーの出涸《でがら》しが残ってるだろう。こっちはコーヒーの味なんて知らないから、どんな味がするんだろうかと一寸味見したら、この野郎生意気だってぶんなぐられてね」

それでおいしいコーヒーが淹《い》れられるはずがない。なるほど代用コーヒーがまかり通るわけである。

代用コーヒーは昭和に入るとますます幅をきかせてくる。原因は戦争であった。

ここでちょっとコーヒーの輸入の推移を見てみよう。

明治十年　三万〇七二一斤
　二十一年　一〇万一〇六二斤
　三十一年　一四万五九六四斤
　四十一年　一一万七七三三斤
大正十年　六三万四〇六三斤
昭和十二年　一四二八万五三一七斤
　十八年　一万九八二四斤

第二次大戦前の昭和十二年をピークに、その後激減して十八年を最後にコーヒーの輸入はまったく途絶する。代わって「規格コーヒー」というのが生まれてくる。

もっとも、十二年の日中事変拡大以後、コーヒーは供給不足に伴う価格の高騰と、当局の喫茶店に対する取り締まり強化などによって、需要も急激に落ちている。しかしコーヒー業界としてはそれでは困る。といって供給不足はいかんともしがたい。

世情はすでにすべてが代用品の時代に入りつつある。コーヒーだけ例外というわけにはいかない。そこでモミを化学的に処理したり、オクラの種実を焙《あぶ》って粉末にするなど苦心している。十六年になると、「規格珈琲とは純珈琲と其代用品とを混合製造せるものにして大日本珈琲卸商業組合連合会所定の規格に該当するものをいう」と定義づけられることになる。

〝カツ丼博士〟の異名を持つ中西敬二郎さんは、大正の終わり、早稲田高等学院の頃飲んだコーヒーを評して、「ぼくらの頃、まだ結構なコーヒーなんてありませんでしたよ。豆の煮出し汁みたいでね」といっているところから判断して、日本人が本物のコーヒーの味を知り、その味に親しむようになったのは戦後もずっと経ってからのことなのである。

それではそれ以前は代用コーヒーなり規格コーヒーで満足していたのかというと、そうともいい切れない。いわゆるインテリ、ハイカラを自認する人々は、明治の昔からコーヒーのあの魅惑的な香りに魅せられていた。だからせめてコーヒーに近い香りをという切なる望みと願いが込められていた。ところが代用品はあくまで代用品でしかなかったのではないだろうか。

したがって日本人とコーヒーの付き合いは未成熟のまま戦争に突入した段階でいったん、ジ・エンドを迎えることになる。

コーヒー・オンチ国のインスタントコーヒーブーム

日本人に馴染みのなかったコーヒーを日本人の飲みものにしたのは、かのインスタントコーヒーである。インスタントコーヒーというと、もちろん戦後、つい最近の飲みものという気がするが、その誕生は古く明治十年にさかのぼる。

この年、G・ワシントンがパテントを取り、日本へは明治四十四年に明治屋によって輸入されている。またこれとは別に、四十三年にはアメリカの日系二世である加藤サトリがインスタントコーヒーを発明し、大正三年に日本で特許を取っている。

さらにネッスルが昭和五年に研究に着手して十三年に発売している。

しかしこのインスタントコーヒーは、本家のアメリカにおいても、最初は利便性が優先して、需要は軍隊や登山、ハイキング用であったという。

インスタントコーヒーが戦後初めて日本へ上陸したのは、米軍が持ち込んだのが最初である。もちろんそれは進駐軍やその家族、つまり在日アメリカ人のための輸入であって、日本人はインスタントコーヒーなどというものが、この世の中に存在していることさえ知らなかった。

もっとも日本でもインスタントコーヒーは昭和十七年頃、大東亜戦争、つまり第二次世界大戦の間に、海軍の要請で日本珈琲が、今日のインスタントコーヒーに近いものを作っていたということだが、それが果たしてどのようなものであったのかは分からない。

日本に本格的にインスタントブームが起こったのは、なんといっても昭和三十三年に初お目見えした日清のチキンラーメンがきっかけである。

そうした中で、インスタントコーヒーが全面自由化になったのは、三十六年のことであった。

この年の八月「5秒で一〇〇%のコーヒー」のキャッチフレーズで森永製菓が、十二月にはゼネラルフーヅがインスタントコーヒーを発売している。

森永は三十六グラム入り二百二十円で一杯が十円見当であったのに、ゼネラルフーヅのマックスウェルは五十グラムが二百五十円で、マックスウェルは森永よりもグラム当たり約一円強割安の作戦に出ている。これに対して十三年の発売以来、売り上げ実績で強気のネッスルは、五十グラム入りが四百八十円であった。

それまでコーヒー業界の宣伝は皆無に等しかった。ところが三社は資本力にものをいわせて家庭向けにPRを開始し、たちまちインスタントコーヒーブームを巻き起こしたのである。そして以来今日に至るわけだが、現在私たちは年間一人当たり何杯ぐらいのコーヒーを飲んでいるのであろうか。

全日本コーヒー協会に聞いてみた。ICO（国際コーヒー機構）の一九九二年の調査によると、

フィンランド	一二三六杯
スウェーデン	一一二九杯
スイス	八五六杯
ドイツ	八〇二杯

フランス　五八七杯
イタリア　四二九杯
アメリカ　四二四杯
キプロス　三〇八杯
イギリス　二六二杯
日本　二五四杯

これはレギュラーコーヒーとインスタントコーヒーを合わせた年間一人当たりの消費量である。平均は四百七十七杯となっている。

日本の消費量順位は十番目ということになる。そして一人が年間に飲んでいる量は二百五十四杯という。これは総消費量を総人口で割った数字なので、実際の飲用適用者の消費量は多くなる。俗に「量で飲むアメリカ、味で飲むドイツ、値段で飲む日本」こんな言葉があるそうだ。

日本人が味より値段で選ぶことは、スーパーの値引き合戦がそれをよく語っている。味より値段を問題にするのは、コーヒー後進国の証拠だそうである。ちなみに一九九三年は二百九十二杯であった。

日本が世界のコーヒー主要消費国の仲間入りをしているとはいっても、この数字を見る限り日本は永久にコーヒー後進国であるのかもしれない。

第11話　長い長い牛乳のあゆみ

奈良朝、平安朝の牛乳擁護策

牛乳を飲む習慣は、紀元前、二〇〇〇年以上も昔にさかのぼる。しかもかのクレオパトラは牛乳を飲むどころか、牛乳で肌を磨いていたと伝えられている。

まずは牛乳の来し方を振り返ってみよう。

日本に牛乳を飲む習慣が伝わったのは約千三百年ほど前の七世紀半ばのこと。南中国からの帰化人である智聡《ちそう》の子の善那《ぜんな》が、牛乳をしぼって孝徳天皇（在位六四五～六五四年）に献上したところ天皇はそれをたいそう喜び、牛乳は人の体をよくする薬であるとして、善那に大和薬使主《やまとのくすしのおみ》の姓を賜り、のち太政官典薬寮《だじょうかんてんやくりょう》の職掌・乳長上《にゅうのちょうじょう》という職を与えている。その子孫は代々この職を伝えて朝廷に仕えることになる。

天智《てんじ》天皇七年（六六八年）になると近江国に牧《ぼく》が置かれたが、これは馬の牧であった。全国的に官営の牧場が整備されて、多くの牛馬を飼育したのは、天武《てんむ》天皇の四年（六七五年）のことである。

そしてこの年、使いを諸国に出して蘇《そ》なる乳製品を作らせてもいる。

七〇一年に制定された大宝律令《たいほうりつりょう》では、官制の乳戸という一定数の酪農家が都の近くに設けられ、また長屋王邸跡からは牛乳が配達されたことを示す木簡《もっかん》が出土している。

平安時代になると典薬寮に属する乳牛院が天皇、皇后、皇太子に供する牛乳および乳製品を掌り、牛乳を毎日三升一合五勺（約五・七リットル）供御している。

十世紀の医学書である『医心方《いしんほう》』によると、当時は生乳は飲まず、煮て飲んだという。乳牛院では牛乳は飲用のほか、煮詰めて蘇にして保存した。その蘇については、延《えん》長《ちょう》五年（九二七年）に定められた法典『延喜式《えんぎしき》』典薬寮の部に、「諸国貢蘇の番次」といって、関東から九州に至る諸国を六区に分け、それぞれ貢蘇の壺数と納める年の順番が定められている。

蘇は食用にもされたが、典薬寮の所管であったように、どちらかというと薬と考えられていた。当時の乳製品にはこの「蘇」をはじめ「酪《らく》」「醍醐《だいご》」などがあった。「蘇」は『延喜式』に「牛乳一斗を煎じて蘇一升を得」とあり、おそらくコンデンスミルクの一種に当たるものであろう。「酪」はその脂肪を集めたものでバターと考えられる。「醍醐」はチーズと思われる。いまこの「蘇」は、「飛鳥《あすか》の蘇」という名で奈良県橿《かし》原《はら》市の観光土産として売られている。

やがて時代が進む中で、牛乳を飲み、乳製品を摂る特権は、天皇家や貴族から、次第に地方の豪族へと広まっていった。

しかし平安時代後期になると、律令制の崩壊で官営牧場は荒廃し、乳牛院や貢蘇の制度も守られなくなり、また仏教の肉食禁止思想の影響で、人々はだんだん牛乳を飲まなくなっていく。

将軍愛用「白牛酪」の秘密

その後日本に牛乳が入ってきたのは、ずっと後の江戸中期八代将軍吉宗の時になってからのことである。

吉宗は享保《きようほう》十二年（一七二七年）白牛牝牡三頭を輸入し、千葉の嶺岡《みねおか》牧場へ放ち繁殖を図っている。『安房《あわ》郡誌』によると、吉宗が輸入した白牛はインド産だったという。嶺岡牧場の白牛は七十頭あまりにふえ、寛政四年（一七九二年）になるとその一部を、いまの竹橋の外側にあった江戸の雉子《きじ》橋外の御厩《おうまや》に移して酪の製造を行っている。酪の復活である。

酪は将軍家や大名の食膳に供している。十一代将軍家斉《いえなり》はこの年医師の桃井寅に『白牛酪考』を書かせ、白牛酪は「腎虚や労症をはじめ産後の衰弱や各種の栄養不良状態を快復せしめ、なお大便の閉結、老衰からくる色々の症状を駆逐する」とその効用を広く一般に知らせている。

その家斉だが、歴代将軍の中でも飛び抜けて長い、なんと五十一年間にわたって将軍職にあったという。それだけでもタフさ加減が分かろうというものだが、私生活では四十人の側室を持ち、五十五人の子をなしたほどの艶福家であった。その秘密は白牛酪。家斉は白牛酪をかつお節のように削って内服薬にしていた、そんな話も残されている。

「家斉の秘密は白牛酪にあり！」この噂はたちまち幕府の役人や諸大名の知るところとなり、諸大名たちは自分たちも白牛酪の効用にあやかって長く要職にありたいし、女性に対してもいつまでも現役でいたい！　それには袖の下を使ってでもなんとか白牛酪を手に入れたい、白牛酪はそれくらい珍重されたらしい。

また徳川斉昭も、天保十四年（一八四三年）に弘道館に養牛場を設けて酥や酪を作らせている。斉昭が編纂した水戸家の料理手控え帳には「牛乳酒」の作り方というのがある。

牛乳酒は、牛乳を茶碗に二杯、酒を二杯、水を三杯、砂糖を一杯、これを鍋に入れ掻きまわし「煮え立ち候節用ゆ」とある。

牛乳酒を飲むくらいだから牛乳は大好きで、毎日五合は飲んでいた。

しかし牛乳を飲むという習慣はごく一部のもので、決して一般的ではなかった。

安政三年（一八五六年）八月五日、アメリカ総領事として下田に上陸し、玉泉寺《ぎょくせんじ》にアメリカ総領事館旗を掲げたタウンゼント・ハリスが一番困ったのは、日本には牛乳のないことであった。さっそくハリスは牛乳飲用を幕府に申し入れた。

ところが幕府は、「日本には牛乳を飲む習慣がない。牛は耕作用、運搬用であって、牛乳をとるものではない。ましてや乳は子牛のためのもの。したがってそんな要求を受け入れるわけにはいかない」とけんもほろろの返事。

しかしハリスとてそう簡単に引き下がるわけにはいかない。大袈裟でなく自分の生命がかかわってくる必需品である。

「それなら母牛をおまわし願いたい。牛乳は自分たちで搾ろう」

「農民が財産とし、大事にしている牛を人手にわたすなんてとんでもないこと」

「しからば山羊を……」

「当地や近在に山羊などというものはおりませぬ」

このやりとりを聞いてハリスに同情し、頭を悩ませたのは、ほかならぬお吉であった。そこでお吉は、ハリスのために近郊の知り合いの農家へ出かけ、妙薬を作るためと拝《おが》み倒して牛乳一合を手に入れている。ハリスが大喜びしたことはいうまでもない。

「これで生き延びられる！」

当時の牛乳事情を語るエピソードである。

ちなみにお吉が分けてもらった牛乳の値段は十五日分九合七勺で一両三分八十八文であり、その頃の消費者米価が一合が三厘六毛だったことを考えると、べらぼうな値段だったと『日本乳業史』は書いている。

明治天皇、福沢諭吉がＰＲに一役

やがて開国。横浜に日本最初の搾乳業がスタートし、牛乳が商品化されたのは、文久三年（一八六三年）のことであった。

搾乳場を造ったのは自称オランダ人のスネルという男であった。牛乳に目をつけたのはスネルばかりではなかった。日本人もいた。その名を前田留吉《とめきち》といった。千葉県で百姓をしていた留吉は、開港景気にわく横浜で一旗揚げんものと身一つで出てきた。そこでまずびっくりしたのが、生まれて初めて見た外国人の体格のとにかく大きいことであった。

留吉は圧倒された。同時になぜ同じ人間同士なのに彼らはあんなに体格がいいのだろうと素朴な疑問を持つ。留吉はその疑問を解決すべく彼らの食生活を探った。すると彼らは水のように牛乳を飲んでいる。秘密はあの牛乳にあるらしい。文明開化の世の中である。外国人が飲むものは日本人もきっと飲むに違いない。噂によるとその牛乳を商売にしているスネルというオランダ人が居留地のそばにいるという。留吉はさっそくスネルを訪ね、そこで働くことになる。

間もなく留吉は独立し太田町八丁目に牧場を造り和牛数頭を飼って搾乳所を始めている。慶応二年（一八六六年）のことであった。

ところが当初は牛と格闘する毎日であった。相手は乳を搾られたことのない和牛である。だから牛の方では搾られまいとする。蹴とばされ撥ねられの繰り返しであった。そこで留吉は考える。考えた末、留吉は牛の後ろ足を縛りつけ、そして乳を搾り、布で漉《こ》すという方法であった。

留吉と前後して、日本における写真術の開祖といわれる下岡蓮杖《れんじよう》も同じ横浜で牛乳屋を始めている。蓮杖はなんとかして、日本人にも牛乳を飲ませたいと、最初五百ドルで乳牛一頭を買った。搾ってみると一日に一斗五升もの牛乳がとれる。ところが売れるのはせいぜいこのうち三升で、あとは夜を待ってそッと川に流すという毎日であった。しかしいくらなんでももったいない。売れないのは値段が高すぎるせいかもしれない。思い切って値段を下げてみたらと、蓮杖は一合四百文（四銭）にしてみたがこれは大失敗であった。

それというのも、あんなに安い牛乳はきっと水で薄めているに違いない、という評判が立ったからである。当時外国人の牛乳は一合六百文だったというから疑われても仕方なかったのである。

そこで蓮杖は考えた。これは牛乳を搾るところを見せたらきっと納得するのでは？

そこでいまでいう実演つきの牛乳屋にし、値は六百文にしたところ大評判となり、ついには四千円の儲けとなった。そこでそれを元手に新たに乳牛を飼い、十八頭の牛を飼うまでになったという。牛乳はこうして横浜から全国に広まっている。

横浜よりやや遅れて、明治初年には東京九段にも千里軒という牛乳屋が開業している。翌年になると留吉は、雉子橋外の御厩に招かれて、明治天皇に乳搾りをご覧に入れている。

当時はなにかというと天皇を担ぎだし、「天皇が召し上がったのだから民も試みよ！」とPRのネタにしていた節がある。

牛肉然りである。現在とは比ぶべくもない効果があったのだろう。

政府の肝入りで東京築地に築地牛馬会社ができたのも同じ二年のことであった。

ここは畜産技術の伝習と乳製品の製造、食肉の加工と宣伝を目的としたいわば政府の牛乳PR会社であったが、そこは所詮お役所仕事である、いざふたを開けてみたら満足に搾乳のできる者が誰一人いなかった。そこでまたまた留吉がスカウトされることになる。

「我が会社……近来は専ら牛乳の用法を弘めんとして、種々にこれを製し、乾酪（洋名チーズ）乳油（洋名バタ）懐中乳の粉（洋名ミルクパオダル）懐中薄乳の粉（洋名コンデンスドミルク）等あり。そもそも牛乳の効は牛肉よりも尚更に大なり。熱病労症等その他すべて身体虚弱なるものには欠くべからざるの妙品、実に万病の一薬と称するも可なり。ただに病いに用うるのみならず西洋諸国にては、平日の食料に牛乳を飲むは勿論、乾酪、乳油を用うること、我邦の松魚節と異ならず」

築地牛馬会社の宣伝文である。さすが親方日の丸会社である。宣伝だけは華々しかったが、この会社はわずか一年でつぶれ、民間に払い下げられている。その払い下げられた牛馬会社のPRに一役買ったのがかの福沢諭吉であった。

「牛乳（洋名ミルク）牛の乳を絞り其ままこれを飲む。或は砂糖を和するもよし。又或は口に慣れざる者は茶『コッヒー』（茶の類、舶来品）を濃く煎じ、混和して用れば味甚だ香し。身体の滋養を助け、食物の消化を促し、腹合をよくし、元気を増すこと、百薬の長と称すべし。又子を育るに、牛の乳を用れば、乳母を雇うに及ばず」

さらにまた、

「願くは我国人も今より活眼を開き、牛乳の用法に心を用いることあらば、不治の病を治し不老の寿を保ち、身体健康、精神活発……」

それというのも、諭吉が明治三年に腸チフスに罹《かか》った時、塾生たちは病後の諭吉に牛乳を飲ますべく芝の新銭座から築地の牛馬会社まで毎日牛乳を買いに行った。真夏のことであった。牛乳は腐りやすい。そこで塾生たちは、水を入れた桶に牛乳瓶を浸けて持ち帰るという苦労をしている。

幸い諭吉はことなきを得たが、その結果、牛馬会社の宣伝の片棒を担ぐことになるのである。築地牛馬会社の牛乳は一合一朱（十二銭）であった。おそばが五厘、大工の手間賃が五十銭の時代の値段であるから高い。

しかしそれがだんだんに安くなって、明治十年頃には一合四、五銭が相場になっている。しかし安くなったからといってそう簡単に売れるものでないことは、下岡蓮杖のケースで実証済みである。

まだまだ動物の乳を嫌う人が多かったのである。そこで政府は「出番！」とばかり立ち上がり、再び三度《みたび》天皇を担ぎだす。明治四年十一月の「新聞雑誌」は、明治天皇がこの月から日に二度ずつ牛乳を飲まれるようになったと報じている。

さらに五年には『牛乳考』なる本が出版され、牛乳は日本においても遠い昔から、天皇や貴族の間で飲まれていたこと、牛乳を飲むことを西洋では習慣としており、牛乳を穢《けが》れたものだと考えるのは大きな間違いであると説いている。

翌年出た『長生法』もまた、

「昔より病人には成るたけ淡泊無味物を食わしめ、魚鳥獣の肉などは食わしめざるもの多し、是大なるあやまりなり、夫《それ》病人は病の苦しきために日々身体を労らしめ衰うるものなれば、平日よりも良好養物を食わしめ、魚鳥獣の肉は勿論鶏卵牛乳の類を専ら与うべし、然らざれば全快の日遅くなるものなり」

と手放しの牛乳礼讃である。この本は初代軍医総監松本良順《りょうじゅん》が校閲している。

松本自身、明治三年以来赤坂で牛乳業をしている。当時は榎本武揚《たけあき》や大鳥圭介、松方正義、山県有朋《ありとも》、由利公正《きみまさ》、松平定数といった政財界の金持ち連中が、牛乳の将来性に懸け競って牛乳屋をしている。

そうした中で日本人のために本当に牛乳の必要性を痛感していたのは、おそらく松本良順一人であったと思われる。そこでPRに知恵をしぼっている。

その結果良順は、なんと当代人気ナンバーワンの女形、脱疽のため両足を切断してもなおかつ舞台に立ち新吉原では田んぼ（新吉原は吉原田んぼに造られたので吉原田んぼとも呼ばれた）の太夫と人気抜群であった沢村田之助を新吉原に招き、美妓を侍《はべ》らせた中で田之助に牛乳を飲ませ、「牛乳はおいしいものですねぇー」といわせたのである。

このひと声はたちまち美妓の口から口へと伝わり、憧れの田之助が「おいしい！」といったんだから一度飲んでみようということで効果はてきめんだったという、嘘のような本当の話も残されている。

どうやら日本人のミーハー性はこの頃から芽生え始めたらしい。

銀座通りに「ペストミルク」!?

その牛乳を家庭に配達したのは京都が最初である。明治五年のことであった。

そのいでたちは、「浅黄色筒袖半天の背に、アルファベットでミルクの文字を白く染め抜き、饅頭笠《まんじゆうがさ》をかぶり、牛乳の入ったびん五、六本を塗り小箱に入れ、天秤棒でかついだ」配達夫が各家庭を回り、量《はか》り売りしている。

東京では明治十四年から始まり、麹町の北辰社《ほくしんしや》が麹町、神田、牛込、小石川、本郷、下谷、日本橋、京橋、四谷の九区内からの注文であれば、一合三銭で配達するという広告を出している。この年に出た搾乳業者と販売店の番付「名薬牛之乳高名一覧」がある。〝名薬〟とあるところが時代をしのばせておもしろい。

明治二十年の東京市内の搾乳業者は神田五、日本橋五、麴町九、京橋十一、芝十四、麻布十六、赤坂五、四谷六、牛込十八、小石川十一、本郷十一、下谷六、浅草六、本所九、深川五に対して、郡部は荏原十、南豊島七、北豊島八、南葛飾二という具合であった。

ところで当時牛乳はどのくらい飲まれていたのだろうか。明治十六年の消費量は市民一人当たり年間二・八四合、それから二十年まで年々平均で〇・五合ずつふえていったと「東京府統計書」（明治二十五年発行）にある。しかしこれはあくまでも統計上の数字であって、一般に牛乳はなかなか馴染めなかった。

明治三十五年七月二十四日の「時事新報」は「これまで牛乳を全く口にしたことのない人五十七人に、砂糖を入れた牛乳をすすめたところ、手を付けない人、顔をそむける者、しぶしぶ口に入れてやっと飲み下す人ばかりで、牛乳を飲むことのできた人はたったの十数人であった」と報じている。

なにしろ銀座通りで〝Pest Milk〟という看板が堂々まかり通っていた時代のことである。

ペストミルク、疫病牛乳……いま銀座を歩いていて、もしこんな看板にぶつかったらびっくりを通り越して卒倒するだろう。ところがこれは実際にあった話で『明治の東京』という外国人の見聞記に書かれている。

「日本人はヨーロッパの流儀や習慣を、つとめて採り入れようとするあまり、とても消化しきれないほどのものを呑み込んでしまった。その証拠は、見せかけの、実に奇怪な街の看板に一番よく表われている。

その傑作さは、まさに敬服すべきものがある。例えば、

パン屋の荷車に――"By Cake & A Piece of Bread"

『生パンをお買い下さい』というつもりだろうが、これでは『生菓子と一片のパンによって』の意味になってしまう。

牛乳店の掲示――"Pest Milk"

いささか驚かされるが、おそらくBest Milkの意味だろう。Pestはペスト、疫病のことだから、Pest牛乳では誰でもゾッとする。

"Fulish Ruttr, Craim, Milk"と書いたところが綴字が間違っている。おそらく『新鮮バター、クリーム、ミルク』と読ませるつもりだったのだろう。

ここのお店は、次の品を廉売だ。

"The Improved Milk"改良牛乳とはどんな牛乳なのか、ちょっとのぞきたくなる」

なにしろそれまで横文字とは一切無縁だった日本人が、文明開化に便乗してひと儲け

もふた儲けもしようとたくらんでの商売であった。だから横文字も見様見真似、その結果がこの看板になったのだろう。またそれを見る方とて同類っ子だから、こんな看板が正々堂々銀座の真ん中をまかり通っていたのだろう。

当時は横文字はもちろん、ハイカラ物すべてに対して知識が欠如していた。もちろんそれは牛乳についても同じである。だから牛乳は食後三十分から一時間たって飲むこと、牛乳を沸かす時には静かにかきまぜて、薄皮ができないようにすること、胃が丈夫でない人は一時に一合飲むことはやめて五勺《しゃく》ずつ二回にわけて飲むこと（「女学講義」明治二十九年五月）、こんな記事もよく見かける。

また当時の雑誌には、牛乳の良否の鑑別法や腐敗を見分ける法がしきりに紹介されている。

舌に馴染みがなければ混ぜ物をされたって分かりっこない。そこで売る側は増量材に米のとぎ汁や水どきした小麦粉をまぜる……そんなことも珍しくなかったらしい。

そこで「東洋学芸雑誌」や「婦女雑誌」は、米のとぎ汁が入っているかいないかを調べるにはヨードチンキを落としてかきまわしてごらんなさい、もし入っていれば青くなりますよ、防腐剤としてサルチル酸を使った牛乳はクロール鉄を数滴入れてみると桔梗《ききょう》色《いろ》になりますよ、こういった記事をたびたび取り上げている。

また巷からの情報も多かったのだろう。

警視庁と各県の警察は、交番に検査技手を待機させておいて、前を通る牛乳配達夫を次々呼び止めては抜き取り検査をしている。(「時事新報」明治三十二年六月六日)きっとそこまでしなくては対応できなかったのだろう。しかしそれはいたちごっこであった。というのは牛乳配達夫の中にもずる賢いのがいて、小遣銭稼ぎをしようと、自分が配達する牛乳の中から二、三升ずつくすね、減った分は田んぼの水を入れて、なにくわぬ顔をして届けていた。

しかしそううまくは問屋がおろさない。ある家で牛乳からどじょうが飛びだしてきて真相がばれたという話。はたまた配達夫が商売敵《がたき》の配達夫を蹴落とそうと、相手の牛乳の中にひそかに牛の小水をいれた(「生活」大正二年十二月)という具合で、牛乳は安全性の面でまことに問題の多い食品であった。

〝腐らない牛乳〟の真相

こうした繰り返しの中で、牛乳を含め「飲食物其ノ他ノ物品取締ニ関スル法律」ができたのは明治三十三年春のことであった。

その結果搾乳所の基準もきびしくなって、大部分の業者は市内から郊外へと移り、次第に搾乳業者と小売り業者は分業化していく。

田山花袋の『東京の三十年』によると、明治二十九年頃国木田独歩が渋谷に住んでいた。その頃の渋谷は楢《なら》林と水車のかかった小川のある美しい武蔵野の丘だった。花袋が訪ねていくと独歩は縁側からすぐ近くにある牧舎に「おーい」と声をかけて搾りたての牛乳を一、二合取り寄せ、それにコーヒーを入れてご馳走してくれたという。

また画家の川上澄生は尋常小学校二年生の春に青山に引っ越したが、右隣は麦畑、左隣は牛乳屋、裏は水田を隔てて青山墓地であった。その牛乳屋には牛舎があって乳牛が何頭かいた。牛舎に続いて牛の運動場があった。明治三十五年頃のことという。

明治二十八年当時、東京市内（当時は十五区）には百八十名、郡部には五十四名の牛乳搾乳業者がいたが、三十八年になると市内が六十二名で、郡部は二百五十八名になり、逆転している。

また内務省は明治三十三年に人家の密集したところに牧場があるのは不衛生であるとして、牧場は郡部へ移転し、市内では処理と配達だけするよう新しい「牛乳営業取締規則」を設けている。

正岡子規は長いこと病床にあったがその情報を耳にしたのだろう。『病牀六尺』の中で、「警視庁は衛生のためという理由をもって、東京の牛乳屋に牛舎の改築または移転を命じたそうな。そんなことをして牛乳屋をいじめるよりも、むしろ牛乳屋を保護してやって、東京の市民に今より二、三倍の牛乳飲用者ができるようにしてやったら、大いに衛生のためではあるまいか」と述べている。

だがいくら取締基準がきびしくなったとはいってもそこは明治のことである。したがって以後も地方では取締の徹底を欠き、また全国的にも信じられないくらい不衛生な牛乳がまかり通っている。

諏訪義種《よしたね》著の『乳業50年のあゆみ』の中に「恐怖のいわゆる牛乳事件」という話がある。

「これは昭和八年の省令改正に際して高温殺菌と名づけられた方法で、それまでは高温、低温ということばもなく、凡《すべ》てが生乳を壜《びん》に詰めて栓をしてから蒸気で蒸して壜と牛乳が同時に殺菌され、温かいまま配達され、残ったものはそのまま放置して、冷却ということは行わない習慣であった。――壜に詰める作業は、牧場内では構内の一室、小売店では裏庭などの客の来ない適当な一室の隅の小高い所に据えた粗末なタンクに牛乳をあけて、そのタンクの下部からゴム管で下に導き先端はクリップでとめる仕掛けをして、空壜を一本ずつ持ってきてゴム管のクリップをゆるめて壜に詰める。（中略）蒸気で蒸すと膨脹して吹き出すので、壜の上部に僅かの空間を残す必要がある。そこで牛乳が入り過ぎた場合は壜を傾けて牛乳を減らすが、その減らし方を揃えるために人指し指の一節を壜にさしこんで牛乳をあふれさせ、そこにこぼれた牛乳を元に返してまた詰めるのを見たこともある」

前後の話から判断して大正時代のことであろうと思われる。

大正十一年四月九日の「婦女新聞」には「腐らぬ均等牛乳」という広告がある。スポンサーは神田連雀《れんじやくちよう》町の小児牛乳株式会社で、イラスト入りで「九十日間保証」「七日間保証」「均等保証小児牛乳」「均等大人牛乳」「均等小児牛乳」と書いた五本のびんが並んでいる。

そしてこの牛乳は長く新鮮さを保ち、牛乳同様で混ぜ物はなく、消化吸収よく濃厚で、しかも獣臭なく殺菌も完全なので腐敗する心配がなく、他の牛乳と違って消毒しなくてもそのまますぐ飲めますよ――といった説明がついている。

へェー、大正もこの頃になると随分と進歩したもんだなー、と感心していたら、これが大嘘つきのコマーシャルだったのである。

『純白の軌跡　牛乳百年のあゆみ』は、この小児牛乳の社長の一代記だが、この中に均等牛乳を宣伝した時の苦労話がある。

「ところでキャッチフレーズの『消化よく』は牛乳脂肪の微細化を中心に牛乳成分が細分され消化がよくなる。『味よし』は嗜好の問題ではあるが、うまみを感じる舌の神経部分を微細化された脂肪球がほどよく刺激をあたえるため、舌ざわりをやわらかくするうえやや甘味を感じるようになる、と話す大久保（小児牛乳技術責任者）の技術説明は堂に入ったもので、消費者もここまでは簡単に納得してくれる。

しかしどうにも困ったのが『腐らない牛乳』ということだ。腐らない牛乳などあり得ないし、均等牛乳またしかり。脂肪球微細化だけで牛乳が腐らなければ、こんなありがたいことはない。腐らない牛乳の説明になると大久保は、いつも冷汗三斗の思いをし歯切れが悪くなる。誰がなんと言おうと、腐る事実を一番良く知っているのは大久保だから苦しい立場だ」

と、当時の苦しかった楽屋内を披露している。

それにしても大胆この上ないPRをしたものだが、それがまかり通ったということも時代なのであろう。

こんな調子だから不良牛乳はいっこうに後を絶たなかった。

各府県もこれには困り果て、またもや配達途中の牛乳を抜き取り検査すれば必ず不良牛乳が見つかる。しかし、こういった繰り返しの中で、牛乳は明治はおろか、大正をも驚異的に生きながらえてきたのである。

ミルクホールに牛乳切手も……

牛乳が身近な存在になったのは、牛乳配達が全国的になった大正以降のこと、それからもう一つ見逃せないのがミルクホールの出現であった。

「私のような大正時代に受験生生活の経験ある者に、忘れられないのがミルク・ホールである。（中略）白い生地に、ミルク・ホールと染めぬいたり、文字を切り抜いたのを縫いつけたカーテンのような幕が入口に張ってある。

または、入口のガラス戸にペンキで書いてあったり。店内には丸だの四角だののテーブルが二、三脚、それぞれに椅子が二つ、三つずつ。新聞の綴じたのが桟にかけてある。しかし、ここの特長は、どこででも買うというワケにはいかない『官報』が必ず置いてあることとコレであった。どのミルク・ホールにも『官報閲覧所』という看板が出ているのが普通であった。だから、官立大学とか、国立の高等学校への受験を希望する『浪人』が、ミルクが飲みたくなくてもミルク・ホールへ来るのであった。ミルクもトーストも五銭だったかナ」（玉川一郎著『たべもの世相史・東京』）

牛乳が身近なものになった証拠に「牛乳切手」が登場している。ほかに「卵切手」というのもあった。この切手は、いまでいうギフト券のはしりで、この切手を持っていくと現物と取り替えてくれるとあって、気の利いた贈答品として広く利用されたという。

この頃になると「牛乳ノススメ」も具体的になってくる。

「日本では少し健康を害すと、医師は海浜か温泉へ転地療養をせよと申しますが、米国では、この場合田舎へ行き、新鮮な空気と新鮮な牛乳を飲めと命じます」

「そこでなにか方法をこうぜねばならないというので、校長、校医、職員相談し、父兄の協力を求め、弁当にはただバタをぬったパンを持参させ、牛乳二合五勺を学校にて供することにしました（中略）一カ月一人平均四十五匁《もんめ》の体重増加であったのが、九十二匁の増加となり、両親が牛乳を飲むことを許さなかったものは体重が減じていったといいます」(「北海タイムス」大正十二年一月二十三日、二十四日)

両親が牛乳を飲むことを許さなかった……とあるのも時代だが、だから飲まなかった子は体重が減じたというのもおかしな話で、それでは飲む前まで一人平均四十五匁の体重増加はなんだったのよ! といいたいが、それもこれもご時世なのだろう。

このように官民マスコミあげて大がかりな牛乳キャンペーンを繰り広げたわけだが、本当に庶民一人一人の飲みものになるのは、牛肉よりずっとずっと遅く戦後になってからのこと。そう、マッカーサー元帥の手土産となった小麦と脱脂粉乳文化、牛乳はその副産物として正式に日本に上陸し、ハイカラ好きの日本人の市民権を得ることになるのである。

第12話　アイスクリームの時代

勝海舟に傾倒した男の挑戦

牛乳を使ったデザートにアイスクリームがある。アイスクリームとかけて「高利貸し」と解く。その心は「氷菓子」……そんななぞかけももはや通用しない時代になってしまったが、明治時代には高利貸し、今日《こんにち》のサラ金を「アイス」と呼んでいたのである。

そのアイスクリームだが、『ラルース料理百科事典』によると生まれ故郷はイタリアのシシリー島である。シシリー島生まれのアイスクリームをフランスに伝えたのはシシリー人のフランシスコ・プロコピオであった。一六〇〇年代のことという。

やがてプロコピオはプロコップとフランス風の名前に変え、パリのサンジェルマン通りにアイスクリームキャフェを開く。プロコップはパリっ子を驚かせ、たのしませようといろいろな香りをつけたアイスクリームを考案して売り出している。これはたちまちパリっ子の舌を魅了してキャフェは行列ができるほど繁盛した。

すると噂を聞いて便乗組が次々アイスクリームキャフェを開店する。その数なんと二百五十軒を数えたというからいかに便乗組が多かったか想像がつく。そこでプロコップは一六七六年になると同業組合を作り、彼らだけがアイスクリームを売ることができるよう規約を設けている。

当時、アイスクリームは夏だけの風物詩であった。ところが一七五〇年になると、プロコップの跡継ぎになったビュイッソンが一年中いつでもアイスクリームが食べられるよう、オールシーズンの営業に変えている。

ちなみにプロコップのアイスクリームキャフェは、サンジェルマン通りからアンシェンヌ・コメディー通りに変わったが、今日なお健在とある。

しかしまた一説には、アイスクリームは一五三三年十月、フィレンツェの名門メディチ家の一人娘カトリーヌ・ド・メディシスがフランスの国王アンリ・ド・ヴァロア（のちのアンリ二世）に嫁いだ時、嫁入り道具と共に料理人や菓子職人を連れてきたことに端を発するという話もある。そしてこのアイスクリームは、十九世紀半ばにアメリカで工場生産が始まっている。

『明治屋食品辞典』によると、アイスクリームは英語のアイスドクリームの転じたものという。

日本人でそのアイスクリームをいち早く味わったのは遣米使節の一行であった。万延元年（一八六〇年）のこと、遣米使節一行は船中で行われた米国政府の歓迎レセプションの席上でこれを味わっている。

「又珍しきものあり。氷を色々に染め、物の形を作り是を出す。味は至って甘く、口中に入るに忽ち解けて誠に美味なり。是をアイスクリンと云う。これを製するには、氷を湯にてやわらかくなし、その後物の形に入れ、又氷の間に入れて置く時は、氷の如くなるという。尤も右の氷をとかしたる時生玉子を入れざれば再び凍らず」（柳川当清『航海日記』）とあり、『明治事物起源』もまた「邦人中、氷クリームを口にせる最初の人として、ここに挙ぐ」と書いている。

そのアイスクリームを横浜で売り出したのはリズレーであった。有名な曲馬団の親分であったリズレーは、元治元年（一八六四年）三月横浜へ来て、そのまま住みつきさまざまな事業に手を出している。氷の輸入もその一つであった。

翌慶応元年（一八六五年）五月四日、天津氷《てんしんこおり》を満載した船が横浜に入港した。氷の売り出しは十五日に始まった。同時に彼はアイスクリーム・サロンを開いている。（横浜開港資料館館報『開港のひろば』）

やがて明治二年になると、町田房蔵《ふさぞう》が横浜馬車道の常盤町五丁目に氷水店を開き、アイスクリームを売り出している。

町田房蔵については諸説あるが『浜っ子』（第一巻九号）に房蔵のお孫さんの話として、当時十六歳だった房蔵は、勝海舟の生きざまに傾倒して二度までも米国に渡り、氷の製造、マッチの製法、石けんの製法、そして造船用鋲製造法を学んで帰国、明治二年にまず製氷業を始めた。それが〝あいすくりん〟につながるとある。

しかしせっかく始めたその〝あいすくりん〟も『横浜沿革誌』によると、当時は外国人がたまに立ち寄り、氷やアイスを飲み食いするだけで「本邦人は之を縦覧《じゅうらん》するのみ。

店主為に当初の目的を失し大いに消耗す」だったとか。ところが翌年四月、伊勢山《いせやま》皇太神宮の大祭で、今年こそは！　と再挑戦すると、これが大当たりして、ついには「ざるでお金を計る程儲かった」と房蔵のお孫さんである町田敏治さんは話している。

そのアイスクリームが、華やかに登場するのは明治も十年代に入ってからのことである。

六年　　銀座函館屋が発売
十一年　両国若松町の風月堂が発売　京橋の新富座が開館披露、アイスクリームでもてなす
十二年　三橋亭が売り出す
二十三年　壺屋が売り出す
三十五年　資生堂が売り出す
四十四年　　　　　　帝国劇場の売店に登場

明治十一年京橋に新富座が開場すると、新しもの好きで知られる座主の十二代守田勘弥《もりたかんや》は、オープン当日全員に洋服を着せ、横浜から取り寄せたアイスクリームで招待客をもてなし話題をまいている。

さらに翌年も、同じ新富座で南北戦争の英雄であり第十八代アメリカ大統領でもあったグラント将軍の歓迎会が行われているが、この夜も勘弥は横浜からアイスクリームを

取り寄せて客に饗している。ということはアイスクリームはまだ東京より横浜の方が本場だったのだろう。

アイスクリームはもちろん、文明開化のシンボルといわれた鹿鳴館のテーブルをも飾っている。

明治十八年にフランス練習艦隊の艦長として来日し、鹿鳴館の夜会に招かれたフランスの作家ピエール・ロティは、

「銀の食器類や備えつけのナプキンなどでおおわれている食卓の上には、ショウロを添えた肉類、コロッケ、サンドイッチ、アイスクリームなどありとあらゆるものが、れっきとしたパリの舞踏会のように豊富に盛られている……」

と書いている。アイスクリームがいかに憧れの的であったか……。アイスクリームは、鹿鳴館にフリーパスという当時の選ばれた日本人にとってもまことに珍しい氷菓子だったのだろう。なかにはそっと持ち帰ろうと、ひそかに包んでポケットに入れ、気がついたら折角の晴れ着が台無しになっていた……そんな笑い話も残されている。

明治二十六年麻布に、「夏見世」という名の喫茶店が開店している。ここは風月堂が女性客を対象に開店したこともあって、メニューは清涼飲料水を中心に取り揃えている。

アイスクリーム六銭、カッフヒー・紅茶一碗四銭、シロップ一瓶五銭より、ラムネ一コップ六銭、新撰和洋菓子各種。(「時事新報」七月九日)

アイスクリームはトップにある。

龍之介も漱石も書いている

そのアイスクリームはさまざまな人がさまざまに書き残している。

寺田寅彦は銀座五丁目あたりの東側にあった氷菓子屋のアイスクリームが異常に珍しく、大のお気に入りだった。

「特にヴァニラの香味が何とも知れず、見た事も聞いた事もない世界の果の異国への憧憬をそそるのであった。それをリキュールの杯位な小さな硝子器に頭を円く盛上げたのが、中学生にとっては中々高価であって、そう無闇には食われなかった」（『銀座アルプス』）

これは明治二十八年の話という。

芥川龍之介は父親が牛乳屋だったことから早くにアイスクリームと親しんでいる。

「僕の父は牛乳屋であり、小さい成功者の一人らしかった。僕に当時新しかった果物や飲物を教えたのは悉く僕の父である。バナナ、アイスクリーム、パイナアップル、ラム酒、まだその外にもあったかも知れない」（『點鬼簿』）

芥川龍之介は二十五年の生まれである。

正岡子規もまたアイスクリームに思いを寄せた一人である。明治三十二年の夏、病の身を人力車に助けられて根岸の自宅から、五ヵ月ぶりに神田に住む高浜虚子を訪ねた子規は、虚子宅でアイスクリームと久しぶりの対面をする。
「妻なる人、氷はいかに、という。そはわろし、と虚子はいう。アイスクリームは、という、虚子、それも、といわんとするを打ち消して、喰いたし、と吾は無遠慮に言いぬ。まことは日頃この物得たしと思いしかど、根岸にては能《あた》わざりしなり。二杯を喫す。この味五年ぶりとも、六年ぶりとも知らず」(『ゐざり車』)
この時子規がアイスクリームを口に運ぶ様は、虚子によほど強烈な印象を与えたのだろう。のちに虚子は西洋料理にアイスクリームを添えて根岸の子規宅まで届けさせている。
「今日は西洋料理難有候、生憎昼飯を早くくいしために晩飯に頂戴致候処二皿より上はたべられ不申候、若し昼飯二度にたべ候わば四皿たべ可申か、昨年に比して衰弱思い知られ候、アイスクリームは近日の好味早速貪り申候」(『氷菓漫筆』)
これはその時の礼状である。
アイスクリームは漱石の『それから』にも登場する。これは明治四十二年の五月から八月にかけて「朝日新聞」に連載されたものである。
「彼は妙な希望を持った子供である。毎年夏の初めに、多くの焼芋屋が俄然として氷水屋に変化するとき、第一番に馳けつけて、汗も出ないのに、氷菓《アイスクリーム》を食うものは誠太郎である。氷菓がないときには、氷水で我慢する。そうして得意になって帰って来る」

さらに『こころ』では、

「奥さんが下女を呼んで食卓を片付けさせた後へ、改めてアイスクリームと水菓子を運ばせた。

『是は宅で拵えたのよ』

用のない奥さんには、手製のアイスクリームを客に振舞うだけの余裕があると見えた。私はそれを二杯更えて貰った」

アイスクリームがこれだけ文学作品に登場するということは、彼らにとってもアイスクリームはいかに高嶺《たかね》の花であったかが想像できる。

その高嶺の花のアイスクリームを当時の上流家庭ではホームメイドで作るのが流行していたらしい。明治二十三年作の尾崎紅葉の小説にも登場している。

「台所より氷菓子《アイスクリーム》の罐を運び、匙玻璃盃《コップ》等を取調えて……」とあり、また明治三十六年に出た村井弦斎の料理小説『食道楽』には、小型の缶に牛乳と卵と砂糖をまぜて詰め、それを氷と食塩を入れた桶の中でかきまわしてアイスクリームを作る光景が描かれている。

洋食器の製造販売をしていた新橋の十一屋《じゅういちや》などが雑誌にしきりに家庭用のアイスクリーム器の宣伝をしている。これは通販でも売られていた。値段は四円五十銭、別に送料が五十五銭とある。大正十一年の価格である。ちなみに大正十年当時銀座の資生堂ではアイスクリームが二十銭だったという。

江戸前のにぎりが十五銭、醤油が一・八リットル七十二銭、しるこが十二銭、白米十キロが三円四銭、注文ワイシャツが一円七十銭、目覚まし時計が二円八十銭の時代である。アイスクリームは道具をふくめて高嶺の花だったのである。

「アイスクリン」はどこが違う？

それでもアイスクリーム人気は高かったのだろう。さまざまな雑誌がアイスクリーム器の広告をしている。

「家庭即席アイスクリーム器　五大特色として一、横廻式ですからお子供さんにも楽々とお取扱いが出来ます　二、僅か十一、二分で美事なアイスクリームが出来上がります　三、二、三人前でも十二、三人前でも自由に出来ます　原料六十銭で十二人分は充分です　四、夏の夕自家製アイスクリームを召し上がる愉快さはどんな暑さも忘れます　五、自分で撰《えらん》だ原料で造るのですから衛生的で安心で御座います　どなたにもすぐ解るお使い方と材料調合法の説明書がついて居ます　販売所　東京市本郷区弓町一ノ廿六　進恒社販売部」

大正十二年八月の「主婦之友」の広告である。

「アイスクリーム・フレザー」「極東アイスクリームの素」こんな広告もある。

「アイスクリーム・フレザー　米国ホワイトマウンテン会社製造の、最良アイスクリーム製造器であります。堅牢で回転具合がよく、見る間に美味しいアイスクリームが出来上がります。これは小型（六人分）八円……」

「極東アイスクリームの素　いろいろな材料を調合する面倒がなく、お湯で溶きさえすればいいようにできている重宝な素です。しかも一流どころの喫茶店でなくては味わえぬほどの、美味しいアイスクリームが一缶で優に十五、六人分できます」（「主婦之友」昭和六年夏季特別号）

という具合であった。一方庶民は？

『味百年』は「明治時代のアイスクリームはホテルとか高級店、上流の家庭で、欧化主義者やハイカラ連の間で流行したもので、一般の庶民はアイスクリンで我慢しなければならなかった」と書いている。

アイスクリームとアイスクリン？　いったいどう違うのだろうか。

「街頭の『高等アイスクリン』ときてはアイスウドンコもいいところだった」（『食生活近代史』）

また『雪印乳業史』にも、

「北海道でアイスクリームの事業が緒についたのは、大正十二年の夏、札幌市山鼻でム』と、同じ頃極東練乳の製造になるアイスクリームといわれている。その頃までアイスクリームはいわゆる『アイスクリーン』で品質も牛乳に澱粉と砂糖を加えて店頭で手回しして、氷化した程度のもので、栄養価も低く、卸売など夢想さえできなかった。札幌市の有合亭《ありあいてい》、米風亭などでつくった高級品と称されるものでも、品質的には大体同様なものだった」

という。石毛直道さんもまた、

「高価なアイスクリームのほかにアイスクリンが子供むけのおやつとして出現する。乳成分をたっぷり使ったアイスクリームは、デパート、洋菓子屋、レストランなどで売る高級品で、銀色をしたスプーンで食べるものであった。アイスクリンとは駅や縁日などで『ええ、アイスクリン……アイスクリン』と呼び売りするもので、ヘギのサジで食べるものである。

アイスクリンにはクリームはおろか牛乳も入っていないことがおおく、砂糖水にせいぜい玉子を入れただけで凍らせたものであった」と『私の食物誌』の中で書いている。

というのがアイスクリームとアイスクリンの違いらしい。

となると現代はアイスクリームの天下？ と思っていたら、作家の宮尾登美子さんによると故郷の土佐の高知ではアイスクリームといえばアイスクリンのこと、土佐を代表する味の一つともいう。続けて宮尾さんは「このような素朴なアイスクリンは全国どこにも売ってないと思うが……」とも語っている。

興味を持っていたら、デパートで高知の物産展が開かれているのに偶然ぶつかった。もしやと思い覗いて見た。ありました。土佐かしま屋のアイスクリンが。

さっそく買ってみた。箱に「あいすくりん」「ICE　CRIN」とあり、「土佐のアイスクリンは、乳脂肪や添加物等一切使っていない昔ながらの素朴なアイスです」と書いてある。

原材料は上砂糖、脱脂粉乳、生卵、香料のみ。土佐のアイスクリンは私にとってまったくの初体験。しかしその味はシャーベットのようにさっぱりとしていてまことに美味であった。

そのアイスクリームが身近なものになるには、大企業の進出をまたなければならなかった。

世界二位のアイスクリーム好きになるまで

乳業各社の社史によると企業としての第一号は極東乳業であった。極東乳業は後に明治乳業の傘下《さんか》に入ることになるが、当時は、極東練乳の三島工場でアメリカ式アイスクリームを製造している。大正十年のことである。

氷と塩で固め、木の樽に入れて氷詰めにしたアイスクリームは、夜半沼津駅を出発して新橋の汐留《しおどめ》駅に着く。販売先は三越やその他の高級店であったという。明治乳業のアイスクリームはその後も順調に売り上げを伸ばし、大正十二年には日本で初めての「アイスクリームの素」を売り出している。それが前述した「極東アイスクリームの素」であろう。

そして翌年には両国に二百坪の土地を購入してアイスクリーム工場を建てている。

昭和に入ると雪印も仲間入りしてくる。『雪印乳業史』によると雪印は、アメリカでアイスクリーム製造を学んだ佐藤貢と、やはりアメリカの州立オハイオ大学で同じくアイスクリーム製造を専攻してきた藤本卓爾《たくじ》の二人によって昭和三年に製造を始めている。

できあがったアイスクリームは、まず札幌の狸小路の来々軒、四丁目十字街の喫茶店ルビー、道庁前の喫茶店白樺、レストラン有合亭などで売り出したところ、まことに評判がよかった。それというのも競争相手の極東練乳は香料にレモンを使っていたが、雪印は札幌市関谷大学堂扱いの輸入香料バニラを使ったからであったという。したがって今日なおアイスクリームの主役であるバニラに先鞭《せんべん》をつけたのは雪印ということになる。

やがて夏に入ると、欧米出張中に佐藤技師がアメリカで購入した製造機が到着した。それを待ってさらに設備を整備拡張している。そして四年から製造を本格化し、札幌と小樽の両市で発売を開始、初めて実績を上げるまでになったという。

それから六十年余が過ぎ去ったわけである。

その間に日本のアイスクリームの消費量は伸びに伸びて、日本アイスクリーム協会の調べによると、日本のアイスクリームの消費量はアメリカに次いで世界二位。平成四年度の消費量は八十五万六千キロリットル（アメリカは約三倍）で、一人当たり六・九リットルのアイスクリームが胃袋におさまった勘定になる。そして日本人がアイスクリームに投じた金額はおよそ六千四百億円に上るという。

ちなみにアイスクリームはフランス語ではグラス・ア・ラ・クレーム、イタリア語ではクレマ・ギャッチアータ、ジェラート、スペイン語ではエラード、そして中国語では冰激林と書いてピンチリンと発音する。

「いまはアイスクリームも普遍化して、季節を選ばず誰でも食べるようになったが、明治三十年代にはもっぱら暑いときの貴重な嗜好品で、どこでも味わえるというものではなかった。東京では帝国ホテル、精養軒などにはむろんあったが、銀座では風月堂、函館屋、資生堂などで出していたヴァニラ・アイスクリームが香気もあり、舌触りもさわやかだった。しかし私たち子供にとっては、めったに口にはできなかった。

そのかわり庶民のためには夏の縁日にアイスクリン屋が出ていた。そのアイスクリン屋のおじさんは『えぇ、アイスクリン、えぇ、アイスクリン』とか、『さァ一杯五厘だ』とか呼び声をあげながら、桶の中に入っている亜鉛引き鉄板製の細長い円筒の蓋を左右に振り回していた。その桶と筒との空隙には氷塊と荒塩が挿入してあって、アイスクリンの原料の入っている円筒を周囲から冷凍させているのであった。そして客があると筒の蓋をあけて、小さなコップに軟かく固まりかけた黄色っぽいアイスクリンを入れ、ブリキ製の匙をさして出した」

『明治商売往来』の著者である仲田定之助《なかださだのすけ》さんが語るアイスクリンとアイスクリームの来し方である。

ウエハースはなぜ添え物になったか？

ところでずーっと気になっているものにウエハースがある。

アイスクリームといえばウエハース。アイスクリームとウエハースはいつもいつも仲よく、そして必ず一つ器の中で美しく一体化しているのに、なぜ主役はアイスクリームであってウエハースは常に片隅に追いやられているのだろうか。隣人同士でありながらウエハースだけ長い間無視され続けてきたのはなぜなのだろう。アイスクリームとウエハースは誰がドッキングさせたのだろうか。一人ずーっとこだわってきたのである。そこで今回ウエハースの身元調査をもすることにした。

ウエハースは、正しくはウェファーといって、中世の女性たちの大好物であった。その形は蜂の巣を模したものが本来であるという。鉄板に挟んで焼いたゴーフルに似た焼菓子で、古くはワインと一緒に食したと『中世の饗宴』にある。

『西洋食作法』の著者である宮内庁大膳課の渡辺誠さんによると、十二世紀から十三世紀にかけてイギリスの上流階級で一世を風靡した焼菓子にこのウェファーがあった。

当時は晩餐会のテーブルにウェファーが出たか出なかったかによってその晩餐会の価値が決められた、というほど晩餐会の主役でもあったのである。

イギリス生まれのこの蜂の巣状の焼菓子ウェファーは、その後フランスに渡って、そこでイタリアから伝来したアイスクリームとドッキングし、二つの文明が一つの器に盛り込まれ、華やかな晩餐会に彩りを添えることになる。

ということは、アイスクリームもウェファーもそれぞれ独立した由緒正しきお菓子なのである。

ところが日本ではこのウェファーを添え物にしてしまった。しかもそればかりか、ウエハースというのはアイスクリームの冷たさを和らげるものだからアイスクリームを食べる間に食べるのが正しい、いえいえ、それは違います、アイスクリームはウエハースの上に載せていただくのがマナーでございます！　などなど勝手な作法を作り上げ、それがまことしやかに信じられて今日に至っているのである。

しかしそんな食べ方は世界中探したってどこにもない、と渡辺さんはいう。

つまりウエハースの歩みをひもとけば、アイスクリームとウエハースは、それぞれ二つとも独立した伝来のデザート菓子であることが理解できる。ということは、おのずと食作法も決まってこようというもの。

アイスクリームとウエハースは、長い歴史を秘めた西洋のデザート菓子なのである。

第13話　ラムネ伝説

黒船とともに上陸

「ラムネのビー玉はどうやって入れるの？」

テレビのクイズ番組でおなじみの質問である。

「えー、おせんにキャラメル、あんパンにラムネ……」

そして時代は変わっても夏祭りに欠かせないのが夜店のラムネ売りである。

そしてそのラムネは俳句の季語になるなど、日本人の暮らしにすっかり溶け込んでいる。

加えて昨今のダイエットラムネブーム！

これだけ夏の風物詩として庶民の暮らしに親しまれてきたとあれば、ラムネの生まれ故郷は誰だって日本だと思うし、また思って当然である。

ところがラムネは異国の味、南蛮渡来の珍味なのである。

『事物起源辞典』に、「ラムネは横浜開港まもなく、外国人が洋酒とともに将来したもので……」とあり、また『味百年』には、「ラムネを日本にもたらしたのは外国船であり、ペルリが浦賀に来た時サムライをおどろかした」とか、「長崎に英国船が機械一式を運んで来て万延元年（一八六〇年）に外国人によって製造され、その後、慶応元年（一八六五年）、に藤瀬半兵衛に伝授した」とかさまざま記録されている。

また『明治事物起源』には『珍奇競』から引用して、「ラムネ洋酒ノ糶売《せりうり》明治二(年)ヨリ始ル」と書いている。

著者の石井研堂《けんどう》さんは、明治以前に横浜で外国人が持って来たラムネを飲んだことがあるが、その口栓のポーンと音がして抜けるのに度肝を抜かれ、飲んだあと酔っ払った、という話を、本当にあった話として聞いたとあり、ラムネに葉巻の灰を落として飲むとこれまたまことに酔うもので、外国人の間でこういういたずらが流行ったとも書いている。

続けて明治五年四月発行の『東京名所三十六戯撰』の数寄屋橋河岸の図に、外国人がラムネを抜いたのにびっくりした日本人の少女の様子が描かれているともあり、そのラムネの瓶は「尻部の尖りたる頸長の瓶なり」とある。エピソード満載のラムネだが、『日本清涼飲料史』は、

「ラムネはペルリ提督率いる米艦が、浦賀に来航したとき、ラムネを満載して来たのが最初であるということになっている」

そして、「ペルリが浦賀へ来たのは嘉永六年(一八五三年)と安政元年(一八五四年)であるからこの時であろう」と結論づけている。

『横浜銅版画』という本がある。その中に「ノース・エント・レー」という英国商社があり、「横浜本町通六十一番　調剤並ニ薬種商　ラムネ類炭酸水製造所」と書いてある。

英国人ノースレーが下田に上陸したのは文久三年（一八六三年）だが、その後明治元年（一八六八年）に横浜へ移り、居留地六十一番で薬局を開業している。明治十七年にノースレー商会に入った西村甚作《じんさく》さんによると、「外国では薬局に飲料水はつきもので、必ず一緒に販売しているところから、ノースレー商会でも炭酸水を売ることになり、裏手に工場を設けて清涼飲料水の販売を始めた」という。（『日本清涼飲料史』）

横浜におけるラムネ製造販売は、ここ六十一番のノースレー商会から始まっている。東京における元祖は中国人の蓮昌泰《れんしょうたい》である。蓮昌泰は築地に外国人居留地のできた明治元年（四、五年という説もある）に、当時中国人の住まいが固まっていた同じ築地入船町軽子《かるこ》橋畔でラムネ屋を開いている。紫ガラスの瓶には白ペンキで蓮松と書いてあったという。

一方、長崎では、藤瀬《ふじせ》半兵衛《はんべえ》なる人物がイギリス人からラムネの製法を学び、慶応元年（一八六五年）に売り出している。おそらくこの藤瀬半兵衛が邦人ラムネ製造の元祖であろう。当時ラムネは栓を抜くと〝ポーン〟という音がするので、〝ポン水〟とも呼ばれていた。

いずれにしてもラムネは幕末から明治初年にかけて売り出されたようである。このラムネ屋なる新商売は大いに当たったらしい。というのは、明治十二年から築地二丁目に住み、少年時代をそこで過ごした武田毅介《きすけ》さんによると、「蓮昌泰がラムネ屋をはじめた軽子橋に面した入船町一帯は支那人の巣で、左右表裏ことごとくその弁髪人の住まいになっていたが、その中でおぼえているのは胡瓜《きゅうり》ラムネといって、瓶の形が胡瓜の形をしているラムネを盛んに製造していたことである」（『銀座物語絵巻』）と語っている。ということは、蓮昌泰の儲けっぷりを目の当たりにした中国人が我も我もと俄《にわ》かラムネ屋を開業したのであろう。

当時のラムネは、『東京名所三十六戯撰』にもあるように、瓶が胡瓜のような形をしていたので〝胡瓜ラムネ〟とも呼ばれていた。

蓮昌泰の店の使用人の一人に鈴木音松《おとまつ》がいた。彼は明治十四年に独立して、浅草新堀に洋水舎というラムネ屋を始めているが、全盛期には二百人からの従業員を使っていたというから、ひょっとすると蓮昌泰を凌《しの》ぐ勢いだったとも考えられる。いずれにしてもその後のラムネ人気が伝わってくるようだ。

なにしろ明治十七年当時、音松は一本十四、五銭のラムネで、七、八万円もの財を成した、そんな話も語り継がれているほどである。

別名ジンジンビヤの由来

ところでラムネだが、原点はレモネードである。藤瀬半兵衛が製造したのはレモネードであり、ノースレー商会、蓮昌泰が製造販売したのもレモネードであったという。しかし日本人はそんなものがこの世の中に存在していること自体、われ関せずである。しかし見ると横浜居留地の外国人たちはなにやら瓶に入ったものをラッパ飲みしている。それも一人や二人ではない。暑い日は至る所でそんな姿に遭遇する。

ラッパ飲み！

もちろんラッパ飲みなんて、当時の日本にはない習慣だったから、そうした光景は日本人の目には異様に映る。

異人というのはあんなに行儀の悪い飲み方をするもんなのか。だが待てよ。それにしても一体、何をあんなにおいしそうに、喉を鳴らして飲んでいるのだろう⁉

そこで勇気ある日本人の一人が、瓶を指さして聞いてみた。

すると外国人は〝レモネード〟とか〝リモナード〟とかいった様子。しかし外国人にも、外国語にも、これまでまったく縁のなかった日本人の耳には、チンプンカンプンで何をいわれているのかさっぱり分からない。でも必死で耳を傾けると、かろうじて〝リモネ〟とか〝レモネ〟とか聞こえる。もちろん相手は正確にラムネと答えたのだろうが、当時の日本人にとってはこの程度に聞き取るのが精一杯であった。

しかしそれとてむずかしい。なにしろカタカナの発音というものをこれまで一度も耳にしたことのない日本人であれば、それは当然の結果といえよう。

そうした中でのラッパ飲み風景であり、リモネ！　いやレモネ？　会話である。カタカナ会話ゼロ体験の日本人にとって〝レモネード〟はもちろんのこと、〝リモネ〟も〝レモネ〟もなんとも発音しにくい。しかし〝ラムネ〟ならいえる。いや、一生懸命〝リモネ〟〝レモネ〟と繰り返しているうちに、いつとはなしにいいやすいもとの〝ラムネ〟になっていたということも十分考えられる。

つまりは自然発生的に、気がついたら〝ラムネ〟になっていた。それがそのまま定着し、いつの間にか〝ラムネ〟という名で市民権を得ることになったのであろう。どうやらそれが正解のようである。そのラムネにはポン水以外にも、別名があった。

「沸騰水《ジンジンビヤ》　即ちラムネはガラスの口を飛ばして花火の音に擬《まが》う」（仮名垣魯文『胡瓜《きゅうり》遣《づかい》』）から沸騰水《ジンジンビヤ》、また「ラムネは舌にジーンとくるところからジンジン・ビヤとも呼ばれていた」（『外来語の語源』）のである。

それにしても舌にジーンとくるからジンジンビヤとは、なんともユーモラスな発想ではないか。

いずれにしてもこの異国の飲みものは、日本人の興味を捕らえて放さなかったのだろう。だからラムネは開港場からまたたく間に地方へ浸透している。

「愛知新聞」十六号によると、「明治五年六月には、名古屋本町の今枝庄兵衛なる者が無届けラムネを製造販売したかどにより、懲役二十日を申し付けられた」とある。

明治初年に東京、横浜で売り出されたラムネが、五年には名古屋でも製造されていたわけだが、無届けラムネを製造しても儲かるほどのラムネ人気だったのだろう。

コレラ騒動が生んだラムネ信仰

辻新太郎さんもラムネ人気に便乗して一旗上げようと、明治十七年、前述した洋水舎に奉公している。ところが下働きに使われるだけで、半年たっても一年過ぎてもラムネの製法は一向に教えてくれない。そんな時、たまたま京橋にラムネ屋ができるという。そこで辻さんはそこへ移り、二十年一月に独立し、神田にラムネ屋を開業している。

そのラムネ人気を絶対的なものにしたのはなんとコレラであった。辻新太郎さんによると、これは辻さんがまだ京橋で働いていた明治十九年のことだが、この十九年という年は、ラムネ屋にとって生涯忘れることのできない年であったという。

「その夏は非常な酷暑に加えて晴天が続き、東京付近にはコレラの大流行を来たし、東京市内だけでも一〇万人の死亡者があったといわれているほどであった。この年は七月十日から八月二十四日まで晴天続きで、日中は気温が華氏一〇〇度（摂氏約三八度）以上に昇る日が多かった。往来を歩いていくと足の裏がムンムンしてたまらない。

そして夜の十二時すぎになると二、三十分ぐらいザーッと雨が降ってすぐ上がってしまう。したがってラムネの売行きはたいしたものだった」

それだけではない。

「当時発行されていた『東京横浜毎日新聞』に『ガスを含有している飲料を用いると恐るべきコレラ病に犯されない』という記事がでてからいっそう売行きがさかんになって、ラムネ屋は毎日徹夜で製造しても間に合わない状態であった」（『日本清涼飲料史』）と話している。

辻さんによると、コレラ騒動によるラムネブームで、ラムネ屋にはこの一夏でその頃の金にして四、五千円という大金が転がり込み、芝の洋水舎などは、入ってくる金の置き場所に困ってそれを荷車に積み、両替屋に行く騒ぎであったという。

ラムネ屋にとって幸運はさらに続く。

それは七月二十日の「大阪日報」であった。〝ラムネ払底――コレラのお陰〟という見出しで、「虎列刺《コレラ》流行に付、氷水等の代りにラムネを飲用するもの頗《すこぶ》る多くなりしにより、神戸十八番館にて製造する同品は昨今既に払底を告げたるに付盛んに製造し居るも、其の注文高の十分の一にも足らざる程なりと」とラムネ屋にとってはまたまたツヨーい味方の記事が出たのである。

なにしろこの年は全国でコレラ患者は十五万五千五百七十四人にのぼり、このうち死亡した人はその約三分の二を数えたとあれば、無理ないことかもしれない。

ラムネ人気はますますうなぎ登り。それが事実であった証拠に、明治十七年当時、わずか三ヵ所しかなかったラムネ製造業者がどんどんふえ続け、三十年には東京だけでも八十軒を数えたというのである。(『日本近代食物史』)

ちなみに神戸十八番館ラムネというのは、居留地十八番にあったシーム商会のことで、明治十七、八年頃にはすでに営業を始めていたという。

そうなると競争も激しくなって、広告合戦も活発になってくる。

「専売特許　器械ラムネ　この器械ラムネは外美内良且つ軽便にしてすこぶる宴席に適す　価は一瓶三銭　一ダース以上につき二十五銭　瓶詰のままお望みの方は別に一瓶につき十銭ずつ瓶代申受候　東京ラムネ商会」(「時事新報」明治二十一年六月八日)

「すこぶる宴席に適す」ラムネブームが伝わってくるようだ。

「精製のラムネ　炎暑の候　飲料を欲するは人間自然の摂理　したがって氷水　みかん水　レモン水　ハッカ水などのどをうるおすものいろいろあるけれども　しかし製造にさいして多くは最寄りの井戸水を使うゆえにたいへん不衛生である。そこへいくと今度大日本製薬から発売されるラムネは蒸留水を使っているので衛生上きわめて安心であり味わいも且つ佳なり」(「読売新聞」明治二十一年八月一日)

「夏時必用のラムネ　ラムネの製造を学ぶため欧米諸国をまわっていた松本留之助氏がこのたび帰朝　ただちに横浜の住吉町と東京の京橋木挽町へラムネ製造所を設けた、原料水は精撰の上　西洋の方法によって製造するので安く販売」(「時事新報」明治二十四年七月五日）という具合であった。

器械ラムネもあれば、蒸留水をキャッチフレーズにしたラムネもあり、また西洋の製法を看板にしたものありで、業者はなんとか特徴を出そうと苦心している様子が伝わってくるようだ。

固形ラムネという新顔も登場する。（「読売新聞」明治二十三年七月十五日）

これは角砂糖のような格好をしていて、水に入れるとラムネになるというが、おそらく砂糖に重曹を加えて固形にしたものであろう。

明治二十六年七月の「女学雑誌」にラムネの作り方が載っている。

「手製ラムネ
湯のみ茶わんに一杯の小麦粉を水にといて一升（一・八リットル）の熱湯の中に入れ、そこへ二斤半（一・五キログラム）の砂糖を加えて五分間煮立てる。この時香料としてレモン二個分のしぼり汁を入れるとよい。さめたところでよくかきまわしたたまごの白身二個分と酒石酸二オンスを加えて布でこし瓶につめておく。飲む時にはあらかじめ瓶を水でつめたくしておき、冷たい水を入れたコップにティースプーンおよそ三杯ほど入れ、少量の重炭酸ソーダを注ぐと結構な飲み物になりますよ」

続けて、「このラムネは存外お気に入ることと信じます。是非おこころみを」とすすめている。

なんのために小麦粉を水にといて入れるの？　いったいどんなラムネができたのだろうか。興味のある方はお試しを。

電気冷蔵庫はもちろん、氷の冷蔵庫もまだなかった当時の話である。水を冷やすのも、コップ、そして瓶を冷たくするのも井戸の時代の話である。そこへまたまたコレラの発生である。二十七年夏のこと。今度は三万五千人にのぼる死者が出ている。

加えてこの年は日清戦争が起こり、大量のラムネが戦地へ送られることになる。

さらに胡瓜ラムネから玉入りラムネに変わったこともラムネ人気を煽《あお》る格好の要因となった。『ラムネ Lamune らむね』によると玉入り瓶の発明者はイギリス人のハイラム・コットであり、明治五年のことという。

しかし日本に玉入り壜が輸入されたのは明治二十年のこと。輸入したのは前述した横浜のノースレー商会であり、神戸の居留地十八番のシーム商会であったという。

また同じ頃大阪堂島の秋月商会もこの玉入り壜を輸入している。ハイラム・コットの特許が切れたのは翌二十一年のことである。

当然のことながら人々はこの玉入り壜に目を見張り、度肝を抜かれた。

大阪徳永硝子製造所の徳永玉吉もその一人であった。玉吉はそれから五年の歳月をかけて独自に玉入り壜の製法を開発し、二十五年にその完成をみることになる。

その結果、胡瓜壜の利用は、玉入り壜の出現とともに衰退した。以来、ラムネといえば玉入り壜が当たり前のようになる。辻新太郎さんによると、「キウリ壜がすたれて、玉壜所謂《いわゆる》ラムネの流行し出したのは明治二十一年頃からで、これは大阪酒造組合が支店を日本橋浜町二丁目に設けて、玉壜を使い出したのが始まりである。

二十二年からは、東京全市一般に玉ラムネが売り出された」とも語っている。

兵隊さんの人気者

ラムネ人気に拍車がかかれば、当然不良品も横行してくる。

そこで明治二十六年、まず兵庫県で「ソーダ水およびラムネ製造販売取締規則」が制定され、違反者は二日以上五日以内の拘留、または五十銭以上一円五十銭以下の科料に処すという、きびしいお達し。

また二十九年には、十一月二十六日付け警視庁令第五十一号として「沸騰飲料水取締規則」を公布、そして三十三年六月になると内務省からわが国初の「清涼飲料水取締規則」が出され、ラムネに限り七月一日より施行されたと『ラムネ Lamune らむね』は記録している。

七、八月は衛生上問題の一番起こりやすい時である。そこでそれを先回りしてせっかちな発令となったのであろう。

「清涼飲料水中ラムネは需要の激増に応じて同業者続出し、競争激甚となるや、価格の低廉を欲するあまり、粗製濫造に陥り、衛生上由々しき大事を惹起す惧《おそれ》あるが故に、政府は三十三年清涼飲料水取締規則を制定して、厳重に其の製造を取締りたり」

これでは清涼飲料水取締規則というより、ラムネ取締規則そのものである。

当局も不衛生なラムネにはよほど手を焼いたのだろう。

その証拠に明治二十八年八月十八日の「朝日新聞」もまた、ラムネはしばしば取り締まりの対象にされたことを報じている。

製造技術が未熟な上に、競争の激化で粗製濫造となったのである。そうすると待ってましたとばかり、またまた、

「京橋木挽町九丁目の日本製薬会社にては善良なる水質を選び、ラムネならびに曹達水《ソーダ》を製造し、来る八月より広く販売し、従来の粗製物を駆逐するはずにて……」（「朝野新聞」）

「大日本製薬会社製造のラムネは、蒸留水なるを以て、衛生上無害のものなり」（「時事新報」）

「蒸留水らむね　警視庁試験済　京橋　高森商店」（「時事新報」）

「東洋第一日本ラムネ　ラムネ大王　京橋　日本ラムネＫＫ」（「時事新報」）

といった広告が登場することになる。

ならばラムネはホームメイドでと、家庭でラムネが即作れるという新発明新輸入の「ソルド」が盛んに広告を始めたのもこの頃のことである。

広告といえば三十五年五月五日の「九州日日新聞」には、

「ラムネホーム開店　招魂社祭の来る六日、七日の両日　新市街地においてラムネホーム開店仕候間賑々敷ご来車の程願上奉候　九州ラムネ商会」

招魂社のお祭には、ラムネホームを開店いたしますので、みなさん賑々しくお出かけ下さい、とお祭に便乗してラムネ人気を盛り上げ、ひと儲けをたくらもうという知恵者がいたってなんの不思議もない。

ところでそのラムネ製造所だが、当時は、

「いずれも小さな町工場で、ところどころに散在していた。水を使う仕事なので板の間がいつも濡れていた。空き瓶を桶の水で掃除するそばから、ベルト掛けで動かしている機械に一瓶ずつのせて、回転させては、青っぽい分厚い硝子壜にラムネを充塡する。一ぱいになると、スポン、シューッと炭酸瓦斯の沸騰する音がして、壜の上部の括《くく》りにある硝子球が上って栓となり、一丁あがりである。その壜を四角な竹籠に詰める。そんな作業を七、八人で繰り返していた。ラムネというのは英語か、オランダ語か、いずれは外国語と思っていたが、レモネードの転化したものと知って、あァそうかとひとり合点したのはずっと後のことだった」

『明治商売往来』の著者である仲田定之助さんの思い出である。ちなみに仲田さんは明治二十一年生まれである。

そしてまた風俗研究家であり、漫画家の宮尾しげをさんも、

「私が子供の時分に住んでいた浅草の蔵前といった土地の裏手に、新堀という小さな川だか溝だか判らぬような水の流れのふちに、このラムネを製造している工場があった。外側を細かい網戸が家を包むようにしてあって、その中で溶接工がかぶっているようなマスク、これも細かい網戸が張ってあるのを顔面前につけた工員が、水道管のような口へ、壜を押しつけると、材料がスーと入っていって、スポンとガラス玉が上に上がって、口を締める。見ているとその製法はあッけないものである。

時折パーンと大きな音がして、壜が破裂することがある。その予防が網戸張りであることが、あとで知れた」(『下夕町風物誌』)とも書いている。

したがって当時ラムネ工場で働く人にとって怪我はつきものだったという。ポン水、胡瓜壜の時代は壜の栓はコルクを差し込み、その上を針金でしばりつけて止めてあり、今よりずっと高圧で詰めた。だから針金を取るとポーンと音がしてコルクが天井を打つ。そのくらい高圧だったから、なかにはコルクで目を打ち抜かれ片目をつぶした人や、壜の破裂で鼻の先をもがれた人などそういった事故が後をたたなかったという。

さて宮尾さんだが、続けておもしろい話を披露している。

「英国から来て、日本の民俗芸能を知りたいという青年と九州の祭列を見に旅行した。たまたま太宰府でラムネを見つけて、私は飲み、彼にもすすめた。初めは怪訝な顔をしたが、ラムネと聞いて、突拍子もない声で『これがラムネというものですか、日本に残っているとは大発見です。これは我が大英国で発見された飲料水なのですよ。大英国の大辞典には載っておりますが、実のところ品物はいつの間にか消えてしまって、誰もラムネの存在をしらないのです。近くわたくしは英国へ帰りますので、これを二ダースほど買って帰ります。そして英国の科学者や友達に飲ましてやります。ありがとう』と感謝の言葉を発した」というのである。

英国発のラムネは生まれ故郷にはなく、誕生から一世紀余を過ぎた現在は、遠く離れた日本という異国の地で庶民の間に生き続けているということになる。

ラムネが戦地へ送られたことは前にもちょっとふれたが、こんなエピソードもある。「日露戦争の時、わが軍は遼陽《りようよう》（中国遼寧省の都市、日露戦争の激戦地）の会戦に勝って追撃に移った。敵の塹壕《ざんごう》におどりこんで兵隊たちは多量のビンを見つけた。栓を抜いてみるとラムネのようにアワを噴く。水筒の水も尽きてノドがカラカラにかわいたときであったから、兵隊たちはラムネだラムネだとばかり、それで渇きをいやした。ところがそのうち皆フラフラしてきた。進軍ラッパが鳴っても腰が抜けて立てないものが大勢出た。これはヘンだわいと隊長が調べてみるとラムネというのは実はシャンペン酒だった。

ロシア軍が戦勝祝賀用に秘蔵しておいたのを逆に日本軍に飲まれたわけである。当時日本兵にはシャンペン酒などを知っている者はなかったので、ラムネとばかり思って酔ってくだんのごとし」

日露戦争秘話としてこんな笑い話も残されている。

「南方じゃあぶなくて水がのめないんだな。軍艦が島かげにはいると海軍の『ラムネ船』が近づいてきて、ガチャガチャとアキビンを交換するんだ」（作詞家・藤浦洸さん）

兵隊さんとラムネは切っても切れない深い関係にあったことを物語ってくれる。

昭和に入ると七年の上海事変から中国大陸侵攻に続き、十六年からの東南アジア侵攻。いずれも水に恵まれないところである。伝染病の危険も多い。日本軍としては貴重な兵隊を水が原因で失ってはならない。そこで協議の末、ラムネにスポットがあたることになる。

その結果、玉入り壜とラムネの製造機一式が輸送船に積み込まれ、大陸各地や南方の島々へと運ばれることになる。『ラムネ Lamune らむね』によると、なかでも海軍はラムネの活躍に期待が大きく、それこそ戦艦から潜水艦に至るまで、ほとんどの艦艇にラムネの製造機はじめ、壜、そして原料が備えられていたという。

「海軍には『衛生酒受けとれ』という号令があった。衛生酒とは、ラムネやブランデーのことで、石炭積みのような重労働をしたあとこれが配給になる。救命ブイの中にもラムネが入っていた」（『日本清涼飲料史』）

つまりラムネは立派な軍需品だったのである。

「長門の改装で、最大の人気を博したのは、ラムネ製造機の増設であった。酒保で一本二銭の冷しラムネを五本も六本も買って来て、夕方、かわいた咽《のど》に流しこむと、生き返った心地になる。『ラムネの威力は大したもんだ』と、みんなが言っていた」

阿川弘之さんは『軍艦長門の生涯』の中でラムネへの思いをこう語っている。

ラムネは至るところに話題を提供している。

それだけ庶民の飲みものとして定着していたのであろう。

ブーム再来

ラムネといえば、ラムネはフランス人のラムネー氏の発明であり、だからラムネなのである！　といって譲らない人がいた。

詩人の三好達治氏である。

ある日小林秀雄と島木健作が小田原の三好達治の家へ鮎釣りに来て食事をしているうちに、話はたまたまラムネのことに及んだ。すると小林がラムネ玉がチョロチョロと吹き上げられて蓋になるあのラムネ玉を発明した奴がいる。あれ一つ発明しただけで往生を遂げてしまったとすればおかしな奴だというと、三好が突然居ずまいを正して、ラムネ玉を発明した人の名前は分かっている。ラムネは一般にレモネードの訛《なま》りだといわれているが、それは大間違いで、ラムネはラムネー氏なる人物が発明したからラムネというのであり、それはフランスの辞書にも載っている事実なのだと自信満々。その話に乗せられた二人は〝それでは〟とばかりさっそく手元にあった辞書を調べるが、ラムネー氏は一向にあらわれない。すると三好達治は憤然として、それは家の字引が悪いのであって、フランスの百科辞典のプチ・ラルッスに載っているのを自分は見たことがあるといい張る。

そこで決戦を後日に残して、改めてプチ・ラルッスを調べてみたが、ラムネー氏はやはり登場していなかったというのである。（「ラムネ氏のこと」坂口安吾「都新聞」昭和十六年十一月二十日）

当時ラムネは、大の大人が真面目に論じ合うくらい人気ものだったのである。

やがて終戦。『ラムネ Lamune らむね』の著者野村鉄男さんによると、太平洋戦争で戦火にあったラムネ工場は百七十二軒にのぼったという。したがって当時ラムネの生産量はゼロに等しかった。しかしラムネはあのポーンという威勢のいい音を象徴するかのように復活するのに時間はかからなかった。

あの敗戦から八年、昭和二十八年にはラムネ史上始まって以来の生産量を記録したという。だがラムネの黄金時代は、そう長くは続かなかった。

「　特に不潔なラムネ　清涼飲料水に厳しい検査

暑さが加わり、清涼飲料水の需要期を迎えたが、都衛生局の調べで約三割は不適格品だと判った。同局食品衛生課では今月はじめから、テスト・カーなどを動員して、清涼飲料水一三五二件を調べたが、そのうち四〇〇件が衛生的に不適品、とくにラムネの不潔さが目立っていた。これは今までのラムネのビンが、口が複雑になっていて、内部が洗いにくいことが原因しているので、新しくビンを造る場合は、一合入りサイダービン型にするよう指示すると共に、今後不潔品を発見したときは製造元を営業停止処分にすることになった。この検査は九月まで各保健所の協力で全部にわたり続ける。

ラムネ＝一二三三本中、三六一本に石、ガラス片、ブラシの毛、糸クズなど肉眼で見える異物が入っていた。ひどいものは、小指の先ほどの石二つに砂までまじっており、又切手ぐらいの紙が浮いているものもあった」（「朝日新聞」昭和二十八年六月二十四日）

加えて、ラムネにとっては宿敵ともなったバヤリースオレンジの上陸があった。

当時誰よりも舶来に憧れていた日本人はたちまち虜《とりこ》になった。そして昭和三十五年にはさらに強敵となったコカコーラが堂々の行進で日本中を制覇することになる。

コーラは誰の目にも格好いい飲みものであった。若者ばかりか老いも若きもコーラに殺到した。ラムネは当然の結果として都会から姿を消した。

そのラムネが復活した。それも銀座から！　四十四年初夏のこと、銀座のまん真ん中の五丁目、森永キャンデーストアが店頭で冷やしラムネの販売を試みたところこれが大当たり、ラムネ人気のニュースはたちまち全国を駆けめぐることになる。

そのきっかけを作ったのは当時森永キャンデーストア銀座店の販売の責任者であった松永鏘美《まさみ》さん（現・森永フードサービス取締役事業開発部長）である。

「ある日、何気なく食品新聞かなんか読んでいたら『ラムネがダメだ』みたいな記事が出てたんですよ。『そんならおもしろいから一丁やってやろう！』しかしすんなりできたわけじゃありません。本社の方では不潔だからって反対だったんですが、当時の寺久保店長が説得して押し切ってやったらこれが大当たりでしてね。

森永とワシントン靴店との間に間口一メートル、奥行き十五メートルくらいの間があるんですが、そこへラムネを山積みにストックしてね。なにしろラムネはほこりかぶったやつを氷水の中にどぶづけして冷やすわけですから、本社の方だって衛生を心配しますよ。だからラムネはまずへこみにたまった水をよく切って抜く、そんなところにも気を遣いましたね。別にラムネに義理があったわけじゃありませんけど。そのうち周りで始めたんでうちはやめましたけどね。古い話になりましたね」

松永さんは当時を思い出すように語ってくれた。これがきっかけになって銀座にラムネブームがよみがえる。

「　よみがえる夏の風物詩・ラムネ

昔なつかしい夏の風物詩、ラムネは、リバイバルブームの波に乗って、このところ需要がうなぎ登り。各地で行われている歩行者天国や百貨店に並べられたラムネが飛ぶように売れている」

昭和四十六年六月二十四日の「日本経済新聞」はこう報じている。その結果、

「現在東京には約三十社のラムネメーカーがある。昭和三十年頃までは約六十社メーカーがあったといわれるが、その後はジリ貧、現在は最盛期の約半数まで減少した。それも専業でとどまっているのは三十社のうちでも十社なり。あとは兼業あるいは休眠工場である。ところが二年前あたりから、ぽつぽつラムネの需要がふえだし、昨年は東京にあるホリオ飲料のように一社で年間に百万本も売るというところもでてきた」という人気。そこで、

「いままでねむらせていた機械を再び引っぱり出し、ラムネ製造を始めるところもぽつぽつ現われだしている」そればかりか、「自動製造機を導入したり、品質の向上を図り、このラムネブームを『あだ花』に終わらせまいと懸命だ。ラムネの専業メーカーホリオ飲料は、近く東京ではまだ使用しているところがないという自動ラムネビン詰め機を導入し、ことしは年間二百万本をさばくと強気だ」

と報じている。なにしろ従来の機械だと一時間に約二千本の生産しかできなかったのが、この自動ラムネビン詰め機を設備することによって、一時間に二千五百本から三千

本と大量生産できることになったと『日本清涼飲料史』は伝えている。

ラムネは歩行者天国の主役の座に輝くことになる。

「銀座にクルマ乗り入れを禁止して、みずからグレーのポロシャツ姿で〝歩行者天国〟にあらわれた美濃部知事に『スタンドプレーだ』『人気とりだ』の非難の声ガヤガヤ。このサワギのかげでニンマリしているのが、なんとむかしなつかしい清涼飲料ラムネ業界。

ハテ、美濃部サンとラムネの関係やいかに。

銀座・松坂屋野末慎一食品課長はいまだ信じられぬといったオモモチで語る。

『八月二日の第一回目に店の前の道路にプラスチックの水そうをおいてラムネを売ったわけですよ。まあ私どもとしては銀座だから下町の縁日的な商品がいいだろうくらいのカルイ気持ちだったんですが、まさかこんなに出るとは……』テンテコマイのなかで、当初美濃部さんみずからラムネを立ち飲みするという〝劇的〟なシーンも手伝ってか、用意した五百本はアッというまになくなり、追加しても間に合わず結局二千本。以後第二回目の日曜日は四千本、三度目六千本、四回目は七千本、いずれも二時か三時までにさばけ『おかげで慣れないビンのとり扱いをあやまって毎週ケガ人が二人ずつ出ました。ハイ、ビンさえあれば一万本はかたいと思います』」（「週刊文春」昭和四十五年九月七日）

「一昨年はせいぜい三十七〜八万本（年間）というところでしたが、昨年は一挙に百万本、三倍弱という伸びよう。今年はさらに昨年の二倍の二百万本を目標にしています」
（ホリオ飲料代表　堀尾丈次さん「週刊言論」昭和四十六年八月）

この銀座人気でラムネは格を上げ、それまでは駄菓子屋の隅で浮き世の風の冷たさを身をもって体験していたラムネは、たちまち赤坂や六本木のクラブをも制覇し、わが世の春を謳歌することになる。値段はなんと一本六百円！

「ボクはジュースが、悪いけど大きらい。あれは料理をまずくするよ。あれだったらラムネをだした方がよっぽどいいよ。ジュースを飲んでるヤツを見るとカオひっぱたきたくなるな。地方でラムネを見るとすぐ飲むけど、氷水とならべて好きだな」

〝ラムネ党〟の池田弥三郎さんである。

ところでラムネとは？

「玉壜に詰めて密栓したものをラムネという」

ラムネの定義である。ところが昭和五十二年になると缶入りラムネが登場する。ついで六十三年にはダイエットラムネなど、ラムネとはいえないラムネが登場したのもラムネ人気に便乗してのことか。そういえばついこの間、ラムネをストローで飲んでいるカップルを見かけた。そう、

「東京の浅草といえば、大阪の道頓堀、京都の新京極といった名高い繁華街の一つで、六区というところに活動写真の小屋が軒並みあって、ここへ来ることが娯楽のメッカで

あった。ここで売っているラムネ屋は大きな氷柱を横にして、そこにラムネを横にして並べて、氷の上をゴロゴロと左右に手の平で転がして見せていた。初めは知らぬが、氷の上に壜形の凹み穴が出来て、その穴の中でラムネ壜がクルクルとまわっていた。充分この氷のなかで冷されたラムネは冷たくなっていた。飲むと、のどが痛いほどにヒヤリとして、ラムネのうまみより、その冷たさに、驚いたものである」(『下タ町風物誌』)

これぞラムネの醍醐味。氷で冷たーくしたラムネは、日本人が目を見張った外国人のようにラッパ飲みにしてこそ似合う夏の風物詩なのである。

ちなみにラムネのビー玉は、円筒形の瓶にビー玉を入れてから熱を加え、口を細くしぼる。そこへラムネを入れるとビー玉は炭酸の圧力で上へ押し上げられるのである。

ラムネ玉上手にあやし飲みにけり　北村斗石
ラムネ玉ころがし飲んで天蒼《あお》し　富田巨鹿
飲み干すやラムネ玉鳴り喉《のど》も鳴り　里美仁子(『ラムネ Lamune らむね』より)

第14話 食堂車見聞録

明治36年「風俗画報」臨時増刊
「成田鉄道名勝誌」より．作画．

神戸―広島間を走る西洋料理屋

日本最初の食堂車は西洋料理で始まっている。

「父は私をよく旅行に連れて行ってくれた。商用の旅行だが、一番の楽しみは食堂車に行けることだった。食堂の一車輛手前くらいから、洋食の良い匂いが漂って来た」

山本嘉次郎さんは『洋食考』の中で〝子供の頃の味〟と題してこう書いている。

本当にきちんと食堂車営業をしていた古きよき時代の食堂車の味と雰囲気が漂ってくるようだ。

嘉次郎少年を魅了した食堂車を日本で最初に走らせたのは、神戸と広島間を結ぶ当時民営の山陽鉄道であった。

この食堂車がお目見えしたのは明治三十年代の初め、しかもメニューが西洋料理だったとは、なんともハイカラだったのである。だから食堂車は間もなく「汽車の中に料理屋」ができたと大変な話題になっている。

さてその「汽車の中の料理屋」だが、いつ走り始めたのか、どうもいま一つはっきりしない。

というのは、まず山陽鉄道の「会員の家業とその沿革」という資料によると「明治三十二年五月二十五日に山陽線の神戸下関間の列車にわが国ではじめての食堂車が連結運転されることになり、これがわが国における列車食堂の嚆矢《こうし》となった」とある。

ところが現在も駅構内で食堂を営業している「みかど」の「構内営業に従事せる当初より今日に至る沿革報告」は「業績上らず（中略）明治三十一年六月、当社の前身自由亭ホテルが交渉を受け引請け営業を開始した」とそのいきさつを記している。

また鉄道省の公式文書によると、

「列車食堂及び駅構内食堂営業人　みかど株式会社社長後藤鉄二郎　みかどは元自由亭と称し神戸に本店を有せり　後藤勝造氏経営に係る明治三十年六月十日山陽鉄道会社線兵庫徳山間急行列車に食堂車を連結し右自由亭をして洋食堂を営業せしむ之本邦列車食堂嚆矢なり」とある。

さらに山陽鉄道の『車輛史』を見ると、

「山陽鉄道では明治二十七年より神戸―広島間に急行列車を運転していたが同三十二年五月にわが国ではじめて食堂車を連結した。そして翌三十三年四月には寝台付一等客車を運転した。これは自社の兵庫工場で製造したもので、定員は一等寝台十六人、食堂八人であった」となる。

これを整理してみると、山陽鉄道の食堂車の営業開始時期は「三十年六月」と「三十一年六月」、そしてさらに「三十二年五月」の三つの説があることになる。しかもこれ以前にも、業績が上がらずとはいえ、山陽鉄道による直営の期間があったわけで、開始はさらにさかのぼると推定される。

さて正解は……といきたいところなのだが、国鉄時代を含めてＪＲには食堂車に関する資料は何一つ保存されていないため、食堂車の出発進行はやむなく見切り発車することにする。

山陽鉄道によって走り始めた食堂車は、初めは京都と三田尻（防府）間の急行一往復だけだったが、営業二年目には四往復にふえ、三十六年には大阪と姫路を走るローカル線にも食堂車が連結されている。

しかしそれは食堂車というより、一等車の一画に、食事のできるコーナーを設けたという程度のものであった。一等車の定員二十六人に対して食堂の定員は八人、調理室も決して満足なものではなく、盛りつけするのがせいぜいであったという。

山陽鉄道は三十三年に、これも日本で初めての寝台車を登場させているが、この一等寝台車の一画にも定員八人の食堂と調理室を設けている。これは寝台車食堂車の合造車であった。

山陽鉄道はその後三十九年に食堂車を広げた二等食堂合造車を製造している。これは四人掛けのテーブルが四卓と二人掛けが四卓の二十四席であった。これらの食堂車は、この年山陽鉄道が国有化されたため官鉄に引き継がれることになる。

一方、官営鉄道（国鉄とＪＲの前身）も、民営の山陽鉄道に対抗して、三十四年十二月十五日から食堂車の営業を始めている。

「官設食堂車十二月十五日より営業開始」

翌十六日の「報知新聞」に広告を載せている。

それによると、メニューは西洋料理一式でほかに和洋酒類も、お菓子もくだものもありますよとPRしている。

それだけではない。食事中ご希望とあれば荷物をお預かりして保管しましょう。給仕人はユニホーム姿で親切にサービスもいたしましょう。それでいて値段は安く、それというのも、この食堂車は利益のことよりも、旅客の便宜をはかるために始めたので、お客さまにたくさんご利用いただければさらに安くもいたしましょう……官営にしてはまことに低姿勢で大PRしている。

この食堂車は東海道線だったが、しかし神戸から新橋まで全線で利用できたわけではない。国府津―沼津間、馬場（現・膳所《ぜぜ》）―京都間には、なぜか食堂車はないのである。

食堂車を連結して汽笛一声新橋を発車した汽車は、国府津に着くとそこで食堂車を切り離して沼津まで行く。そして沼津で新たに食堂車二両を連結して今度は馬場まで行き、ここでまたもや食堂車を切り離して京都へと向かう。そしてさらに京都でもう一度食堂車一輌を連結して神戸へと走るという仕組みであった。なんでこんな手間と時間のかかることをやらなければならなかったのかというと、国府津と沼津の間には箱根越え、馬場と京都の間には逢坂越えという難所があった。

ところが当時の官営鉄道の機関車には食堂車を牽引して山坂を越える力もエネルギーもなかったというのが実情。そこでやむなく華々しい宣伝とは裏腹に、全線を三つに区切ってそれぞれ食堂車を連結するという苦肉の策をとらざるを得なかったのである。

欧米視察の先見ある成果!?

なぜそんなにまでして食堂車を?

東海道線に食堂車を連結しようという話は、この年三十四年の二月に欧米視察から帰った技師の木下淑夫《よしお》さんが立案している。

木下さんがいうにはすでに欧米の鉄道で、食堂車のついていない長距離列車はほとんどない、したがって日本でも食堂車を付けるべきだというのである。

しかしこれには反対意見が多かった。というのは、神戸行きの急行列車は普段でも乗客が多い。そこへもってきて三十三年から寝台車を連結したので客車両そのものが減っている。そこへ今度は食堂車を連結したら客車両をさらに減らすことになり、乗客の混雑は一段と激しくなる。また運転状況からいっても機関車の牽引力の上でもこれが精一杯である。これが反対理由であった。しかし木下さんは譲らない。

そこで結局木下案に押し切られた形で、区間を三つに区切って急勾配は避けるということになった、と『明治の汽車』はそのいきさつを述べている。

この東海道線を走った食堂車は精養軒が営業を担当した。食堂車は定員が二十八人で、連結されたのは新橋午前六時二十分発と、午後六時五十五分発の神戸行き、上りは神戸午前六時発と午後六時発の新橋行きの二往復で、所要時間は約十七時間だったという。

さて初食堂車の感想は……その模様は翌二月十六日の「読売新聞」が伝えている。

「昨日第一区、即ち、新橋―国府津間の初陣食堂車にて試合したる乗客は二十八組、三十八人にして往復とも満員の好景気なりしは、初かつおにどてらを典ずる東京っ児のめずらし好きを現わしたるもの、料理は木挽町の精養軒にて請負たるものにて、諸事廉価を主とし、肉類一品十五銭、野菜類一品十二銭その他すべてこれに準じ、一切一品売りと定め、車室はこれを四つに分ちて、込み合いし時の待合室を設け、食堂は中央に歩道ありて左右に卓子をおき、一方に四個の椅子、一方に二個の椅子を並べあり、稍々《やや》きゅうくつなるは、是非なきことならん……（中略）……この食堂は一等、二等の乗客に限り入るを得るものなり」

『明治の汽車』によると開業当時の主な献立は、

スープ
オムレツ
魚フライ
｝十二銭

タンシチュウ
コールドチキン } 十五銭
ビフテキ
ライスカレー
パン 三銭
コーヒー 五銭

であった。そして「パンはかつお節パンといわれたパンですこぶる評判がよかった」という。

続けて「かつお節パンというのは筆者も食べたことがないのでどんなものか説明できないが、かつお節で味をつけたパンのことであろうか。その頃精養軒のパン焼専門の職人にスイス人でチャリヘイスというのがいたという。このスイス人が作ったパンがかつお節パンであった」と書いている。

私の手元に、十六歳から築地小田原町にあったチャリ舎に勤めていた方からの手紙がある。

それによると「かつお節パン」という名のパンはチャリ舎にはなく、おそらく石窯の余熱でカチカチに直焼した「イタリヤ」というパンの形がかつお節に似ていたので、イタリヤのことを世間ではかつお節パンと呼んだのではないだろうかと書いてある。続けて、パンの記事の中でよく「かつお節パン」のことを「げんこつ型フランスパン」と書いてあるのを見かけるが、これも間違いであるとも書いている。

車内メニューの実際

話を食堂車に戻そう。

食堂車の第一区での人気メニューはビフテキであった。ところが第三区ではこれがライスカレーに変わる。また飲みものでは「酒、ビール、ウイスキー、ジンジャエール、ヒラノ水などがあったが、ヒラノ水は外国人客に評判よく、飲料の外に客席にもちかえって手洗用にも使用された」という。

ちなみにヒラノ水というのは、兵庫県の平野温泉から湧きでた炭酸水のことで、昨今大流行のミネラルウォーターの大先輩ということになる。

もう一つメニューを見てみよう。明治三十九年頃の東海道線の献立である。

西洋料理
一等　七十銭
二等　五十銭
三等　三十五銭

コーヒー　五銭
菓子　六銭
ビール　二十五銭
ウエスケ、ブランデ、ベルモット各一グラス　十五銭

東海道線を走る官設食堂車は〝価格の廉価〟をうたっているが、タバコのゴールデンバットが四銭、もりかけと風呂銭が同じく二銭五厘、天丼が十一銭のご時世に、いくらコース料理だったとはいえまことに贅沢な価格である。

もっとも明治三十五年当時、新橋―大阪間の運賃が三円九十七銭もしていたことを考えると、その頃汽車を利用した人は、庶民には無縁のハイソサエティ、インテリ階級の乗りものであったことがうかがえる。

一般庶民用であった三等急行列車に食堂車がついたのは四年後の三十九年四月一日からのことで、こちらの献立は和食オンリーであった。

和食堂は、両側の窓際に長いカウンターをしつらえ、定員は十五人、値段は朝定食が二十銭で、これは瀬田しじみの味噌汁などがついて喜ばれたというが、三等の食堂車は一人二十分という時間制限付きであったという。

なぜこんな差別をしたのか。それ以前に、なぜ日本の鉄道、それも明治時代の食堂車

が洋食堂でなければならなかったのか。

それについては前述のみかどの「沿革報告」が次のように述べている。

「山陽鉄道が国有鉄道に買収されてから、東海道、山陽線に急行列車が運転しはじめるに従って其の中の最優等列車から順次列車食堂が連結されて行ったもので多くは三等車のない一、二等急行の高級人士の用に供するのが最初の目的であったので販売品も価格も高級であることが必要であった」

というのである。大変なプライドとハナ息である。それでは「読売新聞」の「諸事廉価を主とし……」という記事は一体何なのよ！　といいたい。まったくの嘘っぱち。一般利用客のことなどは、いまも昔も歯牙《しが》にもかけていないことがよく分かる。しかしここで腹を立てていても始まらない。献立を見ていこう。食堂車には定食のほかに一品料理もあった。

定食料理
朝食（料理二品　麵麭　珈琲）
一等七十銭
二等五十銭
昼食（スープ外二品　菓子　果物　麵麭　珈琲）

夕食（スープ外三品　菓子　果物　麵麭　珈琲）　一等一円
二等八十銭
一等一円二十銭
二等一円

一品料理

スープ　二十銭　プッディング　十五銭
フライドフィッシュ　二十銭　サンドウィッチ　二十銭
ハムエンドエッグス　二十五銭　紅茶又は珈琲　十銭
エッグスツーオーダー　十五銭　菓子　五銭
ビーフステーキ　三十銭　果物（季節物）　時価
スチュードビーフ　二十銭　パン及バター　五銭
チキンカツレツ　二十五銭　アイスクリーム（一人前）　十二銭
コールドミート　二十五銭　チーズ　十銭
カレーエンドライス　二十銭

ハムエンドエッグスはハムエッグス、カレーエンドライスはカレーライスと分かるが、エッグスツーオーダーを注文したら一体何が出て来たのだろうか。

いまこうしてメニューを眺めていると、改めて当時の西洋に対するあこがれというか、西洋の料理をとにかく正確にという気構えが伝わって来るようだ。

それにしても当時いくら高級人士とはいえ、このメニューを見て、本当にその料理を思い浮かべ、本当においしいから食べたいと思い注文した人が果たしていたのだろうかと考えてしまう。正直いってまことに疑問である。

その証拠に、ハイカラ族を乗せた食堂車も徐々に様変わりしてくる。

もう一度みかどの「沿革報告」に登場してもらおう。

「列車食堂は前記の理由により各地高級人士貴顕の社交的交歓場として出発したために内容もすべて洋式を絶対遵奉したが我国の力の伸長期即ち大正年間の欧州戦争後迄の時代はそれで経営も利用もバランスが取れていたが第一次大戦後の不況の襲来で総《あら》ゆる我国産業が再編された様にこの業界においても経営維持の試練を受け、当時一、二等急行列車のみに連結していた列車食堂を二、三等急行列車にも連結し、販売品の内容も洋式定食形式からカルト形式に改めたるものを追加販売し、且つ様式専門を批判検討して和式の一品料理の提供を工夫し、等々大衆化を目途《もくと》とし時流に棹《さお》さし遂には洋式は一品料理のみ提供して主体を和食定食と一品料理におく和食堂列車さえも生ずるに至った」

この中に「当時一、二等急行列車のみに連結していた列車食堂を二、三等急行列車にも連結し」とあるが、前述のように明治三十年代には二等にも三等にも食堂車のあったことは明確なので、この記述は間違いである。

特別料理、アイデアセットも出現

さて食堂車の利用状況はどんな具合だったのだろうか。

「鉄道ジャーナル」昭和四十八年四月号の「食堂車ものがたり」に興味深い一文がある。「大正十一年十一月、宗谷線全通と同時に従来、函館―釧路間運行の食堂車を函館―稚内間に第一、二列車に連結されたるが、同線は樺太往復客の唯一の直送連結列車にして各階級の人々の乗車する所のものなり。七月中一日平均乗車人員は第一列車三百十七人、第二列車三百三十人にして定員四百三十二人に対し七五パーセントの高率を示せり。然《しか》るに列車食堂利用人員別表の如く頗《すこぶ》る少数なり」

とある。それでは列車食堂の利用状況はというと、食堂車で定食を食べた人は第一列車が一日平均七・三人で売り上げは八円八十四銭、第二列車では七・六人で売り上げは九円三十一銭だったとある。

ここにある定食が、西洋料理の定食なのか和定食なのかその記述はないが、当時北海道を走る食堂車は、函館の浅田屋という業者が一手販売しており、その浅田屋は洋食、和食とも賄《まかな》うだけの力を持っていたことから考えて、おそらくメニューは両方あったのではないだろうか。

食堂車はハイクラスを対象にしていた明治時代はそれなりに経営も順調だったのが、列車の利用客を広く一般に求めた大正時代になると、和食堂を増備したにもかかわらず伸び悩んだことが分かる。

当時は食事の都度、従業員が車内を行き来して案内したにもかかわらず、それでもわざわざ食堂車にまで出向いて食事をしようと考える人はそういなかった。

つまり一般庶民にとって食堂車は馴染みが薄い上、高級感もあり、庶民のものではないという印象が強かったのだろうか。

ちなみに当時すでに駅弁やサンドイッチ、すし、菓子類、茶などの駅売りは始まっていたことから想像して、庶民の多くは、こうした気楽で安直なものを利用していたのではないだろうか。

ところで食堂車の営業時間だが、当時は、とても現在では考えられないサービスをしていた。昭和十年当時の食堂車の営業時間は、なんと午前五時から翌日の午前一時までという超ロングタイムサービスであった。

そして洋食堂の定食は朝が七十五銭、昼はA定食が一円、B定食は一円二十銭、そしてC定食は一円五十銭、夕食はA定食が一円三十銭、B定食が一円五十銭、和食堂は朝が四十銭で、昼と夜は五十銭、一品料理はビーフカツレツの五十銭が最高であったという。

しかし昭和八年になると不景気風をもろに受けて、食堂車の利用客がぐっと減ってしまったため値下げすることになる。いまだったらまず営業時間を短縮し、それからやむなく値下げするにしても、それは二の次、三の次だったろうことは十分考えられる。

いま私の手元によき時代の、四十枚近い食堂車の献立がある。満開の桜を描いた表紙に「御献立表」としたのもあれば、「御料理代価表」とだけあるシンプルなメニューもある。

「お早うございます！　御朝食の御仕度がととのいました。お好みのものを御申付け下さい。ハムエッグス　オートミール……」といういかにも朝らしくさわやかなメニューもある。しかしその陰で現実はきびしく、大正十一年九月三十日の「山陽新報」は、不景気を理由に食堂車は、十月一日から昼洋食、夕洋食とも二十銭ずつ値下げして昼洋食を一円二十銭、そして夕洋食を一円五十銭にしたと報じている。同時にメニューの整理も行っている。

それまであった和定食の特別膳を廃止して、朝食は三十五銭、昼食は五十銭の並膳だけにしている。他に一品料理としてハムエッグス四十五銭、オムレツ二十五銭、チキンカツ五十銭などがあり、酒類はビール一本四十八銭、日本酒二合四十五銭であった。

昭和三年十一月のメニューをあげてみよう。いろいろ事情はあるにせよびっくりするくらいバラエティーに富んでいる。そればかりか大正十一年のメニューと値段はほぼ同じなのである。

御料理

スープ三十銭、フライドフィッシュ三十銭、ハムエッグス四十五銭、オムレツ二十五銭、ビーフステーク五十五銭、チキンカツレツ五十銭、ビーフカツレツ四十銭、カレーライス三十銭、ハムライス四十五銭、チキンライス五十銭、シチュードビーフ四十銭、コールドチキン五十銭、コールドビーフ四十銭、ハムサラダ四十五銭、プデング二十五銭、サンドウィッチ四十銭、チーズ三十銭、アイスクリーム二十銭、紅茶又は珈琲十銭、菓子十銭、パン及バター十銭

御定食

朝食御一人前九十銭、昼食一円二十銭

夕食一円五十銭（特別珈琲又は紅茶　トースト付）

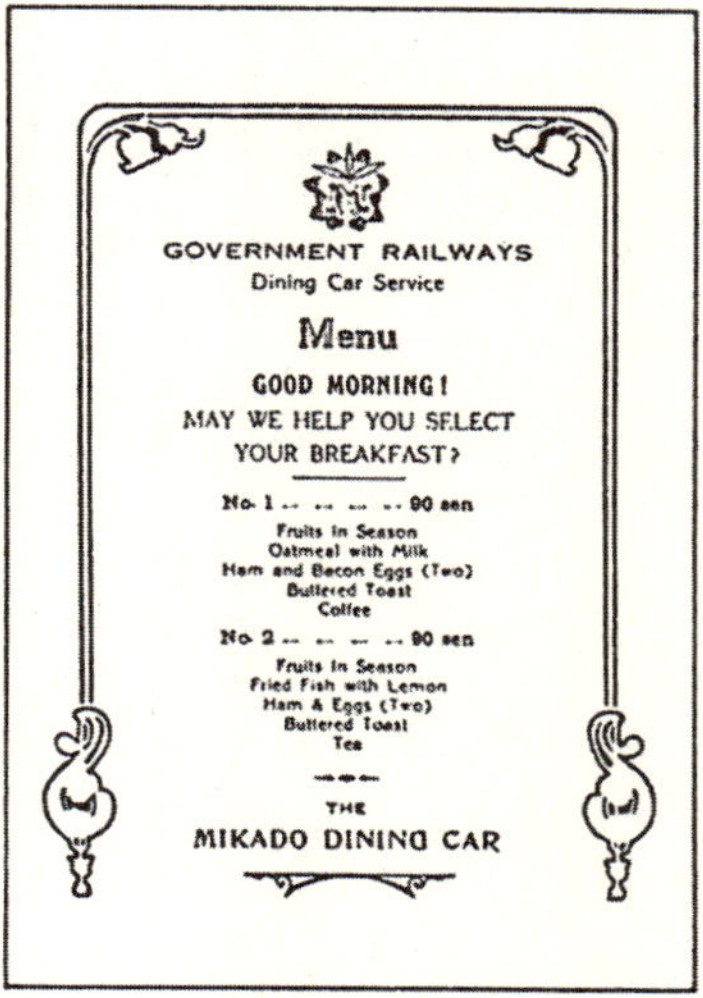

珍しい横文字だけのメニュー表

昭和四年九月十五日、東京—下関間に特急〝富士〟が、続いて十月一日には東京—神戸間に〝つばめ〟が誕生している。

富士とつばめの列車食堂の案内がある。

朝定食は午前六時から九時までで、金七十五銭也とある。

(1)果物
オートミール
ハムエッグス
トースト
珈琲又は紅茶

(2)果物
コーンフレックス
オムレツ（ハム入り）
トースト
珈琲又は紅茶

(3)果物
鮮魚のフライ
ハムエッグス

トースト
　珈琲又は紅茶
　昼定食の時間は一回目が午前十一時二十分から、そして二回が正午から、さらに三回目は午後零時四十分とある。つまり三回に分かれていて、一人前は料理三品に果物にパン、珈琲がついて一円二十銭だった。夕食は一回目が午後五時、二回目が午後五時五十分、三回目は午後六時五十分で、献立は料理四品に菓子、果物、パン、珈琲で一円五十銭とある。
　それればかりではない。なんとその他、午後七時半からは定食の他に一品料理の注文にも応じたというのである。その上昼食と夕食ともに、
「御定食の献立をお望みにならないお方様のために定食時間中左記のグリル料理を特に御注文に限り調理致します。どうぞ予約に伺いました節に御申しつけ下さいませ。
　グリルドチキンに野菜三種添え（外果物　パン　珈琲）　金一円五十銭
　ダブルビーフステーキ野菜三種添え（外果物　パン　珈琲）　金一円五十銭」
　とある。しかも予約のためには、
「定食時間が参りましたらあらかじめボーイを予約に伺わせます。其節食卓予約券を御請求下されば御座席を用意致して定刻の御着席を御待ち申して居ります」
　と、いまの食堂車の経営陣に、いくら爪のアカを煎じて飲ませたところでとても間に

合わない至れり尽くせりのサービスだったのである。

昭和九年五月一日という日付の入った献立はなかなか洒落ている。

御夕食　金一円五十銭

スープ

輪切り鱒の網焼

生椎茸の麵包《パン》焼きに莢豌豆《さやえんどう》添え

牛背肉蒸焼にマセドアンサラダ

色分けのゼリ

果物

珈琲又は紅茶

こんな献立もあり、しかも、

「御夕食献立の内御気に召さぬ料理がございましたら左記料理に御取換え致します」として、

ビーフカツレツ

アスパラガス

チキンライス

その他特別料理もあった。

グリルドチキン野菜添え　果物　パン　珈琲　金一円五十銭
サーロインステッキ野菜添え　果物　パン　珈琲　金一円五十銭

ここにある夕食の一円五十銭という価格は、昭和四年の富士、つばめ食堂からこの昭和九年まで変わっていない。経営努力をすれば五年間も値上げをしないですんだのか、はたまた五年間も同じ料金で営業できるほど、べらぼうな価格設定をしていたのか、そのへんの事情は分からないが、客が減った減ったといいながらこのサービスはすごい。現在の食堂車とは比較すべくもない客との真剣勝負が伝わって来るようだ。

それにしてもこれだけメニューが豊富にあったら、しかもおいしいとあれば〝汽車の中に料理屋ができた〟と話題になったとてなんの不思議もない。汽車の旅はさぞかしたのしみだったことだろう。

この頃になると観光地や神社詣など目的に合わせた列車の増発が盛んに行われていたのだろう。それに合わせて食堂車のメニューにもアイデアセットが登場する。

たとえば昭和六年八月一日の伊勢参宮快速列車を見ると、〝参宮ランチ三十五銭〟〝参宮カレーライス（コーヒ付）三十銭〟といったメニューが並び、お伊勢参りをいっそう思い出深いものにしている。

メニューには〝コールコーヒ〟や〝ソーダ水〟もある。いまからは想像もできない、至れり尽くせりのサービスである。

御料理並ニ御飲物代價表

参宮ランチ	.35	日本酒(二合)	.48
参宮弁当	.30	同(一合)	.24
参宮丼	.30	ビール(大)	.42
参宮カレーライス(コーヒ付)	.30	同(小)	.27
オムレツ	.20	黒ビール(大)	.45
カツレツ	.30	同(小)	.29
ハムサラダ	.35	サイダー	.25
ハムエッグス	.35	ソーダ水	.12
小鉢物	.20	煙草各種	定価
[illegible]	.10		
ケーキ(一ヶ)	.08		
紅茶、珈琲	.08		
コールコーヒ	.10		
果物			

伊勢参宮快速列車食堂
みかど

昭和6年の伊勢参宮快速列車食堂のメニュー表

それというのも当時の食堂車の営業は東海道、山陽線を中心に〝富士〟は「みかど」、〝桜〟は「東洋軒」が担当したのをはじめ、他に「精養軒」「東松軒」が、九州では「みかど」と「共進亭」、東北、常磐、奥羽線は「伯養軒」と「松葉館」、北海道は「浅田屋」というように九業者が全国的にそれぞれ味と評判を競い合っていたのである。

しかしその後は合併などもあって「みかど」「精養軒」「東洋軒」「東松軒」「伯養軒」「共進亭」の六社となり、昭和十六年にはその六社がさらに合併して「日本食堂株式会社」を設立、これが今日の「日本食堂」なのである。ちなみにこのうち洋食を扱っていたのは「みかど」「精養軒」「伯養軒」「共進亭」の四社であった。

食堂車の楽しみはどこへ行った？

三宅艶子さんが『ハイカラ食いしんぼう記』で当時の食堂車をたのしく描いている。「食堂車って、いったいどういう風になっているんだろう、汽車の中が食堂になって、卓子がいくつもあるなんて、と私は不思議で仕方がなかった。いつか食堂車に乗る旅行をしたいものだと思いつめていた。（中略）待望の食堂車で、朝食をとることができたのは、京都に三晩泊り位で行くことになった時の往きがけの汽車だった、私は四年生だったから一九二二年か二三年の筈だ。（中略）食卓には白いテーブルクロスがかかって、花もいけてある。四人掛けの幅の広い食卓と二人用の食卓、汽車が揺れているのにその中を両手にお皿を持った白い制服のボーイが鮮やかに歩いている。ああ、これが食堂車だ！　と私はうなずいた。

朝の定食の時間なので注文はきかずにボーイがコップに水を持って来る、そしてオートミールが三人の前に運ばれる。私はナプキンをとって膝に拡げ、温いミルクをオートミールにかける。目の前に砂糖壺があるので、そのふたをとってお砂糖をかける。山型の食パンのトーストが三枚来る。小さなバタ入れのそばにはジャムもあった。

日光のホテルと同じだ、と私は満足し、トーストにバタを塗る。（中略）珈琲、紅茶どちらになさいますか、ときかれて母は『三人とも紅茶を』という。（中略）パン皿の上でトーストを半分に切っている頃、ハムエッグスが来た。紅茶を飲みながら窓の外を見ると青い湖が見える。『琵琶湖よ、ツヤちゃん』と母が言う。『これが琵琶湖。琵琶湖を見ながらの朝ごはん』と私は嬉しく口もきけない。(中略)寝台車ってなんていいんだろう、食堂車もすてきだし私はお姫さまの気分で京都駅に降り立った」

三宅さんが小学校四年、大正十一年か十二年頃の思い出を書いたものである。朝の陽にキラキラと輝きゆれる琵琶湖、その朝陽の中でミルク色に包まれた食堂車の情景が香りまでも伝えてくれるようだ。

そんな食堂車があったとは……。しかもオートミールにトーストまであったとは……。昨今の食堂車はすべてが〝チン〟の時代。

〝日光のホテルと同じだ〟これはおそらく日光の金谷ホテルを子供心にオーバーラップさせたのだろう。それにしてもいまでは考えられない、遠い昔のなんともうらやましいばかりの情景ではないか。

「翌日午前十一時、神戸に着き、山陽鉄道に乗りうつる。この汽車は動揺甚しけれども、食堂の設けあるのみが、他処の汽車に其例を見ざる便利の点也。須磨、舞子、明石など、勝景の地を、幾皿の肉と一瓶の酒とに陶然とすごし、岡山にて乗換えて、作州の津山に着きしは、午後七時なりき」

これは明治の文学者大町桂月の『迎妻旅行』(明治三十三年)の一節である。

のんびりした旅のよさが伝わって来る。

明治三十六年九月の「風俗画報増刊　成田鉄道名勝誌」には、石版刷の口絵で、当時の成田鉄道の喫茶室の風景が描かれている。

広々とした喫茶室、ワインの栓を抜くボーイ、テーブルの上にはまだ珍しかったであろう西洋の果物を色鮮やかに盛り込んだ籠が置かれ、それを囲んだ和服姿の親子づれ、車窓を流れる景色……わずか二、三時間の距離のところでも喫茶室を設けるなど、思い切ったサービスをしていたことが分かる。

私事でいえば、日本の食堂車、特に新幹線の食堂車はよほどのことがない限り行かないことにしている。答えは簡単。「まずい・高い・サービスが悪い！」からである。

それに比べて中国の食堂車は実にたのしい。

中国の食堂車との最初の出会いは十六年前にさかのぼる。昭和五十三年の夏、私は南京発十七時九分の列車で上海へ向かった。上海到着は二十二時三十分である。晩ご飯は待望の食堂車である。当時食堂車は、つい最近まで、いや、いまでもローカル線で時折り見かける木肌なつかしいあの列車である。

その頃の中国は、電力の使用は近代国家建設のためが第一優先で、暗くならなくては電気がつかない。したがって夜の食事が始まるのもそれからであった。

やがて汽車全体に明りが灯り、食堂車でテーブルを囲んだ時のメニューは、

筍炒肉糸《スウエチャオロースー》
咖喱鶏塊《カリーチークアイ》
炒巻心菜《チャオジエンシンツアイ》
炸溜鶏球《ザリウチーチユウ》
口蘑四季豆《コオモオスウジイドウ》

たけのこと豚肉の炒めもの、鶏とじゃがいものカレー風味、キャベツ炒め、鶏肉のあんがらめ、しめじといんげんの炒めもの、漬物は塩ゆでにした落花生とザーサイ、それにスープにご飯という献立であった。

戸棚で仕切った奥の調理場からしきりに鍋を振る音が聞こえて来る。

鍋の音が、匂いが、食欲をそそる。待つほどに目の前に熱々の料理が並ぶ。料理はいまの中国に比べて決して贅沢ではなかったし、ビールも生温かかったが、あの熱々の料理と笑顔のサービスは忘れられない。

以来食堂車の旅は中国旅行のたのしみの一つになる。いまなお贅沢なものは何一つない。まことに素朴な料理である。しかしゆったりした食堂車の中で、出来立てほかほかの料理が次々運ばれて来てゆっくり味わえる。お茶だって大きな湯のみになみなみと注いでくれる……日本ではそれが遠い過去のものになってしまったというのはなんともさびしい限りだ。

第15話

「にっぽん洋食」の底力

世界に類を見ない独創性

日本人の創意工夫によって生まれたにっぽんの洋食は、コロッケやトンカツばかりではない。

牛鍋に始まって牛丼、カツ丼、カツカレー、カレー丼、まだまだある。オムライスにハヤシライス、チキンライス、さらにはカレーうどんにコロッケそば、そしてトンカツそばもある。

なにしろ日本の料理には、世界に類を見ない和洋折衷料理というジャンルがあるんですから。

この「和洋折衷」ということばはわりと早く、明治の終わりあたりからよく使われるようになってくる。明治四十三年に出版された『日本百科大辞典』の菓子の項には、日本菓子・西洋菓子と並んで和洋折衷菓子がある。「ジャミ餡最中」「レモン最中」「チョコレートおこし」「アンモニア麦饅頭」「餡パン」などが載っている。

また料理の分野でも「和洋合の子料理」から「和洋折衷料理」になっている。

明治四十四年に出た『洋食の調理』を見ると、すでに「和洋折衷料理」という項目があり、総ページ数二百八十ページのうち、百ページ近くがこの折衷料理に当てられている。

一口に折衷料理といってもその範囲は広く、たとえば「牛肉の五目とじ」「叩肉キャベツの甘煮」「くじらとたまねぎの味噌煮」のように主材料が洋風で調味料は日本風のもの、「いんげんのからし和え」「鶏のつけ揚げ」「たけのこの蒸し焼き」のように、在来の醤油などで調味しながら、スープや西洋からし、胡椒など洋風を加えるもの、それから「さといものフライ」「なすのから揚げ」のように、材料だけ日本のもので、作り方や調味料は洋風のものなどさまざまだが、いずれも実用に即した料理を揃えている。

ここでは日本料理と西洋料理の間に、一つの独立した「和洋折衷料理」という分野があるという考え方がとられていた。しかしこうした和洋折衷料理が生まれる過程で、まことに奇妙奇天烈な料理も堂々と紹介されている。

「どじょうのトマトシチュー」「カレーの味噌汁」「豚飯」「豆腐のフライウスターソース」「ミルクライス」「牛肉の茶碗蒸し」などなどである。

また「新案料理」「和洋折衷料理」と銘打って、マスタードをつけたうなぎの蒲焼き、粕漬のハム、マヨネーズソースをかけた刺身、うにとのりをかけたカレーライス、味噌を卵黄の代用にしたマヨネーズ（「家庭雑誌」明治三十七年五月、三十九年四月）、その他うどんとかぶのトマトソース焼き、サラダ入りおにぎり（「家庭」明治四十三年二月）、冷や奴ウスターソース（「読売新聞」大正二年七月二十日）、トマトの酢の物（「北海タイムス」大正二年九月十七日）、たらこのフライ（「北海タイムス」大正五年三月十四日）というのも見える。

「すき焼き」が「牛鍋」を淘汰した⁉

ところで和洋折衷料理のトップバッターは何だと思います？

それはまぎれもなく牛鍋である。

西洋人の食べていた牛肉を、日本の葱と一緒に味噌、醤油、砂糖という日本の調味料で煮て、しかもご飯のおかずにしてしまったのである。大胆きわまりないこの発想、もちろん和洋折衷料理なんていうこむずかしい発想は抜きに、幕末から明治にかけて、自然発生的に生まれた、これぞにっぽん洋食のルーツなのである。

牛鍋については「牛肉ノススメ」でもふれたが、にっぽん洋食のルーツとあれば語って語りすぎることはない……という思い込みから、ここでもう一度牛鍋についてお付き合いいただきたい。

牛鍋の元祖ともいえる店、太田なわのれんは当時の味を大切に、いまなお横浜で盛業中である。牛肉はぶつ切りの味噌仕立て……これが牛鍋の原風景なのである。

「葱を五分切りにして、先づ味噌を投じ、鉄鍋ジヤジヤ肉片甚だ薄く、少しく山椒を投ずれば臭気を消すと雖《いえども》、炉火を盛にすれば焼付の憂を免れず、そこで大安楽《おおあぐら》で一杯傾けるから、姉さん酌を頼みますと、半熟の肉片未だ少し赤みを帯びざる処、五分切りの白葱全く辛味を失はざる時、何人にても一度箸を内《い》れば、嗚呼《ああ》美なる哉、牛肉の味ひと叫ばざるものほとんど稀なり。その是を食ふや、全づ両頬を押へずんば恐らくは、本牧の方に向つて飛び去らん」

これは『牛店雑談安愚楽鍋《うしやぞうだんあぐらなべ》』の著者である仮名垣魯文が、主宰する雑誌「魯文珍報」に彼自身が書いた一文である。

牛肉のあまりのおいしさに両頬を押さえていないと横浜から本牧まで飛んでいってしまうというのである。

これで見ると、味噌仕立ては変わらないが肉は薄切りになっている。

幕末の頃福沢諭吉が大阪で食べた牛鍋も、中川屋嘉兵衛が始めた牛鍋も、また明治元年の創業でいまも盛業中の横浜末吉町の太田なわのれんの牛鍋も肉は角切りである。魯文が書いた頃には薄切りになっていたのであろう。

この和洋折衷料理の元祖は、やがてすき焼きへと移行して行く。

「……肉に並肉あり、ロース肉あり、ロースは並より価高きこと二銭、若くは三銭なり。其葱に和して烹《に》るを並鍋といふ、価五銭。脂を以て鍋を摩して烹るを焼鍋といふ、価八銭」(「風俗画報」明治二十八年十一月)

ここにある焼鍋が関西のすき焼きであろうと思われるが、しかし獅子文六さんによると、学生の頃に、よく友達と通った〝今朝〟というスキヤキ屋には、その頃はスキヤキという関西語はまだ輸入されておらず牛屋《ぎゅうや》とか、牛鍋屋と呼んだ、と『ちんちん電車』に書いている。

獅子文六さんは明治二十六年の生まれである。その文六さんが学生の頃というのは、慶応の学生であった大正二、三年頃と思われる。

その文六さんはその頃まだスキヤキという関西語はなかったと語っている。ちなみにこのすき焼きの語源については、鋤の古金を使ったという説、魚肉などを薄くすき身にして焼いたという説、杉の薄板で肉を挟んで焼いた杉焼きなど諸説ある。

『明治文化史』では、山口県大島地方など各地では、古くから肉を焼くのに鋤が用いられており、使い古した鋤の周囲に味噌で土手を作り、炭火の上にのせて焼く、鋤焼きということばは、こうして生まれたのではないかと説明している。

明治七年の『東京開化繁昌誌』の牛鍋屋の貼札には鍋焼、さしみ、塩焼、煮付などとならんですき焼きの文字も見える。

いったい牛鍋とすき焼きはどこが違うのか、結論として文六さんの説通り、牛鍋は関東であり、これは煮る料理、一方、すき焼きは関西の呼び方で焼く料理。文明開化が東京を中心に華やいだ頃は牛鍋が上方にも広がったが、その名は明治とともに消えて、大正以降は上方料理が関東を制覇《せいは》するに及んで「すき焼き」が共通の名称になったのではないだろうか。

牛鍋の話はこのくらいにして話を先にすすめよう。

「カツ丼」をめぐる定説、異説

にっぽん洋食のルーツである牛鍋はその後「牛丼」という傑作を生み、日本独特の、そして世界に誇る「丼文化」をも創り上げることになる。

丼、どんぶり、ドンブリ……温もりにあふれた響きである。このどんぶりは、江戸時代中期から後期にかけて朝鮮から輸入されると、まずそれまでの「蕎麦屋の皿もりも丼となり」（『寛天見聞記』）そして「あられそば」や「玉子とじそば」「花まき」「かもなんばん」「おやこそば」「天ぷらそば」「あんかけうどん」といったたね物が誕生する。

少し遅れて「うな丼」が登場する。

その後「天ぷらそば」や「おやこそば」から「天丼」や「親子丼」が生まれ、さらには「西洋丼」へと発展する。

「西洋丼」のトップバッターは、いまなおサラリーマンに人気抜群の「牛丼」である。「牛丼」は昔は「牛《ぎゅう》めし」といった。これはいわゆる〝ぶっかけ飯〟といって、決して品のいい食べものではなかった。

これがいつ頃売り出されたのかははっきりしないが、明治三十年二月の「国民之友」に「牛めしというものは東京にはある。京阪にはない」とある。「牛めし」は明治生まれの東京育ちということになる。これは「牛飯《カメチヤブ》」とも呼ばれていた。

「上野広小路とか浅草広小路とかに、牛飯《カメチヤブ》の屋台が出ていたことぐらいは、いつともなく知っていた。今の牛丼だ。大きなドンブリに御飯を盛って、大きな鍋に煮え沸っている牛の煮込みを掛けてくれるのだ。冬の晩など、熱い奴をフーフー吹きながら掻ッ込むうまさは得も言えなかった」(『吟味手帳』)

明治二十七年生まれの小島政二郎さんの思い出である。小島さんは続けて、

「大人になってから、築地の魚河岸の中に一軒うまい牛飯屋があると聞いて、早速出掛けて見た。屋号は吉野家。なるほどここのはうまい。牛も紙のように薄く切ってあるので、飯や汁の邪魔にならない」

とも書いている。牛丼は戦後間もなく「なんどき屋」という屋号の牛丼専門店が、新橋駅のガード下にできて大繁盛していた。

ポリドールレコード専属の三丁目文夫という流行歌手がやっていたとも聞いた。その後、場所は変わったものの現在も新橋の土橋のところで大繁盛である。

そして小島さんおすすめの吉野家は、時代の変遷の中で外食産業の会社に受け継がれ、いまもサラリーマン御用達の丼物として健在である。

西洋丼の二番バッターは「カツ丼」である。

カツ丼というと誰もが卵でとじたあの蕎麦屋の「カツ丼」を思い浮かべる。

ところがあの「カツ丼」の前に実は西洋丼にふさわしい「ソースカツ丼」があったのである。「実は……あったのである」ということについては、私もつい最近まで、「カツ丼」は早稲田大学の紀要にあるように、そして中西さんが亡くなった時〝カツドン博士〟と新聞が書いたように、大正十年当時早稲田高等学院の学生であった中西敬二郎さんが生みの親と信じて疑わなかった。

だから中西さんに会いにも行き、話も伺った。

中西さんによると、大正十年二月のある日のこと、中西さんはこの日も仲間と誘い合って、学校近くの食堂へ出かけている。

当時の早稲田界隈は学生相手の食堂も少なく、昼ご飯を食べるところといっても、高田牧舎に三朝庵《さんちようあん》など限られていた。

その日も中西さん達は、毎度お馴染みのカフェーハウスへ行った。そしていつもの定位置に座ったものの一向に食欲がわかない。

そこで中西さんは調理場へ入り込む。

フライパンを借りて火にかけ、そこにあったバターを溶かすとメリケン粉を炒める。それが狐色になったところへウスターソースを混ぜて俄《にわ》か仕立ての、中西流グレビーソースを作る。丼にご飯をよそう。カツを切って載せる。上から出来立てアツアツの中西流グレビーソースをかける。

「一丁できあがり！」

店主まで呼び込んで共々食べてみる。

一同口を揃えて、うまい！　という。

これに気をよくした中西さんは、店主に紙と筆を借り、大きく「カツ丼誕生」と書いて表に貼りだしたところ、たちまち早稲田界隈の名物になり、あっという間に銀座に飛び火して、中西さんが夏休みで大阪へ帰った頃には、中西さん考案の「カツ丼」は道頓堀の食堂のメニューにもあり、当の中西さんが一番びっくりしたという。

当時八十歳だった中西さんは、早稲田大学大学史編集所の応接コーナーでこう語ってくれた。ところがこれには異説があった。

実は「ソースカツ丼」の考案者は高畑増太郎さんだというのである。明治四十年のこと、増太郎さんはコックを目指してベルリンの日本人倶楽部へと修業の旅に出ている。当時の日本人倶楽部には、後に宮内庁の主厨長となった秋山徳蔵さんもおり、十九歳で海を渡った増太郎さんはドイツ料理に研鑽《けんさん》を積んで明治末に帰国。さて洋食屋をやろうかどうしようかと迷っていたところへ、料理コンクールがあるというニュースが飛び込んで来た。

ものは試し！　と増太郎さんはさっそく応募した。

その時の作品がドイツ仕込みのソースを使った「ソースカツ丼」であった。その「ソースカツ丼」は晴れて入賞する。自信を持った増太郎さんは、自宅のあった早稲田鶴巻町で「西洋御料理ヨーロッパ軒」を開店し、このソースカツ丼を売り出している。大正二年のことであった。増太郎さんの考えでは、早稲田鶴巻町なら近くに早稲田があり、ハイカラ好きの学生が食べてくれるだろうと思っての開店だったが、学生は休みが多く、新しもの好きだが固定客にはならない。

それでも初めのうちは、学生が休みの間はカツドン用の特製ソースを作ってそれを大八車に積み込み、これまた自家製のロースハム共々売り歩いていたがなかなか計算通りにはいかない。いつまでもこんな調子では一家共倒れになってしまう、どうしたもんだろうか……と考えていたところへ、誘う人があって、高畑さんは相次ぐ軍艦、駆逐艦の進水で賑わう神奈川県の横須賀に引っ越している。大正七、八年のことという。ところがそこで関東大震災に遭うことになる。

都会にすっかり嫌気がさした高畑さんは、それを機に故郷の福井に引き上げ、そこで再び「西洋御料理ヨーロッパ軒」の看板を上げている。以来「カツ丼」は福井の地で、名物ハイカラ丼として定着することになる。

現在は二代目がその味とのれんを受け継ぎ、福井名物として健在である。福井で「カツ丼」といえばこの「ソースカツ丼」のこと。

つまり福井ではこのソースカツ丼しか存在しないのである。高畑さんに会うため福井へ行き、ソースカツ丼を食べてきた。私にとって初めての出会いであるソースカツ丼は、さっぱりとしていてそれでいて香ばしく、ソースとカツとご飯とのハーモニーがまことに美味、お勧めの味である。

ソースカツ丼は「カツカレー」の元祖河金《かわきん》のメニューにもある。河金の創業者である河野金太郎さんが、わが子の弁当にと考えたのがソースカツ丼であった。これはやがて河金のメニューを飾ることになる。成功する料理人の発想というのは、共通したユニークさを持っていることの証明ともいえよう。

カツ丼の代表選手ともいえる親子丼形式のカツ丼を考案し商品化したのは、中西さんも学生時代お馴染みだった「三朝庵」である。大正七、八年頃という。江戸時代から続く三朝庵も、当時は巷で大流行の洋食には勝てない。そこで洋食のトンカツと親子丼を足して二で割ったカツ丼を考案したのである。

それにしても早稲田というところはよほどカツ丼に縁が深いところであるらしい。

カツドン役者の言いぶん

カツ丼といえばひたすらカツ丼を食べ続け、ついには「カツドン役者」と異名を奉られたご仁がいる。亡くなった俳優の宮口精二さんである。

映画全盛時分の話。宮口さんはよく砧《きぬた》の東宝撮影所に通っていた。その頃東宝撮影所では、昼ご飯は正門前のレストランで食べるのが常であった。宮口さんもそこの常連の一人であった。しかし毎日のこととなると外食も飽きてくる。メニューを考えるのさえも面倒になってくる。そこで食べるものはひたすらカツ丼、来る日も来る日も注文するのはカツ丼だけ。それにまずびっくりしたのが店の人である。これはよほどカツ丼が好きに違いない……。そこである日のこと、

「宮口さん、本当にカツ丼がお好きなんですねぇ」

と声をかけたところ宮口さん、

「いやぁ、面倒なもんで」

と苦笑まじりの返事であった。

たまたまこのやりとりを見ていたのが大監督であった。

「これぞ本当のカツドン（カツドウ）役者だ」と洒落のめしたというのである。

これは宮口さん自身が『食食食』に「カツドン役者」と題して書いている。

中に登場する大監督とは山本嘉次郎さんのことで、山本さんもまた『日本三大洋食考』にこの話を書いている。

山本さんによると宮口さんがカツ丼を食べ続けたのは『七人の侍』の撮影中で、

「昼めしどき、正門前の洋食屋にゆくと、宮口君は、いつもカツどんばかり食っている。カツどん以外のものを食ってる姿は見たことがない。感心し、すこしあきれて洋食屋の

ママに、そっと聞いてみた。

『ほんとにお好きなんですね。夜間撮影のあるときなんか、お昼がカツどんで、晩がまたカツどんなんですからねぇ……』

これには驚いた。『七人の侍』は、たしか三年ほどかかった。その間、宮口精二はずっとカツどんを食い続けたわけである。誰いうとなく『カツドン俳優』とアダ名がつけられてしまった」というのである。

ところでこの愛《いと》しのカツ丼、なぜトンカツ屋のメニューにないのだろうか。

念のため、東京のトンカツ屋の有名店に聞いてみたところ、
本家ぽん多「やっておりません」

湯島井泉《いせん》「ハイ、やっております」

上野蓬萊屋《ほうらいや》「やっておりません」

浅草喜多八《きたはち》「カツ丼は土日を除く平日の昼間三時までやっております」

ということで、どうやらカツ丼はトンカツの専門店からは冷たい仕打ちを受けているらしい。

しからばカツ丼専門店があるかというとそれもない。それでいてカツ丼は常にサラリーマン、学生にとって、必要欠くべからざるランチタイムの主役なのである。

そのカツ丼がいつも間違いなくあるのがそば屋である。もちろん浅草並木の藪や日本

橋室町の砂場などほんの少数の超老舗にこそないが、それらを除くほとんどのそば屋にならカツ丼は必ずある。ということはカツ丼育ての親はどうやらそば屋であるらしい。

カレー丼、カツカレーの戸籍調べ

そば屋といえばカレー丼。そしてカレー南ばん。カレー党のためにもう一度お付き合いいただこう。これは前述したように正真正銘、そば屋生まれ、そば屋育ちの西洋丼である。この西洋丼は「朝松庵《あさまつあん》」の創業者である先々代の角田酉之介《つのだとりのすけ》さんが考案している。角田さんは明治初年に東京から大阪に移り住み、東区の谷町で「東京そば」の看板を掲げている。

しかし折りからの洋食ブームで、そば屋人気は衰えるばかり。そこで将来をおもんぱかった角田さんは、なんとかそば屋に洋食の味を取り入れて客を呼び戻そうと考える。角田さんは苦心の末、カレーの和食化に成功している。

吉日を選んで「新種物・カレーなんばん、カレー丼」を売り出したところ、これが大当たりして店は大繁盛。これに気をよくした角田さんは翌年東京に戻り、カレー南ばんとカレー丼を看板に、改めてそば屋ののれんを掲げている。そのカレーは豚肉、たまねぎ、グリンピース入りという文明開化の香りがいっぱいの西洋丼であった。

そして三番バッターはつい最近まで、浅草国際劇場、いや、浅草ビューホテルに向かって左横通りにあった洋食屋「河金」の〝河金どんぶり〟である。

河金どんぶりとはカツカレーのこと。

大正七年のこと、河金の初代河野金太郎さんは合羽橋《かっぱばし》に近い国際通りのガラス湯の角に屋台洋食を出していた。当時浅草は屋台と夜店で毎晩大賑わいしていた。河金はその一軒であった。河金は常連客で賑わった。できますものはカレーにカツレツで各十銭。ある日客の一人が「おやじ！　カツレツライスにカレーかけてよ」と妙な注文をする。しかし相手は常連である。おやじさんは注文通りカツライスにカレーをかけ、首をひねりながら「ヘイ、お待ちどお！」と差しだす。見ていると客は満足してうまそうに食べ、またたく間に平らげてしまった。

そして「おやじ、うまかったよ。ご馳走さん、また頼むよ」と帰って行く。

そこで河野さんもものは試しとそっと用いてみた。するとこれがなかなかの味。とにかくカツにカレーが染み込んでうまいのである。そこでおやじさんはさっそく客のアイデアを頂戴することにした。

しかし待てよ。カツライスにカレーをかけると皿からカレーがこぼれてズボンや着物の膝をよごす。ならいっそ丼に入れた方が親切だし食べやすいのでは……。

こうして完成したのがカツカレーの元祖「河金丼」なのである。大正七年のことであった。以来「河金丼」は巷ではカツカレーと名を改め全国制覇を成しとげ、いまなお日本人の国民食となっているのである。

そう「カツカレー」の戸籍は浅草、本名は「河金丼」なのである。

元祖河金はいま三代目に受け継がれ、東京入谷《いりや》で盛業を続けている。

こうして和洋折衷料理が客の人気を集め、メニューに定着してくると、そこは器用な日本人のこと、次々と創作丼、創作料理が考案され、それがまた次の傑作を生むことになる。フライ丼に合の子丼……これは大正十三年に開業した神田の須田町食堂のメニューを飾っている。

昭和に入ると「豚丼」が登場する。これは北海道帯広のご当地丼である。発明者は元祖・豚丼の店「ぱんちょう」の初代。白い熱々のご飯の上に、甘辛の醤油だれをつけて炭火で焼いた十勝の特産の豚肉が丼いっぱいにのった豚丼は、帯広名物として帯広っ子とともにいまや半世紀余を過ぎなんとしている。

これは福井の「ソースカツ丼」と並ぶ二大西洋ご当地丼といえよう。

ハヤシライス三題噺

日本人が発明した和洋折衷料理は、西洋丼ばかりではない。ハヤシライス、オムライスという、西洋料理に勝るとも劣らないにっぽん洋食をも創作している。

ハヤシライスの誕生についてはいろいろエピソードが伝えられている。

「大河内　(笑) 私はハヤシライスは林という人が作ったからだと思っていました。

金田一　そういう説もあるんですね。それから林さんという人が毎日のようにやってきて注文する。だから林さんのライスだよということで」

これは『食食食』の「日本の洋食」についての金田一春彦さんと武蔵野女子大学学長の大河内昭爾《しょうじ》さんの対談の一節である。

私も以前資生堂パーラーの顧問だった高石鉄之助さんから「ハヤシライスは横浜のハヤシさんという人が考えたという話を読んだことがあるよ」と聞いていた。

私自身は「丸善の社員食堂で出したのが最初」という一文を読んだ記憶もあった。たまたま「カツ丼」の話で早稲田の中西敬二郎さんのところへうかがった折り、話が偶然ハヤシライスに及び、それも横浜のハヤシさんのことになった。すると中西さんの表情と声がにわかに熱を帯びて来た。私はびっくりして身を乗りだした。すると中西さんは、

「その話は本当ですよ。丸善の創業者は早矢仕《はやし》有的《ゆうてき》といいましてね。日本橋の丸善は、それ以前は横浜にありまして、西洋薬や西洋雑貨を輸入してたんですよ。そのうち頼まれて洋書も輸入するようになったんですが、早矢仕さんはその頃横浜の店で小僧さんたち、つまり使用人の昼ご飯に、ご飯とおかずが一皿ですむハヤシライスを考えだした。それが今日のハヤシライスとして伝わったんです。ぼくはそう聞いていますよ」

こう力説するのである。

「横浜」「早矢仕さん」「丸善」三題噺《ばなし》ではないが、なるほど！

ハヤシとはハッシュ、つまり肉を細かく刻んだ料理のハッシュがなまったもので、正式にはハッシュ・ライスあるいはハッシュド・ビーフ・ライスということになるのだが、とりあえず『丸善百年史』を見た。するとありました。あったのです。

「現在のカレーライスのカレーを抜いて、トマト・ケチャップなどを味つけのベースにしたものをハヤシライスという。

その語源についてはこれを有的に結びつける説がある。幕末か明治の初年のことであろう。友人が訪問すると、有的は台所に有り合わせた肉類や野菜類をゴッタ煮にして、飯を添えて饗応するのが常であった。そこから人々はこの料理をハヤシライスといい、ついにはレストランのメニューにまで書かれるようになったという。

しかしこの話はあまり面白すぎる。英語でコマギレのことをハッシュといい、転じて肉と馬鈴薯や人参などの野菜との煮込みもハッシュという。神田佐久間町の三河屋は、明治初年以来の洋食屋であるが、そこではハッシュ・ビーフがよく流行《はや》った。これとライスと合せて称したものが、ハヤシライスの語源に違いない。しかし三河屋も有的が贔《ひい》屓《き》にした料理屋であるから、間接に関係があるといえば、いえないこともあるまい」と記録している。

丸善の創業者である早矢仕有的《はやしゆうてき》は、医学を修め、嘉永七年（一八五四年）十八歳の時、故郷美濃国武儀郡笹賀村で開業している。その後安政六年（一八五九年）に江戸へ出て再修業し、万延元年（一八六〇年）には日本橋蠣殻町で開業。その有的が福沢諭吉の勧めによって丸善の前身である西洋文物を輸入する丸屋商社を横浜に興したのは明治二年のことである。

当時有的は横浜の黴毒《ばいどく》病院の院長の職にあった。三河屋は慶応三年（一八六七年）の開業である。ということは有的は合間をぬって三河屋へ通ったのだろう。また有的は三河屋ばかりでなく横浜の開化亭をも贔屓にしている。

有的のハヤシライスが三河屋で覚えたものか、開化亭で馴染んだ味かは分からない。しかしいずれかの店で親しみ、それがついにはハヤシライスとなり、従業員や来客にまで振る舞ったとしても、西洋文物を輸入し、蘭学を修めた有的であればそれは十分うなずけることである。

そこでハヤシライスの発祥は、やはり「横浜」「早矢仕」「丸善」の三題噺にとどめをさすことにしたい。

といっていたら、皇太子殿下のハウスコックである宮内庁大膳課の渡辺誠さんから異論が出た。ハヤシライスのルーツは、東欧料理のグラッシュ（goulash）だというのである。

グラッシュというのは、牛のもも肉やたまねぎ、にんにく、セロリを炒め、そこへ小麦粉とパプリカ、スープとローリエを加えて煮込む。さらにじゃがいもを加え煮溶ける寸前まで煮込み、味をととのえるというもの。このグラッシュには上等と普通があり、上等がビーフストロガノフに、そして普及版が日本のハヤシライスになったというのである。

ちなみに宮内庁版ハヤシライスは、薄く塩胡椒した牛のひれ肉をバターで焼き上げ鍋に移す。同じくたまねぎを炒め鍋に移す。そしてシェリー酒やワインを入れ、トマトピューレ、トマトケチャップ、ドミグラスソース、ブイヨンを入れて煮込み、仕上げに再びブイヨンを入れて出来上がり。これが宮内庁に伝わるハヤシライスである。

このハヤシライスは、元宮内庁の主厨長であった秋山徳蔵さんによって「上野精養軒」に、さらに神田の「松栄亭」に受け継がれている。

どうやらハヤシライスにこだわりすぎてしまったようだ。

チャブ屋の傑作、オムライス

さて次の傑作はオムライス。これまた日本人の創意工夫の結晶である。チキンライスとオムレツを一緒にしてオムライスと名づけたところなど、ますますもって日本人は料理の天才ではあるまいか。

オムライスの生まれはどこ？

日比谷の松本楼《まつもとろう》の料理長であった辻村さんは明治四十一年の生まれ。十八歳で西洋料理の道に入っているが、

「オムライスはチャブ屋から始まったもんですよ。それが継承されてのちにアラカルトになったんだと思いますよ」

チャブ屋というのは、夫婦でやっているようなこぢんまりとした町の洋食屋のことである。昔の西洋料理店は値段も高く、ハイクラス以上の人でないと利用しなかったし、またできなかった。そこで庶民はチャブ屋で洋食を食べたのである。

チキンライスやオムライスはこうしたチャブ屋の料理人のアイデアから生まれた傑作であり、後に西洋料理店のアラカルトに入ったものらしい。

オムライスが料理本に登場してくるのはなんと昭和になってからのこと。昭和三年の『家庭料理法大全』が最初であろうと思われる。ここには牛肉のオムライスの作り方が紹介されている。

和洋折衷料理といえば「お子さまランチ」も忘れてはならない。

「お子さまランチ」が誕生したのは昭和五年のこと。生みの親は、当時日本橋三越の食堂主任であった安藤太郎さんである。

きっかけは出入りの食器業者の一枚の絵皿。安藤さんが手に取ってみると、いかにも

子供が喜びそうな可愛らしい絵がついている。

安藤さんはそれを手に「これを使って何か子供向きのメニューはできないものだろうか……」と考える。

試行錯誤の毎日が始まる。これがまた滅法たのしい。飽きることなくああでもない、こうでもないと、子供の好きそうなものを並べては考えてみる。

そしてできたのがライス型でご飯を富士山の形に抜き、頂上に日の丸の小旗を立て、周りを子供の好きな料理や果物で飾ったあの「お子さまランチ」であった。

名づけて「お子様洋食」。三十銭であった。

昭和五年当時といえば、たいやきが三つ五銭、金太郎飴が二銭の時代である。三十銭あればカレーライスなら三人前、しるこなら二杯、トンカツなら二十銭で食べられたし、握りずしなら上を食べてもおつりがくるという値段であった。

「お子様洋食」はかなり高級なご馳走、子供たちにとってもそれはあこがれのご馳走だったのである。

「子供の頃、うちの女連につれられて、退屈な買い物に、嬉々としてついて行ったのは、デパートならば、親の買い物の間の忍従は、おもちゃと食堂での飲み食いで、十分にむくいられたのであったし……」

池田弥三郎さんはデパートの食堂の思い出をこう書いている。

そして「お子様洋食」は「お子さまランチ」と名を変え、昨今はダイエットを願うOLはおろかオバタリアンのランチタイムの人気メニューであるとも聞く。

こうして日本人の知恵から生まれた和洋折衷料理はますますバラエティー豊かに、平成家族の食卓の主役を相務めているのである。

あとがき

『にっぽん洋食物語』が文庫化されることになった。振り返ってみると「小説新潮」で連載が始まったのが昭和五十七年、単行本になったのが翌年の五十八年である。そして今年が平成六年、ということはあれからもう十一年が過ぎたことになる。

これまで私が書いてきた食文化の本の中で、本書と『にっぽんラーメン物語』は、私にとってことのほか思い出深いものとなっている。というのもこの洋食物語、そしてラーメン物語を書いたことによって、その後の進路というか、洋食文化、ラーメン文化、つまり食の近代史という専門分野を決定するに至ったからである。加えてこの洋食物語は題名もそのまま、雪印乳業の創立六十周年の記念として映画化されたことも忘れられない。

本書は、私の中でそんな変遷を経てきた一冊だが、うれしいことに今回再び真っ正面から向き合うことになった。つまり文庫化するに当たって大幅に加筆修正する機会を得たからである。というのも私の専門分野が決まったこともあって、この十年間は私にとって人生の正念場であり、洋食というテーマを常に視界の中において生きてきたといっても過言ではないからである。したがって単行本化された段階で終わったのではなく、私の終生の研究テーマとして、機会あるごとに情報を集めチェックしてきた。

その後、研究書もいろいろ出版された。その結果、新しい事実も多々発見され、手直しできたことの喜びは大きい。さらにこの十年間の世の中、併せて食の世界の進歩発展は目を見張るものがある。そんなことで改めて第一話から再点検し、再調査、再確認すると同時に、新しいテーマもプラスして構成も新しいものにした。

もちろんこれがにっぽん洋食のすべてだとは思わない。しかし長崎の出島から今日まで、日本人とともに長い歴史を歩んできたテーマは網羅したつもりである。思うに、にっぽん洋食は何回取り組んでも興味のつきないテーマである。それは平戸のイギリス商館以来異国の人々の中でめげることなく、黙々と未知の料理に取り組んできた先人の汗と涙の結晶が汲めども尽きない洋食文化という、他国に類を見ない日本独自の食の歴史を創造してきたからではないだろうか。これからも先人の築いた食の歴史と文化を追い続けたいと思っている。

今回も多くの先輩後輩諸氏にお世話になりました。

最後になりましたが講談社生活文化局局長の笹川隆さん、そして同じ生活文化第三出版部部長の古屋信吾さん、猪俣久子さん、ありがとうございました。心からお礼申し上げます。

一九九四年九月吉日

小《こ》菅《すげ》桂子《けいこ》

主な参考資料

『平戸オランダ商館の日記』永積洋子訳　岩波書店
『長崎オランダ商館の日記』村上直次郎訳　岩波書店
『長崎名勝図絵』饒田《にぎた》喩義著　饒田集義増補　長崎史談会
『日本人と西洋食』村岡実著　春秋社
『長崎出島の食文化』親和銀行ふるさと振興基金
『長崎市史・風俗編』古賀十二郎編　清文堂出版
『長崎市史・通交貿易編』長崎市役所編　清文堂出版
『紅毛雑話・蘭説弁惑』森島中良・大槻玄沢共著　八坂書房
『西遊日記』司馬江漢著
『新々長崎美やげ』鈴木力著
『料理物語』(『群書類従』所収)続群書類従完成会
『料理物語』平野雅章訳　教育社
『長崎事典』長崎文献社
『長崎の西洋料理』越中哲也著　第一法規出版

『西洋料理指南』敬学堂主人著　雁金屋元吉・清吉
『西洋料理通』仮名垣魯文著　江島喜兵衛
『牛店雑談安愚楽鍋』仮名垣魯文著
『函館のしるべ』山本善治著　千草廼舎
『商工函館の魁』編輯兼出版人生見堂垣貫一右衛門
『函館実業者便覧』清水辰三郎編　北洋舎
『北の文明開化』若山徳次郎監修　早坂秀男・井上能孝著　北海道新聞社
『横浜もののはじめ考』横浜開港資料館編　横浜開港資料普及協会
『幕末明治新聞全集』世界文庫
『横浜沿革誌』太田久好編　有隣堂（復刻版）
『横浜市史稿』横浜市役所　臨川書店
『横浜の沿革』市史編纂係　横浜高等商業学校研究調査部
『横浜開港側面史』横浜貿易新報社　歴史図書社
『横浜成功名誉鑑』横浜商況新報社　有隣堂（復刻版）
『珍事五ケ国横浜はなし』（『神奈川県郷土資料集成開港編』所収）神奈川県図書館協会編
『寛天見聞記』（『燕石十種』所収）中央公論社
『西俗一覧』
『増訂明治事物起源』石井研堂著　春陽堂

『明治世相編年辞典』
『日用百科全書・西洋料理法』藤本真著　博文館
『食生活近代史』昭和女子大学食物学研究室著　近代文化研究所発行
『明治東京逸聞史』森銑三著　平凡社
『文明開化事物起源』今戸栄一編　日本放送出版協会
『日本畜産史　食肉・乳酪篇』加茂儀一著　法政大学出版局
『日本食肉史』福原康雄著　食肉文化社
『明治商売往来』仲田定之助著　青蛙房
『大君の都』オールコック著　山口光朔訳　岩波文庫
『秋の日本』ピエール・ロチ著　角川文庫
『クララの明治日記』クララ・ホイットニー著　講談社文庫
『一外交官の見た明治維新』アーネスト・サトウ著　坂田精一訳　岩波文庫
『手軽西洋料理』米国ミスクララ・ホイトニー女史著　神奈川県士族津田仙、皿城キン訳
江藤書店
『食道楽』村井弦斎著　柴田書店（復刻版）
『家庭西洋料理法』藤村棟太郎著　大学館
『西洋野菜の作り方と食べ方』山田貞康著
『ラヂオ放送四季の料理』日本放送協会関東支部編　東京榎本書房

『放送料理一千集』日本放送協会
『家庭料理千種』主婦之友社
『小林一三翁に教えられるもの』清水雅著　梅田書房
『ヱスビー食品社長山崎峯次郎カレー人生』真理想介著　ダイヤモンド社
『食味歳時記』獅子文六著
『新撰蕎麦事典』新島繁編　食品出版社
『評判落語全集』大日本雄弁会講談社
『昭和戦前傑作落語全集』
『ロッパ食談』古川緑波著　東京創元社
『銀座百話』篠田鑛造著　角川選書
『たべもの世相史・東京』玉川一郎著　毎日新聞社
『値段の明治・大正・昭和風俗史』週刊朝日編　朝日新聞社
『食生活を探検する』石毛直道著　文藝春秋
『パンの日本史』安達巌著　ジャパンタイムズ
『東京の三十年』田山花袋著
『一商人として』相馬愛蔵著
『明治の東京』
『牛乳と日本人』雪印乳業広報室編　新宿書房

『明治の汽車』
『檀流クッキング』檀一雄著　中公文庫
『ハイカラ食いしんぼう記』三宅艶子著　じゃこめてい出版
『日本三大洋食考』山本嘉次郎著
『私の食物誌』池田弥三郎著　河出書房
『札幌喫茶界昭和史』和田義雄著　沖積舎
『味の日本史』多田鉄之助著　新人物往来社
『しにせ　味の心』サンデー毎日編　毎日新聞社
『デモ私立ツテマス』—ユーハイム物語—　ユーハイム発行
『赤いトマトの本』婦人生活社
『月刊専門料理　別冊　西洋料理』柴田書店
『下タ町風物誌』宮尾しげを著　かのう書房
『青山紀ノ国屋物語』平松由美著　駸々堂出版
『西洋食作法』渡辺誠著　主婦の友社
『ラムネ　Ｌａｍｕｎｅ　らむね』野村鉄男著　農文協
『中央区年表』東京都中央区立京橋図書館編・刊
『横浜銅版画』神奈川県立博物館編　有隣堂
『日本乳業史』日本乳製品協会編・発行

『雪印乳業史』
『カゴメ八十年史』　カゴメ八十年史編纂委員会編　カゴメ発行
『聚楽50年のあゆみ』　聚楽社史編集委員会編　聚楽発行
『明治屋七十三年史』
『丸善百年史』　丸善
『阪急百貨店25年史』　阪急百貨店社史編纂委員会　阪急百貨店
『日本洋菓子史』　池田文痴菴著　日本洋菓子協会
『パンの明治百年史』　パンの明治百年史刊行会発行
『木村屋総本店百二十年史』　木村屋総本店編・発行
『パン産業の歩み』　パン産業の歩み刊行会編　毎日新聞社
『日本清涼飲料史』　東京清涼飲料協会編
『にっぽん味の職人物語』　小菅桂子著　新潮社
『水戸黄門の食卓』　小菅桂子著　中公新書
『グルマン福沢諭吉の食卓』　小菅桂子著　ドメス出版

解説　パイオニアによる決定版

阿古真理

日本の洋食を網羅した、食文化史の決定版である。元になった雑誌連載が一九八二年開始ということに驚く。今でこそ、ラーメンやカレーといった、明治以降に生まれた料理のルーツを辿る本は珍しくないが、食文化史研究を行う人がほとんどいなかった当時、この分野自体がマイナーだった。小菅桂子さんは、食文化史の道を切り開いたパイオニアの一人である。

この本は、小菅さんが書いた食文化史の中でも初期の一冊である。きっとそのためだろう。前人未踏だからこそ、ベーシックな日本の洋食をひと通り紹介している。そして軽妙なタッチで、いかに日本人が西洋の食文化を受け入れ、自分たちのものにしていったのかを、手を替え品を替え論じている。

江戸時代にも行われていた肉食。トンカツはどうやって生まれたか。コロッケが人気になった頃。カレーライス誕生秘話、パン食黎明期……。今では、食文化好き、歴史好きが語りたがるうんちくの一つになった話が続々と登場する。しかし、具体的なエピソードが満載なので、うんちく好きも「そこまでは知らなかった」と思うのではないか。実は、何冊か食文化史の本を出した私も、恥ずかしくなるほど「へえ」と思う回数があった。

証言がたくさん出てくる。その洋食の誕生に関わった人もいる。洋食の歴史という一つの物語が、同時に関わった人たちの物語にもなっている。人に焦点を当てていることも、この本の魅力の一つである。

例えばコロッケについて書かれた第5話。コロッケがいつ日本に入り、どのように進化して定着したのか、という順序どおりの紹介を小菅さんはしない。大正時代の流行歌「コロッケの唄」から話を始め、前々から、この歌に登場するコロッケは、フランス料理のクロケット、つまりクリームコロッケなのか、肉屋さんでもおなじみのジャガイモコロッケなのか、疑問に思ってきたと書く。私なら「コロッケの唄」が流行《はや》ったから、この頃にコロッケが親しまれる食材だったとわかる、と書いてしまう。いや、実際にそう書いたことがある。小菅さんの興味はそこで終わらない。

歌われていたのは、どちらのコロッケか。この疑問の持ち方から、小菅さんが興味を持つ対象は、いつ誰が何をしたか、どんな食べものがあったか、といったプロフィール的なデータよりも、人々が食べものを選び、食べてきたという生きる営みそのものだったことがわかる。食いしん坊の興味を含んだ文章からは、同時に、いかにして昔の出来事をありありと描き出し、読者の前で蘇らせるかに腐心していることが伝わってくる。たくさんの長い引用も出て来るが、その使い方はいわゆる「コピペ（コピー&ペースト）」とは程遠いもので、それぞれのエピソードが、小菅さんが演出する舞台の上で不可欠な役者として輝いている。

小菅さんの父上は、昭和初期から活躍した浪曲作家で演芸評論家の小菅一夫さんである。家には常に芸人たちが出入りし、一緒に楽しく飲み食いする中で育った。舞台に立つ個性豊かな人たちに囲まれて育ったことが、もしかすると小菅さんの人間の営みとしての食への興味を育て、物語を構築する面白さを発見するきっかけになったのかもしれない。

コロッケの話をもう少し掘り下げたい。

小菅さんが、コロッケの中身に興味を持ったのは、格差が大きかった大正時代当時、二つのタイプのコロッケは、まるで違う人々に食べられていたからである。

ジャガイモのコロッケは、日本で生まれた庶民派の食べものである。しかし、「コロッケの唄」の作詞家、益田太郎冠者《かじゃ》、本名益田太郎は、後に三井物産を興した益田孝の息子である。品川・御殿山のお屋敷で育った益田太郎冠者が日頃食べていたのは、本格派クロケットの方ではないか。しかし、歌が一世を風靡《ふうび》したからには、歌われているのは庶民派ジャガイモコロッケではなかろうか。

謎を解くため、小菅さんは文献にあたって、太郎冠者の生い立ちを調べ、昔のコロッケのレシピを調べ、コロッケのエピソードが登場する本を探し出す。当時の時代背景を調べ、昭和初期にデリカテッセンを開いた人や、資生堂パーラーの顧問などへの取材で知り得た情報を紹介する。

小菅さんは、自分なりの推論の裏づけを、まるでミステリーに登場する刑事か探偵のように調べ上げたうえで、物語を編み上げ、コロッケの謎に迫る。その際、エッセイやインタビューなどから十分な長さで拾い出した具体的なエピソードが効いてくる。「マッシュ・ポテトにクリームがはいっていて、玉葱の刻んだのや挽肉が少々」入った「安洋食屋」のコロッケ。「菊のご紋章の付いた銀色に輝く王冠の器に盛られた」フォアグラのコロッケは、赤坂璃宮の晩餐会で出された。小菅さんが選び、あるいは聞き出した昔のエピソードから、昔の人が何を食べ、どのように受け止めたか、あるいは新しい料理を生み出していったのかが浮かび上がる。

人に焦点を当てた小菅さんの文章は、食べものの歴史を支えた人たちへの興味も掻き立てる。私が昔ハマった大和和紀のマンガ『N.Y. 小町』では、アメリカのケンタッキーから、北海道の農地開拓指導にやってきたダニー（ダン）という青年が、江戸っ子の主人公と波瀾万丈の恋愛物語を展開する。ダンのモデルが実在する、と知ったのは、小菅さんの『カレーライスの誕生』からだった。

小菅さんは一九三三（昭和八）年八月四日東京・浅草生まれである。映画会社を経て食文化研究者となり、杉野女子大学や別府大学、くらしき作陽大学、國學院大學など各地の大学で教え、何冊もの本、論文を書いた後に、二〇〇五（平成一七）年八月一〇日、七二歳で亡くなられた。

近代を中心に研究した食の分野は、洋食にとどまらない。中でも中国の食の奥深さに魅せられ、中国語を教わった王軍さんを養女にした。王さんの夫がつくる料理をのぞき込んでは、つくり方や背景も尋ねていたという。

食には膨大な背景がある。そのどこに目を向けるかによって、描き出す物語は幾通りもありうる。小菅さんは、料理がつくられる場にも興味を向けた。ご著書の中で、『にっぽん台所文化史』は、異色のようだが、具体的な情景を浮かび上がらせることに腐心した小菅さんにとっては、料理が生まれる場について研究することは、自然な流れだったのだと思う。竪穴式住居から始めたこの本も、膨大な資料をもとに描かれた決定版である。

小菅さんが書かなかったら、歴史の彼方に埋もれていたかもしれない分野がたくさんある。今も著書の中から呼びかける声が聞こえる。「たくさんの先人たちの努力や好奇心から生まれてきた食文化は本当に面白いものなのです」。その声に導かれ、後に続いて研究する人たちや食文化史のファンになって、何冊もの本を読みふける人が何人もいるのだろう。私もその中の一人である。

この作品は一九八三年十二月、新潮社より刊行され、
一九九四年十月、講談社＋α文庫として刊行された。

昭和の洋食　平成のカフェ飯　阿古真理

小津安二郎『お茶漬の味』から漫画『きのう何食べた？』まで、家庭料理はどう描かれ、作られてきたか。社会の変化とともに読み解く。（上野千鶴子）

食品サンプルの誕生　野瀬泰申

世界に類を見ない日本独自の文化・食品サンプルはいつどのようにして生まれなぜここまで広がったのか。その歴史をひもとく唯一の研究を増補し文庫化。

春夏秋冬　料理王国　北大路魯山人

一流の書家、画家、陶芸家にして、希代の美食家でもあった魯山人が、生涯にわたり追い求めて会得した料理と食の奥義を語り尽す。（山田和）

たべもの芳名録　神吉拓郎

食べ物の味は、思い出とちょっとのこだわりで、より奥が深くなる。「鮓」「天ぷら」「鮎」「カレー」……。食エッセイの古典的傑作。（大竹聡）

丸元淑生のシステム料理学　丸元淑生

料理はシステムであり、それを確立すれば安く、おいしく、栄養豊富な食事が家庭でできる。「男の料理」ブームを巻き起こした名著復活。（丸元喜恵）

中華料理秘話
泥鰌地獄と龍虎鳳　南條竹則

泥鰌が豆腐に潜り込むあの料理「泥鰌地獄」は実在するのか？「龍虎鳳」なるオソロシげな料理の材料とは？　文庫書き下ろし、至高の食エッセイ。

世界ぶらり安うま紀行　西川治

屋台や立ち食いや、地元の人しか行かないような店でこそ、本当においしいものが食べられる。世界を食べ歩いた著者の究極グルメ。カラー写真多数。

ビール世界史紀行　村上満

ビール造りの第一人者がたどるビールの歴史。メソポタミアでの発祥から修道院でのビール造り、日本への伝来まで。ビール好き必携の一冊。

新宿駅最後の小さなお店ベルク　井野朋也

新宿駅15秒の個人カフェ「ベルク」。チェーン店にはない創意工夫に満ちた経営と美味さ。帯文＝奈良美智（柄谷行人／吉田戦車／押野見喜八郎）

「食の職」新宿ベルク　迫川尚子

新宿駅構内の安くて小さな店で本格的な味に出会えるのはなぜか？　副店長と職人がその技を伝える。メニュー開発の秘密、苦心と喜び。（久住昌之）

あさめし・ひるめし・ばんめし　日本ペンクラブ編　大河内昭爾選

味にまつわる随筆から辛辣な批評まで、食の原点がここにある。文章の手だれ32名による庖丁捌きも鮮やかな自慢の一品をご賞味あれ。（林望）

玉子ふわふわ　早川茉莉編

国民的な食材の玉子、むきむきで抱きしめたい！森茉莉、武田百合子、吉田健一、山本精一、宇江佐真理ら37人が綴る玉子にまつわる悲喜こもごも。

なんたってドーナツ　早川茉莉編

貧しかった時代の手作りおやつ、日曜学校で出合った素敵なお菓子、毎朝宿泊客にドーナツを配るホテル、哲学させる穴……。文庫オリジナル。

買えない味　平松洋子

一晩寝かしたお芋の煮っころがし、土瓶で淹れた番茶、風にあてた干し豚の滋味……日常の中にこそある、おいしさを綴ったエッセイ集。（中島京子）

買えない味2　はっとする味　平松洋子

刻みパセリをたっぷり入れたオムレツの味わいの豊かさ、ペンチで砕いた胡椒の華麗な破壊力……身近なものたちの隠された味を発見！（室井滋）

銀座の酒場を歩く　太田和彦

当代きっての居酒屋の達人がゆかりの街・銀座を呑み歩き。老舗のバーから蕎麦屋まで、銀座の酒場の粋と懐の深さに酔いしれた73軒。（村松友視）

銀座旅日記　常盤新平

馴染みの喫茶店で珈琲と読書をたのしみ、黄昏の酒場に人生の哀歓をみる。散歩と下町が大好きな新平さんの風まかせ銀座旅歩き。文庫オリジナル。

東京酒場漂流記　なぎら健壱

異色のフォーク・シンガーが達意の文章で綴るおかしくも哀しい酒場めぐり。薄暮の酒場に集う人々との無言の会話、酒、肴。（高田文夫）

日本フォーク私的大全　なぎら健壱

熱い時代だった。新しい歌が生まれようとしていた。日本のフォーク――その現場に飛び込んだ著者ならではの克明で実感的な記録。（黒沢進）

いつも食べたい！　林望

うまいもの、とは何か。食について考えだすと止まらない著者が、食とその背景にある文化について縦横無尽につづった文庫オリジナルエッセイ集。

くいしんぼう　高橋みどり

高望みはしない。ゆでた野菜を盛るくらい。でもごはんはちゃんと炊く。料理する、食べる、それを繰り返す、読んでおいしい生活の基本。（高山なおみ）

ちゃんと食べてる？　有元葉子

元気に豊かに生きるための料理とは？ 食材や道具の選び方、おいしさを引き出すコツなど、著者の台所の哲学がぎゅっとつまった一冊。（高橋みどり）

神国日本のトンデモ決戦生活　早川タダノリ

これが総力戦だ！ 雑誌や広告を覆い尽くしたプロパガンダの数々が浮かび上がらせる戦時下日本のリアルな姿。関連図版をカラーで多数収録。

ザ・フィフティーズ１（全３巻）　デイヴィッド・ハルバースタム　峯村利哉訳

50年代アメリカでの出来事と価値転換が現代世界を作った。政治、産業から文化、性までを光と影の両面で論じる。巻末対談は越智道雄×町山智浩。

ザ・フィフティーズ２　デイヴィッド・ハルバースタム　峯村利哉訳

FBIやCIAの暗躍。エルヴィスとディーンの登場。そして公民権をめぐる黒人の闘いなどが描かれる第二巻。巻末対談は越智道雄×町山智浩。

ザ・フィフティーズ３　デイヴィッド・ハルバースタム　峯村利哉訳

マリリン・モンローからスプートニク、U―２撃墜事件まで。時代は動き、いよいよ60年代の革命が近づいてくる。巻末対談は越智道雄×町山智浩。

週刊誌風雲録　高橋呉郎

昭和中頃、部数争いにしのぎを削った編集者・ライターたちの群像。週刊誌が一番熱かった時代を貴重な証言とゴシップたっぷりで描く。（中田建夫）

続・反社会学講座　パオロ・マッツァリーノ

あの「反社会学」が不埒にパワーアップ。お約束と権威主義に凝り固まった学者たちを笑い飛ばし、庶民に愛と勇気を与えてくれる待望の続編。

玉の井という街があった　前田豊

永井荷風「濹東綺譚」に描かれた私娼窟・玉の井。しかし、その実態は知られていない。同時代を過ごした著者による、貴重な記録である。（井上理津子）

呑めば、都　マイク・モラスキー

赤羽、立石、西荻窪……ハシゴ酒から見えてくるのは、その街の歴史。古きよき居酒屋を通して戦後東京の変遷に思いを馳せた、情熱あふれる体験記。

ちくま文庫

にっぽん洋食物語《ようしょくものがたり》大全《たいぜん》

二〇一七年八月十日　第一刷発行

著者　小菅桂子（こすげ・けいこ）
発行者　山野浩一
発行所　株式会社　筑摩書房
東京都台東区蔵前二―五―三　〒一一一―八七五五
振替〇〇一六〇―八―四一二三
装幀者　安野光雅
印刷所　三松堂印刷株式会社
製本所　三松堂印刷株式会社

乱丁・落丁本の場合は、左記宛にご送付下さい。
送料小社負担でお取り替えいたします。
ご注文・お問い合わせも左記へお願いします。
筑摩書房サービスセンター
埼玉県さいたま市北区櫛引町二―六〇四　〒三三一―八五〇七
電話番号　〇四八―六五一―〇〇五三

ISBN978-4-480-43465-4　C0121